EBRAICO
VOCABOLARIO

ITALIANO- EBRAICO

Le parole più utili
Per ampliare il proprio lessico e affinare
le proprie abilità linguistiche

9000 parole

Vocabolario Italiano-Ebraico per studio autodidattico - 9000 parole
Di Andrey Taranov

I vocabolari T&P Books si propongono come strumento di aiuto per apprendere, memorizzare e revisionare l'uso di termini stranieri. Il dizionario si divide in vari argomenti che includono la maggior parte delle attività quotidiane, tra cui affari, scienza, cultura, ecc.

Il processo di apprendimento delle parole attraverso i dizionari divisi in liste tematiche della collana T&P Books offre i seguenti vantaggi:

- Le fonti d'informazione correttamente raggruppate garantiscono un buon risultato nella memorizzazione delle parole
- La possibilità di memorizzare gruppi di parole con la stessa radice (piuttosto che memorizzarle separatamente)
- Piccoli gruppi di parole facilitano il processo di apprendimento per associazione, utile al potenziamento lessicale
- Il livello di conoscenza della lingua può essere valutato attraverso il numero di parole apprese

T&P Books Publishing
www.tpbooks.com

ISBN: 978-1-78716-424-6

Questo libro è disponibile anche in formato e-book.
Visitate il sito www.tpbooks.com o le principali librerie online.

VOCABOLARIO EBRAICO
per studio autodidattico

I vocabolari T&P Books si propongono come strumento di aiuto per apprendere, memorizzare e revisionare l'uso di termini stranieri. Il vocabolario contiene oltre 9000 parole di uso comune ordinate per argomenti.

- Il vocabolario contiene le parole più comunemente usate
- È consigliato in aggiunta ad un corso di lingua
- Risponde alle esigenze degli studenti di lingue straniere sia essi principianti o di livello avanzato
- Pratico per un uso quotidiano, per gli esercizi di revisione e di autovalutazione
- Consente di valutare la conoscenza del proprio lessico

Caratteristiche specifiche del vocabolario:

- Le parole sono ordinate secondo il proprio significato e non alfabeticamente
- Le parole sono riportate in tre colonne diverse per facilitare il metodo di revisione e autovalutazione
- I gruppi di parole sono divisi in sottogruppi per facilitare il processo di apprendimento
- Il vocabolario offre una pratica e semplice trascrizione fonetica per ogni termine straniero

Il vocabolario contiene 256 argomenti tra cui:

Concetti di Base, Numeri, Colori, Mesi, Stagioni, Unità di Misura, Abbigliamento e Accessori, Cibo e Alimentazione, Ristorante, Membri della Famiglia, Parenti, Personalità, Sentimenti, Emozioni, Malattie, Città, Visita Turistica, Acquisti, Denaro, Casa, Ufficio, Lavoro d'Ufficio, Import-export, Marketing, Ricerca di un Lavoro, Sport, Istruzione, Computer, Internet, Utensili, Natura, Paesi, Nazionalità e altro ancora ...

INDICE

Guida alla pronuncia   11
Abbreviazioni   12

CONCETTI DI BASE   13
Concetti di base. Parte 1   13

1. Pronomi   13
2. Saluti. Convenevoli. Saluti di congedo   13
3. Come rivolgersi   14
4. Numeri cardinali. Parte 1   14
5. Numeri cardinali. Parte 2   15
6. Numeri ordinali   16
7. Numeri. Frazioni   16
8. Numeri. Operazioni aritmetiche di base   16
9. Numeri. Varie   17
10. I verbi più importanti. Parte 1   17
11. I verbi più importanti. Parte 2   18
12. I verbi più importanti. Parte 3   19
13. I verbi più importanti. Parte 4   20
14. Colori   21
15. Domande   21
16. Preposizioni   22
17. Parole grammaticali. Avverbi. Parte 1   22
18. Parole grammaticali. Avverbi. Parte 2   24

Concetti di base. Parte 2   26

19. Giorni della settimana   26
20. Ore. Giorno e notte   26
21. Mesi. Stagioni   27
22. Orario. Varie   29
23. Contrari   30
24. Linee e forme   31
25. Unità di misura   32
26. Contenitori   33
27. Materiali   34
28. Metalli   35

ESSERE UMANO   36
Essere umano. Il corpo umano   36

29. L'uomo. Concetti di base   36
30. Anatomia umana   36

31. Testa   37
32. Corpo umano   38

Abbigliamento e Accessori   39

33. Indumenti. Soprabiti   39
34. Abbigliamento uomo e donna   39
35. Abbigliamento. Biancheria intima   40
36. Copricapo   40
37. Calzature   40
38. Tessuti. Stoffe   41
39. Accessori personali   41
40. Abbigliamento. Varie   42
41. Cura della persona. Cosmetici   42
42. Gioielli   43
43. Orologi da polso. Orologio   44

Cibo. Alimentazione   45

44. Cibo   45
45. Bevande   46
46. Verdure   47
47. Frutta. Noci   48
48. Pane. Dolci   49
49. Pietanze cucinate   49
50. Spezie   50
51. Pasti   51
52. Preparazione della tavola   52
53. Ristorante   52

Famiglia, parenti e amici   53

54. Informazioni personali. Moduli   53
55. Membri della famiglia. Parenti   53
56. Amici. Colleghi   54
57. Uomo. Donna   55
58. Età   55
59. Bambini   56
60. Coppie sposate. Vita di famiglia   57

Personalità. Sentimenti. Emozioni   58

61. Sentimenti. Emozioni   58
62. Personalità. Carattere   59
63. Dormire. Sogni   60
64. Umorismo. Risata. Felicità   61
65. Discussione. Conversazione. Parte 1   61
66. Discussione. Conversazione. Parte 2   62
67. Discussione. Conversazione. Parte 3   64
68. Accordo. Rifiuto   64
69. Successo. Fortuna. Fiasco   65
70. Dispute. Sentimenti negativi   66

Medicinali 68

71. Malattie 68
72. Sintomi. Cure. Parte 1 69
73. Sintomi. Cure. Parte 2 70
74. Sintomi. Cure. Parte 3 71
75. Medici 72
76. Medicinali. Farmaci. Accessori 72
77. Fumo. Prodotti di tabaccheria 73

HABITAT UMANO 74
Città 74

78. Città. Vita di città 74
79. Servizi cittadini 75
80. Cartelli 76
81. Mezzi pubblici in città 77
82. Visita turistica 78
83. Acquisti 79
84. Denaro 80
85. Posta. Servizio postale 81

Abitazione. Casa 82

86. Casa. Abitazione 82
87. Casa. Ingresso. Ascensore 83
88. Casa. Elettricità 83
89. Casa. Porte. Serrature 83
90. Casa di campagna 84
91. Villa. Palazzo 84
92. Castello. Reggia 85
93. Appartamento 85
94. Appartamento. Pulizie 86
95. Arredamento. Interno 86
96. Biancheria da letto 87
97. Cucina 87
98. Bagno 88
99. Elettrodomestici 89
100. Riparazioni. Restauro 89
101. Impianto idraulico 90
102. Incendio. Conflagrazione 90

ATTIVITÀ UMANA 92
Lavoro. Affari. Parte 1 92

103. Ufficio. Lavorare in ufficio 92
104. Operazioni d'affari. Parte 1 93
105. Operazioni d'affari. Parte 2 94
106. Attività produttiva. Lavori 95
107. Contratto. Accordo 96
108. Import-export 97

109. Mezzi finanziari   97
110. Marketing   98
111. Pubblicità   99
112. Attività bancaria   99
113. Telefono. Conversazione telefonica   100
114. Telefono cellulare   101
115. Articoli di cancelleria   101
116. Diversi tipi di documenti   102
117. Generi di attività commerciali   103

Lavoro. Affari. Parte 2   105

118. Spettacolo. Mostra   105
119. Mezzi di comunicazione di massa   106
120. Agricoltura   107
121. Edificio. Attività di costruzione   108
122. Scienza. Ricerca. Scienziati   109

Professioni e occupazioni   110

123. Ricerca di un lavoro. Licenziamento   110
124. Gente d'affari   110
125. Professioni amministrative   111
126. Professioni militari e gradi   112
127. Funzionari. Sacerdoti   113
128. Professioni agricole   113
129. Professioni artistiche   114
130. Professioni varie   114
131. Attività lavorative. Condizione sociale 116

Sport   117

132. Tipi di sport. Sportivi   117
133. Tipi di sport. Varie   118
134. Palestra   118
135. Hockey   119
136. Calcio   119
137. Sci alpino   121
138. Tennis. Golf   121
139. Scacchi   122
140. Pugilato   122
141. Sport. Varie   123

Istruzione   125

142. Scuola   125
143. Istituto superiore. Università   126
144. Scienze. Discipline   127
145. Sistema di scrittura. Ortografia   127
146. Lingue straniere   128

147. Personaggi delle fiabe   129
148. Segni zodiacali   130

Arte   131

149. Teatro   131
150. Cinema   132
151. Pittura   133
152. Letteratura e poesia   134
153. Circo   134
154. Musica. Musica pop   135

Ristorante. Intrattenimento. Viaggi   137

155. Escursione. Viaggio   137
156. Hotel   137
157. Libri. Lettura   138
158. Caccia. Pesca   140
159. Ciochi. Biliardo   141
160. Giochi. Carte da gioco   141
161. Casinò. Roulette   141
162. Riposo. Giochi. Varie   142
163. Fotografia   142
164. Spiaggia. Nuoto   143

ATTREZZATURA TECNICA. MEZZI DI TRASPORTO   145
Attrezzatura tecnica   145

165. Computer   145
166. Internet. Posta elettronica   146
167. Elettricità   147
168. Utensili   147

Mezzi di trasporto   150

169. Aeroplano   150
170. Treno   151
171. Nave   152
172. Aeroporto   153
173. Bicicletta. Motocicletta   154

Automobili   155

174. Tipi di automobile   155
175. Automobili. Carrozzeria   155
176. Automobili. Vano passeggeri   156
177. Automobili. Motore   157
178. Automobili. Incidente. Riparazione   158
179. Automobili. Strada   159
180. Segnaletica stradale   160

GENTE. SITUAZIONI QUOTIDIANE   161
Situazioni quotidiane   161

181. Vacanze. Evento   161
182. Funerali. Sepoltura   162
183. Guerra. Soldati   162
184. Guerra. Azioni militari. Parte 1   164
185. Guerra. Azioni militari. Parte 2   165
186. Armi   166
187. Gli antichi   168
188. Il Medio Evo   169
189. Leader. Capo. Le autorità   170
190. Strada. Via. Indicazioni   171
191. Infrangere la legge. Criminali. Parte 1   172
192. Infrangere la legge. Criminali. Parte 2   173
193. Polizia. Legge. Parte 1   174
194. Polizia. Legge. Parte 2   175

LA NATURA   177
La Terra. Parte 1   177

195. L'Universo   177
196. La Terra   178
197. Punti cardinali   179
198. Mare. Oceano   179
199. Nomi dei mari e degli oceani   180
200. Montagne   181
201. Nomi delle montagne   182
202. Fiumi   182
203. Nomi dei fiumi   183
204. Foresta   183
205. Risorse naturali   184

La Terra. Parte 2   186

206. Tempo   186
207. Rigide condizioni metereologiche. Disastri naturali   187
208. Rumori. Suoni   187
209. Inverno   188

Fauna   190

210. Mammiferi. Predatori   190
211. Animali selvatici   190
212. Animali domestici   191
213. Cani. Razze canine   192
214. Versi emessi dagli animali   193
215. Cuccioli di animali   193
216. Uccelli   194
217. Uccelli. Cinguettio e versi   195
218. Pesci. Animali marini   195
219. Anfibi. Rettili   196

220.	Insetti	197
221.	Animali. Parti del corpo	197
222.	Azioni degli animali	198
223.	Animali. Ambiente naturale	199
224.	Cura degli animali	199
225.	Animali. Varie	200
226.	Cavalli	200

Flora 202

227.	Alberi	202
228.	Arbusti	202
229.	Funghi	203
230.	Frutti. Bacche	203
231.	Fiori. Piante	204
232.	Cereali, granaglie	205
233.	Ortaggi. Verdure	206

GEOGRAFIA REGIONALE 207
Paesi. Nazionalità 207

234.	Europa occidentale	207
235.	Europa centrale e orientale	209
236.	Paesi dell'ex Unione Sovietica	210
237.	Asia	211
238.	America del Nord	213
239.	America centrale e America del Sud	213
240.	Africa	214
241.	Australia. Oceania	215
242.	Città	215
243.	Politica. Governo. Parte 1	216
244.	Politica. Governo. Parte 2	218
245.	Paesi. Varie	219
246.	Principali gruppi religiosi. Credi religiosi	219
247.	Religioni. Sacerdoti	221
248.	Fede. Cristianesimo. Islam	221

VARIE 224

249.	Varie parole utili	224
250.	Modificatori. Aggettivi. Parte 1	225
251.	Modificatori. Aggettivi. Parte 2	227

I 500 VERBI PRINCIPALI 230

252.	Verbi A-C	230
253.	Verbi D-G	233
254.	Verbi I-O	234
255.	Verbi P-R	236
256.	Verbi S-V	238

GUIDA ALLA PRONUNCIA

Nome della lettera	Lettera	Esempio ebraico	Alfabeto fonetico T&P	Esempio italiano
Alef	א	אריה	[a], [a:]	fare
	א	אחד	[ɛ], [ɛ:]	bestia
	א	מָאָה	['] (hamza)	occlusiva glottidale sorda
Bet	ב	בית	[b]	bianco
Ghimel	ג	גמל	[g]	guerriero
Ghimel+geresh	ג'	ג'ונגל	[dʒ]	piangere
Dalet	ד	דג	[d]	doccia
Hej	ה	הר	[h]	[h] aspirate
Waw	ו	וסת	[v]	volare
Zajin	ז	זאב	[z]	rosa
Zajin+geresh	ז'	ז'ורנל	[ʒ]	beige
Chet	ח	חוט	[x]	[h] dolce
Tet	ט	טוב	[t]	tattica
Jod	י	יום	[j]	New York
Kaf	ך כ	כריש	[k]	cometa
Lamed	ל	לחם	[l]	saluto
Mem	ם מ	מלך	[m]	mostra
Nun	ן נ	נר	[n]	notte
Samech	ס	סוס	[s]	sapere
Ajin	ע	עין	[a], [a:]	fare
	ע	תשעים	['] (ayn)	fricativa faringale sonora
Pe	ף פ	פיל	[p]	pieno
Tzadi	ץ צ	צעצוע	[ts]	calzini
Tzadi+geresh	צ'ץ'	צ'ק	[tʃ]	cinque
Kof	ק	קוף	[k]	cometa
Reš	ר	רכבת	[r]	[R] vibrante
Sin	ש	שלחן, עָשׂרִים	[s], [ʃ]	sapere, ruscello
Tav	ת	תפוז	[t]	tattica

ABBREVIAZIONI
usate nel vocabolario

Italiano. Abbreviazioni

agg	-	aggettivo
anim.	-	animato
avv	-	avverbio
cong	-	congiunzione
ecc.	-	eccetera
f	-	sostantivo femminile
f pl	-	femminile plurale
fem.	-	femminile
form.	-	formale
inanim.	-	inanimato
inform.	-	familiare
m	-	sostantivo maschile
m pl	-	maschile plurale
m, f	-	maschile, femminile
masc.	-	maschile
mil.	-	militare
pl	-	plurale
pron	-	pronome
qc	-	qualcosa
qn	-	qualcuno
sing.	-	singolare
v aus	-	verbo ausiliare
vi	-	verbo intransitivo
vi, vt	-	verbo intransitivo, transitivo
vr	-	verbo riflessivo
vt	-	verbo transitivo

Ebraico. Abbreviazioni

ז	-	maschile
ז"ר	-	maschile plurale
ז, נ	-	maschile, femminile
נ	-	femminile
נ"ר	-	femminile plurale

CONCETTI DI BASE

Concetti di base. Parte 1

1. Pronomi

io	ani	אֲנִי (ז, נ)
tu (masc.)	ata	אַתָּה (ז)
tu (fem.)	at	אַתְּ (נ)
lui	hu	הוּא (ז)
lei	hi	הִיא (נ)
noi	a'naxnu	אֲנַחנוּ (ז, נ)
voi (masc.)	atem	אַתֶּם (ז"ר)
voi (fem.)	aten	אַתֶּן (נ"ר)
Lei	ata, at	אַתָּה (ז), אַתְּ (נ)
Voi	atem, aten	אַתֶּם (ז"ר), אַתֶּן (נ"ר)
loro	hem, hen	הֵם (ז"ר), הֵן (נ"ר)
loro (masc.)	hem	הֵם (ז"ר)
loro (fem.)	hen	הֵן (נ"ר)

2. Saluti. Convenevoli. Saluti di congedo

Salve!	ʃalom!	שָׁלוֹם!
Buongiorno!	ʃalom!	שָׁלוֹם!
Buongiorno! (la mattina)	'boker tov!	בּוֹקֶר טוֹב!
Buon pomeriggio!	tsaha'rayim tovim!	צָהֳרַיִים טוֹבִים!
Buonasera!	'erev tov!	עֶרֶב טוֹב!
salutare (vt)	lomar ʃalom	לוֹמַר שָׁלוֹם
Ciao! Salve!	hai!	הַיי!
saluto (m)	ahlan	אַהלַן
Come sta? Come stai?	ma ʃlomxa?	מַה שלוֹמךָ? (ז)
Come sta?	ma ʃlomeX?, ma ʃlomxa?	מַה שלוֹמֵךְ? (נ), מַה שלוֹמךָ? (ז)
Come stai?	ma niʃma?	מַה נִשׁמָע?
Che c'è di nuovo?	ma xadaʃ?	מַה חָדָשׁ?
Arrivederci!	lehitra'ot!	לְהִתרָאוֹת!
Ciao!	bai!	בַּיי!
A presto!	lehitra'ot bekarov!	לְהִתרָאוֹת בְּקָרוֹב!
Addio!	lehitra'ot!	לְהִתרָאוֹת!
congedarsi (vr)	lomar lehitra'ot	לוֹמַר לְהִתרָאוֹת
Ciao! (A presto!)	bai!	בַּיי!
Grazie!	toda!	תּוֹדָה!
Grazie mille!	toda raba!	תּוֹדָה רַבָּה!

Prego	bevakaʃa	בְּבַקָּשָׁה
Non c'è di che!	al lo davar	עַל לֹא דָּבָר
Di niente	ein be'ad ma	אֵין בְּעַד מָה

Scusa!	sliχa!	סְלִיחָה!
Scusi!	sliχa!	סְלִיחָה!
scusare (vt)	lis'loaχ	לִסְלוֹחַ

scusarsi (vr)	lehitnatsel	לְהִתְנַצֵּל
Chiedo scusa	ani mitnatsel, ani mitna'tselet	אֲנִי מִתְנַצֵּל (ז), אֲנִי מִתְנַצֶּלֶת (נ)
Mi perdoni!	ani mitsta'er, ani mitsta''eret	אֲנִי מִצְטַעֵר (ז), אֲנִי מִצְטַעֶרֶת (נ)
perdonare (vt)	lis'loaχ	לִסְלוֹחַ
Non fa niente	lo nora	לֹא נוֹרָא
per favore	bevakaʃa	בְּבַקָּשָׁה

Non dimentichi!	al tiʃkaχ!	אַל תִּשְׁכַּח! (ז)
Certamente!	'betaχ!	בֶּטַח!
Certamente no!	'betaχ ʃelo!	בֶּטַח שֶׁלֹּא!
D'accordo!	okei!	אוֹקֵיי!
Basta!	maspik!	מַסְפִּיק!

3. Come rivolgersi

Mi scusi!	sliχa!	סְלִיחָה!
signore	adon	אָדוֹן
signora	gvirti	גְּבִרְתִּי
signorina	'gveret	גְּבֶרֶת
signore	baχur tsa'ir	בָּחוּר צָעִיר
ragazzo	'yeled	יֶלֶד
ragazza	yalda	יַלְדָּה

4. Numeri cardinali. Parte 1

zero (m)	'efes	אֶפֶס (ז)
uno	eχad	אֶחָד (ז)
una	aχat	אַחַת (נ)
due	'ʃtayim	שְׁתַּיִם (נ)
tre	ʃaloʃ	שָׁלוֹש (נ)
quattro	arba	אַרְבַּע (נ)

cinque	χameʃ	חָמֵש (נ)
sei	ʃeʃ	שֵׁש (נ)
sette	'ʃeva	שֶׁבַע (נ)
otto	'ʃmone	שְׁמוֹנֶה (נ)
nove	'teʃa	תֵּשַׁע (נ)

dieci	'eser	עֶשֶׂר (נ)
undici	aχat esre	אַחַת־עֶשְׂרֵה (נ)
dodici	ʃteim esre	שְׁתֵּים־עֶשְׂרֵה (נ)
tredici	ʃloʃ esre	שְׁלוֹש־עֶשְׂרֵה (נ)
quattordici	arba esre	אַרְבַּע־עֶשְׂרֵה (נ)
quindici	χameʃ esre	חֲמֵש־עֶשְׂרֵה (נ)

sedici	ʃeʃ esre	שֵׁשׁ־עֶשְׂרֵה (נ)
diciassette	ʃva esre	שְׁבַע־עֶשְׂרֵה (נ)
diciotto	ʃmone esre	שְׁמוֹנֶה־עֶשְׂרֵה (נ)
diciannove	tʃa esre	תְּשַׁע־עֶשְׂרֵה (נ)

venti	esrim	עֶשְׂרִים
ventuno	esrim ve'eχad	עֶשְׂרִים וְאֶחָד
ventidue	esrim u'ʃnayim	עֶשְׂרִים וּשְׁנַיִם
ventitre	esrim uʃloʃa	עֶשְׂרִים וּשְׁלוֹשָׁה

trenta	ʃloʃim	שְׁלוֹשִׁים
trentuno	ʃloʃim ve'eχad	שְׁלוֹשִׁים וְאֶחָד
trentadue	ʃloʃim u'ʃnayim	שְׁלוֹשִׁים וּשְׁנַיִם
trentatre	ʃloʃim uʃloʃa	שְׁלוֹשִׁים וּשְׁלוֹשָׁה

quaranta	arba'im	אַרְבָּעִים
quarantuno	arba'im ve'eχad	אַרְבָּעִים וְאֶחָד
quarantadue	arba'im u'ʃnayim	אַרְבָּעִים וּשְׁנַיִם
quarantatre	arba'im uʃloʃa	אַרְבָּעִים וּשְׁלוֹשָׁה

cinquanta	χamiʃim	חֲמִישִׁים
cinquantuno	χamiʃim ve'eχad	חֲמִישִׁים וְאֶחָד
cinquantadue	χamiʃim u'ʃnayim	חֲמִישִׁים וּשְׁנַיִם
cinquantatre	χamiʃim uʃloʃa	חֲמִישִׁים וּשְׁלוֹשָׁה

sessanta	ʃiʃim	שִׁישִׁים
sessantuno	ʃiʃim ve'eχad	שִׁישִׁים וְאֶחָד
sessantadue	ʃiʃim u'ʃnayim	שִׁישִׁים וּשְׁנַיִם
sessantatre	ʃiʃim uʃloʃa	שִׁישִׁים וּשְׁלוֹשָׁה

settanta	ʃiv'im	שִׁבְעִים
settantuno	ʃiv'im ve'eχad	שִׁבְעִים וְאֶחָד
settantadue	ʃiv'im u'ʃnayim	שִׁבְעִים וּשְׁנַיִם
settantatre	ʃiv'im uʃloʃa	שִׁבְעִים וּשְׁלוֹשָׁה

ottanta	ʃmonim	שְׁמוֹנִים
ottantuno	ʃmonim ve'eχad	שְׁמוֹנִים וְאֶחָד
ottantadue	ʃmonim u'ʃnayim	שְׁמוֹנִים וּשְׁנַיִם
ottantatre	ʃmonim uʃloʃa	שְׁמוֹנִים וּשְׁלוֹשָׁה

novanta	tiʃim	תִּשְׁעִים
novantuno	tiʃim ve'eχad	תִּשְׁעִים וְאֶחָד
novantadue	tiʃim u'ʃayim	תִּשְׁעִים וּשְׁנַיִם
novantatre	tiʃim uʃloʃa	תִּשְׁעִים וּשְׁלוֹשָׁה

5. Numeri cardinali. Parte 2

cento	'me'a	מֵאָה (נ)
duecento	ma'tayim	מָאתַיִים
trecento	ʃloʃ me'ot	שְׁלוֹשׁ מֵאוֹת (נ)
quattrocento	arba me'ot	אַרְבַּע מֵאוֹת (נ)
cinquecento	χameʃ me'ot	חֲמֵשׁ מֵאוֹת (נ)
seicento	ʃeʃ me'ot	שֵׁשׁ מֵאוֹת (נ)
settecento	ʃva me'ot	שְׁבַע מֵאוֹת (נ)

| ottocento | ʃmone me'ot | שְׁמוֹנֶה מֵאוֹת (נ) |
| novecento | tʃa me'ot | תְּשַׁע מֵאוֹת (נ) |

mille	'elef	אֶלֶף (ז)
duemila	al'payim	אַלְפַּיִם (ז)
tremila	'ʃloʃet alafim	שְׁלוֹשֶׁת אֲלָפִים (ז)
diecimila	a'seret alafim	עֲשֶׂרֶת אֲלָפִים (ז)
centomila	'me'a 'elef	מֵאָה אֶלֶף (ז)
milione (m)	milyon	מִילְיוֹן (ז)
miliardo (m)	milyard	מִילְיַארְד (ז)

6. Numeri ordinali

primo	riʃon	רִאשׁוֹן
secondo	ʃeni	שֵׁנִי
terzo	ʃliʃi	שְׁלִישִׁי
quarto	revi'i	רְבִיעִי
quinto	χamiʃi	חֲמִישִׁי

sesto	ʃiʃi	שִׁישִׁי
settimo	ʃvi'i	שְׁבִיעִי
ottavo	ʃmini	שְׁמִינִי
nono	tʃi'i	תְּשִׁיעִי
decimo	asiri	עֲשִׂירִי

7. Numeri. Frazioni

frazione (f)	'ʃever	שֶׁבֶר (ז)
un mezzo	'χetsi	חֲצִי (ז)
un terzo	ʃliʃ	שְׁלִישׁ (ז)
un quarto	'reva	רֶבַע (ז)

un ottavo	ʃminit	שְׁמִינִית (נ)
un decimo	asirit	עֲשִׂירִית (נ)
due terzi	ʃnei ʃliʃim	שְׁנֵי שְׁלִישִׁים (ז)
tre quarti	'ʃloʃet riv'ei	שְׁלוֹשֶׁת רְבָעֵי

8. Numeri. Operazioni aritmetiche di base

| sottrazione (f) | χisur | חִיסוּר (ז) |
| sottrarre (vt) | leχaser | לְחַסֵר |

| divisione (f) | χiluk | חִילוּק (ז) |
| dividere (vt) | leχalek | לְחַלֵק |

addizione (f)	χibur	חִיבּוּר (ז)
addizionare (vt)	leχaber	לְחַבֵּר
aggiungere (vt)	leχaber	לְחַבֵּר
moltiplicazione (f)	'kefel	כֶּפֶל (ז)
moltiplicare (vt)	lehaχpil	לְהַכְפִּיל

9. Numeri. Varie

cifra (f)	sifra	סִפְרָה (נ)
numero (m)	mispar	מִסְפָּר (ז)
numerale (m)	ʃem mispar	שֵׁם מִסְפָּר (ז)
meno (m)	'minus	מִינוּס (ז)
più (m)	plus	פְּלוּס (ז)
formula (f)	nusχa	נוּסחָה (נ)

calcolo (m)	χiʃuv	חִישׁוּב (ז)
contare (vt)	lispor	לִסְפּוֹר
calcolare (vt)	leχaʃev	לְחַשֵׁב
comparare (vt)	lehaʃvot	לְהַשׁווֹת

Quanto? Quanti?	'kama?	כַּמָה?
somma (f)	sχum	סְכוּם (ז)
risultato (m)	totsa'a	תוֹצָאָה (נ)
resto (m)	ʃe'erit	שְׁאֵרִית (נ)

qualche ...	'kama	כַּמָה
un po' di ...	ktsat	קְצָת
alcuni, pochi (non molti)	me'at	מְעַט
poco (non molto)	me'at	מְעַט
resto (m)	ʃe'ar	שְׁאָר (ז)
uno e mezzo	eχad va'χetsi	אֶחָד וָחֲצִי (ז)
dozzina (f)	tresar	תְרֵיסָר (ז)

in due	'χetsi 'χetsi	חֲצִי חֲצִי
in parti uguali	ʃave beʃave	שָׁווֶה בְּשָׁווֶה
metà (f), mezzo (m)	'χetsi	חֲצִי (ז)
volta (f)	'pa'am	פַּעַם (נ)

10. I verbi più importanti. Parte 1

accorgersi (vr)	lasim lev	לָשִׂים לֵב
afferrare (vt)	litfos	לִתְפּוֹס
affittare (dare in affitto)	liskor	לִשְׂכּוֹר
aiutare (vt)	la'azor	לַעֲזוֹר
amare (qn)	le'ehov	לֶאֱהוֹב

andare (camminare)	la'leχet	לָלֶכֶת
annotare (vt)	lirʃom	לִרְשׁוֹם
appartenere (vi)	lehiʃtayeχ	לְהִשׁתַיֵיך
aprire (vt)	lif'toaχ	לִפְתוֹחַ
arrivare (vi)	leha'gi'a	לְהַגִיעַ
aspettare (vt)	lehamtin	לְהַמתִין

avere (vt)	lehaχzik	לְהַחזִיק
avere fame	lihyot ra'ev	לִהיוֹת רָעֵב
avere fretta	lemaher	לְמַהֵר

| avere paura | lefaχed | לְפַחֵד |
| avere sete | lihyot tsame | לִהיוֹת צָמֵא |

17

avvertire (vt)	lehazhir	לְהַזְהִיר
cacciare (vt)	latsud	לָצוּד
cadere (vi)	lipol	לִיפּוֹל

cambiare (vt)	leʃanot	לְשָׁנוֹת
capire (vt)	lehavin	לְהָבִין
cenare (vi)	le'eχol aruχat 'erev	לָאֱכוֹל אֲרוּחַת עֶרֶב
cercare (vt)	leχapes	לְחַפֵּשׂ
cessare (vt)	lehafsik	לְהַפְסִיק
chiedere (~ aiuto)	likro	לִקְרוֹא

chiedere (domandare)	liʃol	לִשְׁאוֹל
cominciare (vt)	lehatχil	לְהַתְחִיל
comparare (vt)	lehaʃvot	לְהַשְׁווֹת
confondere (vt)	lehitbalbel	לְהִתְבַּלְבֵּל
conoscere (qn)	lehakir et	לְהַכִּיר אֶת

conservare (vt)	liʃmor	לִשְׁמוֹר
consigliare (vt)	leya'ets	לְיַעֵץ
contare (calcolare)	lispor	לִסְפּוֹר
contare su …	lismoχ al	לִסְמוֹךְ עַל
continuare (vt)	lehamʃiχ	לְהַמְשִׁיךְ

controllare (vt)	liʃlot	לִשְׁלוֹט
correre (vi)	laruts	לָרוּץ
costare (vt)	la'alot	לַעֲלוֹת
creare (vt)	litsor	לִיצוֹר
cucinare (vi)	levaʃel	לְבַשֵּׁל

11. I verbi più importanti. Parte 2

dare (vt)	latet	לָתֵת
dare un suggerimento	lirmoz	לִרְמוֹז
decorare (adornare)	lekaʃet	לְקַשֵּׁט
difendere (~ un paese)	lehagen	לְהָגֵן
dimenticare (vt)	liʃkoaχ	לִשְׁכּוֹחַ

dire (~ la verità)	lomar	לוֹמַר
dirigere (compagnia, ecc.)	lenahel	לְנַהֵל
discutere (vt)	ladun	לָדוּן
domandare (vt)	levakeʃ	לְבַקֵּשׁ
dubitare (vi)	lefakpek	לְפַקְפֵּק

entrare (vi)	lehikanes	לְהִיכָּנֵס
esigere (vt)	lidroʃ	לִדְרוֹשׁ
esistere (vi)	lehitkayem	לְהִתְקַיֵּם

essere (vi)	lihyot	לִהְיוֹת
essere d'accordo	lehaskim	לְהַסְכִּים
fare (vt)	la'asot	לַעֲשׂוֹת
fare colazione	le'eχol aruχat 'boker	לָאֱכוֹל אֲרוּחַת בּוֹקֶר

| fare il bagno | lehitraχets | לְהִתְרַחֵץ |
| fermarsi (vr) | la'atsor | לַעֲצוֹר |

fidarsi (vr)	liv'toax	לִבְטוֹחַ
finire (vt)	lesayem	לְסַיֵּם
firmare (~ un documento)	laxtom	לַחְתּוֹם

giocare (vi)	lesaxek	לְשַׂחֵק
girare (~ a destra)	lifnot	לִפְנוֹת
gridare (vi)	liʦ'ok	לִצְעוֹק
indovinare (vt)	lenaxeʃ	לְנַחֵשׁ
informare (vt)	leho'dia	לְהוֹדִיעַ

ingannare (vt)	leramot	לְרַמּוֹת
insistere (vi)	lehit'akeʃ	לְהִתְעַקֵּשׁ
insultare (vt)	leha'aliv	לְהַעֲלִיב
interessarsi di ...	lehit'anyen be...	לְהִתְעַנְיֵן בְּ...
invitare (vt)	lehazmin	לְהַזְמִין

lamentarsi (vr)	lehitlonen	לְהִתְלוֹנֵן
lasciar cadere	lehapil	לְהַפִּיל
lavorare (vi)	la'avod	לַעֲבוֹד
leggere (vi, vt)	likro	לִקְרֹא
liberare (vt)	leʃaxrer	לְשַׁחְרֵר

12. I verbi più importanti. Parte 3

mancare le lezioni	lehaxsir	לְהַחְסִיר
mandare (vt)	liʃloax	לִשְׁלוֹחַ
menzionare (vt)	lehazkir	לְהַזְכִּיר
minacciare (vt)	le'ayem	לְאַיֵּם
mostrare (vt)	lehar'ot	לְהַרְאוֹת

nascondere (vt)	lehastir	לְהַסְתִּיר
nuotare (vi)	lisxot	לִשְׂחוֹת
obiettare (vt)	lehitnaged	לְהִתְנַגֵּד
occorrere (vimp)	lehidareʃ	לְהִידָרֵשׁ
ordinare (~ il pranzo)	lehazmin	לְהַזְמִין

ordinare (mil.)	lifkod	לִפְקוֹד
osservare (vt)	liʦpot, lehaʃkif	לִצְפּוֹת, לְהַשְׁקִיף
pagare (vi, vt)	leʃalem	לְשַׁלֵּם
parlare (vi, vt)	ledaber	לְדַבֵּר
partecipare (vi)	lehiʃtatef	לְהִשְׁתַּתֵּף

pensare (vi, vt)	laxʃov	לַחְשׁוֹב
perdonare (vt)	lis'loax	לִסְלוֹחַ
permettere (vt)	leharʃot	לְהַרְשׁוֹת
piacere (vi)	limʦo xen be'ei'nayim	לִמְצֹא חֵן בְּעֵינַיִם
piangere (vi)	livkot	לִבְכּוֹת

pianificare (vt)	letaxnen	לְתַכְנֵן
possedere (vt)	lihyot 'ba'al ʃel	לִהְיוֹת בַּעַל שֶׁל
potere (v aus)	yaxol	יָכוֹל
pranzare (vi)	le'exol aruxat ʦaha'rayim	לֶאֱכֹל אֲרוּחַת צָהֳרַיִם
preferire (vt)	leha'adif	לְהַעֲדִיף
pregare (vi, vt)	lehitpalel	לְהִתְפַּלֵּל

prendere (vt)	la'kaχat	לָקַחַת
prevedere (vt)	laχazot	לַחֲזוֹת
promettere (vt)	lehav'tiaχ	לְהַבְטִיחַ
pronunciare (vt)	levate	לְבַטֵא

proporre (vt)	leha'tsi'a	לְהַצִּיעַ
punire (vt)	leha'aniʃ	לְהַעֲנִישׁ
raccomandare (vt)	lehamlits	לְהַמְלִיץ
ridere (vi)	litsχok	לִצְחוֹק
rifiutarsi (vr)	lesarev	לְסָרֵב

rincrescere (vi)	lehitsta'er	לְהִצְטַעֵר
ripetere (ridire)	laχazor al	לַחֲזוֹר עַל
riservare (vt)	lehazmin meroʃ	לְהַזְמִין מֵרֹאשׁ
rispondere (vi, vt)	la'anot	לַעֲנוֹת
rompere (spaccare)	liʃbor	לִשְׁבּוֹר
rubare (~ i soldi)	lignov	לִגְנוֹב

13. I verbi più importanti. Parte 4

salvare (~ la vita a qn)	lehatsil	לְהַצִּיל
sapere (vt)	la'da'at	לָדַעַת
sbagliare (vi)	lit'ot	לִטְעוֹת
scavare (vt)	laχpor	לַחְפּוֹר
scegliere (vt)	livχor	לִבְחוֹר

scendere (vi)	la'redet	לָרֶדֶת
scherzare (vi)	lehitba'deaχ	לְהִתְבַּדֵּחַ
scrivere (vt)	liχtov	לִכְתּוֹב
scusare (vt)	lis'loaχ	לִסְלוֹחַ
scusarsi (vr)	lehitnatsel	לְהִתְנַצֵּל

sedersi (vr)	lehityaʃev	לְהִתְיַישֵׁב
seguire (vt)	la'akov aχarei	לַעֲקוֹב אַחֲרֵי
sgridare (vt)	linzof	לִנְזוֹף
significare (vt)	lomar	לוֹמַר
sorridere (vi)	leχayeχ	לְחַיֵּיךְ

sottovalutare (vt)	leham'it be''ereχ	לְהַמְעִיט בְּעֶרְךְ
sparare (vi)	lirot	לִירוֹת
sperare (vi, vt)	lekavot	לְקַוּוֹת
spiegare (vt)	lehasbir	לְהַסְבִּיר
studiare (vt)	lilmod	לִלְמוֹד

stupirsi (vr)	lehitpale	לְהִתְפַּלֵּא
tacere (vi)	liʃtok	לִשְׁתּוֹק
tentare (vt)	lenasot	לְנַסּוֹת
toccare (~ con le mani)	la'ga'at	לָגַעַת
tradurre (vt)	letargem	לְתַרְגֵּם

trovare (vt)	limtso	לִמְצוֹא
uccidere (vt)	laharog	לַהֲרוֹג
udire (percepire suoni)	liʃmo'a	לִשְׁמוֹעַ
unire (vt)	le'aχed	לְאַחֵד

uscire (vi)	latset	לָצֵאת
vantarsi (vr)	lehitravrev	לְהִתְרַבְרֵב
vedere (vt)	lir'ot	לִרְאוֹת
vendere (vt)	limkor	לִמְכּוֹר
volare (vi)	la'uf	לָעוּף
volere (desiderare)	lirtsot	לִרְצוֹת

14. Colori

colore (m)	'tseva	צֶבַע (ז)
sfumatura (f)	gavan	גָּוֶן (ז)
tono (m)	gavan	גָּוֶן (ז)
arcobaleno (m)	'kefet	קֶשֶׁת (נ)
bianco (agg)	lavan	לָבָן
nero (agg)	faxor	שָׁחוֹר
grigio (agg)	afor	אָפוֹר
verde (agg)	yarok	יָרוֹק
giallo (agg)	tsahov	צָהֹוב
rosso (agg)	adom	אָדֹום
blu (agg)	kaxol	כָּחֹל
azzurro (agg)	taxol	תְּכֹול
rosa (agg)	varod	וָרֹד
arancione (agg)	katom	כָּתֹום
violetto (agg)	segol	סָגֹל
marrone (agg)	xum	חום
d'oro (agg)	zahov	זָהֹוב
argenteo (agg)	kasuf	כָּסוּף
beige (agg)	beʒ	בֶּז'
color crema (agg)	be'tseva krem	בְּצֶבַע קְרֶם
turchese (agg)	turkiz	טוּרְקִיז
rosso ciliegia (agg)	bordo	בּוֹרְדוֹ
lilla (agg)	segol	סָגֹל
rosso lampone (agg)	patol	פָּטֹול
chiaro (agg)	bahir	בָּהִיר
scuro (agg)	. kehe	כֵּהֶה
vivo, vivido (agg)	bohek	בּוֹהֵק
colorato (agg)	tsiv'oni	צִבְעֹונִי
a colori	tsiv'oni	צִבְעֹונִי
bianco e nero (agg)	faxor lavan	שָׁחֹור-לָבָן
in tinta unita	xad tsiv'i	חַד-צִבְעִי
multicolore (agg)	sasgoni	סַסְגֹּונִי

15. Domande

Chi?	mi?	מִי?
Che cosa?	ma?	מָה?

21

Dove? (in che luogo?)	'eifo?	אֵיפֹה?
Dove? (~ vai?)	le'an?	לְאָן?
Di dove?, Da dove?	me''eifo?	מֵאֵיפֹה?
Quando?	matai?	מָתַי?
Perché? (per quale scopo?)	'lama?	לָמָה?
Perché? (per quale ragione?)	ma'du'a?	מַדּוּעַ?

Per che cosa?	biʃvil ma?	בִּשְׁבִיל מָה?
Come?	eiχ, keitsad?	כֵּיצַד? אֵיךְ?
Che? (~ colore è?)	'eize?	אֵיזֶה?
Quale?	'eize?	אֵיזֶה?

A chi?	lemi?	לְמִי?
Di chi?	al mi?	עַל מִי?
Di che cosa?	al ma?	עַל מָה?
Con chi?	im mi?	עִם מִי?

Quanti?, Quanto?	'kama?	כַּמָה?
Di chi?	ʃel mi?	שֶׁל מִי?

16. Preposizioni

con (tè ~ il latte)	im	עִם
senza	bli, lelo	בְּלִי, לְלֹא
a (andare ~ ...)	le...	לְ...
di (parlare ~ ...)	al	עַל
prima di ...	lifnei	לִפְנֵי
di fronte a ...	lifnei	לִפְנֵי

sotto (avv)	mi'taχat le...	מִתַּחַת לְ...
sopra (al di ~)	me'al	מֵעַל
su (sul tavolo, ecc.)	al	עַל
da, di (via da ..., fuori di ...)	mi, me	מְ, מֵ
di (fatto ~ cartone)	mi, me	מְ, מֵ

fra (~ dieci minuti)	toχ	תּוֹךְ
attraverso (dall'altra parte)	'dereχ	דֶּרֶךְ

17. Parole grammaticali. Avverbi. Parte 1

Dove?	'eifo?	אֵיפֹה?
qui (in questo luogo)	po, kan	פֹּה, כָּאן
lì (in quel luogo)	ʃam	שָׁם

da qualche parte (essere ~)	'eifo ʃehu	אֵיפֹה שֶׁהוּא
da nessuna parte	beʃum makom	בְּשׁוּם מָקוֹם

vicino a ...	leyad ...	לְיַד ...
vicino alla finestra	leyad haχalon	לְיַד הַחַלּוֹן

Dove?	le'an?	לְאָן?
qui (vieni ~)	'hena, lekan	הֵנָּה; לְכָאן

ci (~ vado stasera)	leʃam	לְשָׁם
da qui	mikan	מִכָּאן
da lì	miʃam	מִשָּׁם
vicino, accanto (avv)	karov	קָרוֹב
lontano (avv)	raχok	רָחוֹק
vicino (~ a Parigi)	leyad	לְיַד
vicino (qui ~)	karov	קָרוֹב
non lontano	lo raχok	לֹא רָחוֹק
sinistro (agg)	smali	שְׂמָאלִי
a sinistra (rimanere ~)	mismol	מִשְׂמֹאל
a sinistra (girare ~)	'smola	שְׂמֹאלָה
destro (agg)	yemani	יְמָנִי
a destra (rimanere ~)	miyamin	מִיָמִין
a destra (girare ~)	ya'mina	יָמִינָה
davanti	mika'dima	מִקָדִימָה
anteriore (agg)	kidmi	קִדְמִי
avanti	ka'dima	קָדִימָה
dietro (avv)	me'aχor	מֵאָחוֹר
da dietro	me'aχor	מֵאָחוֹר
indietro	a'χora	אָחוֹרָה
mezzo (m), centro (m)	'emtsa	אֶמְצַע (ז)
in mezzo, al centro	ba''emtsa	בָּאֶמְצַע
di fianco	mehatsad	מֵהַצַד
dappertutto	beχol makom	בְּכָל מָקוֹם
attorno	misaviv	מִסָבִיב
da dentro	mibifnim	מִבִּפְנִים
da qualche parte (andare ~)	le'an ʃehu	לְאָן שֶׁהוּא
dritto (direttamente)	yaʃar	יָשָׁר
indietro	baχazara	בַּחֲזָרָה
da qualsiasi parte	me'ei ʃam	מֵאֵי שָׁם
da qualche posto (veniamo ~)	me'ei ʃam	מֵאֵי שָׁם
in primo luogo	reʃit	רֵאשִׁית
in secondo luogo	ʃenit	שֵׁנִית
in terzo luogo	ʃliʃit	שְׁלִישִׁית
all'improvviso	pit'om	פִּתְאוֹם
all'inizio	behatslaχa	בַּהַתְחָלָה
per la prima volta	lariʃona	לָרִאשׁוֹנָה
molto tempo prima di…	zman rav lifnei …	זְמַן רַב לִפְנֵי …
di nuovo	meχadaʃ	מֵחָדָשׁ
per sempre	letamid	לְתָמִיד
mai	af 'pa'am, me'olam	מֵעוֹלָם, אַף פַּעַם
ancora	ʃuv	שׁוּב

adesso	axʃav, ka'et	עַכְשָׁיו, כָּעֵת
spesso (avv)	le'itim krovot	לְעִיתִּים קְרוֹבוֹת
allora	az	אָז
urgentemente	bidχifut	בִּדְחִיפוּת
di solito	be'derex klal	בְּדֶרֶךְ כְּלָל

a proposito, ...	'derex 'agav	דֶּרֶךְ אַגַּב
è possibile	efʃari	אֶפְשָׁרִי
probabilmente	kanir'e	כַּנִרְאֶה
forse	ulai	אוּלַי
inoltre ...	χuts mize ...	חוּץ מִזֶּה ...
ecco perché ...	laχen	לָכֵן
nonostante (~ tutto)	lamrot ...	לַמְרוֹת ...
grazie a ...	hodot le...	הוֹדוֹת לְ...

che cosa (pron)	ma	מַה
che (cong)	ʃe	שְׁ
qualcosa (qualsiasi cosa)	'maʃehu	מַשֶּׁהוּ
qualcosa (le serve ~?)	'maʃehu	מַשֶּׁהוּ
niente	klum	כְּלוּם

chi (pron)	mi	מִי
qualcuno (annuire a ~)	'miʃehu, 'miʃehi	מִישֶׁהוּ (ז), מִישֶׁהִי (נ)
qualcuno (dipendere da ~)	'miʃehu, 'miʃehi	מִישֶׁהוּ (ז), מִישֶׁהִי (נ)

nessuno	af eχad, af aχat	אַף אֶחָד (ז), אַף אַחַת (נ)
da nessuna parte	leʃum makom	לְשׁוּם מָקוֹם
di nessuno	lo ʃayaχ le'af eχad	לֹא שַׁיָּךְ לְאַף אֶחָד
di qualcuno	ʃel 'miʃehu	שֶׁל מִישֶׁהוּ

così (era ~ arrabbiato)	kol kaχ	כָּל־כָּךְ
anche (penso ~ a ...)	gam	גַם
anche, pure	gam	גַם

18. Parole grammaticali. Avverbi. Parte 2

Perché?	ma'du'a?	מַדּוּעַ?
per qualche ragione	miʃum ma	מִשׁוּם־מָה
perché ...	miʃum ʃe	מִשׁוּם שֶׁ
per qualche motivo	lematara 'kolʃehi	לְמַטָּרָה כָּלְשֶׁהִי

e (cong)	ve ...	וְ ...
o (sì ~ no?)	o	אוֹ
ma (però)	aval, ulam	אֲבָל, אוּלָם
per (~ me)	biʃvil	בִּשְׁבִיל

troppo	yoter midai	יוֹתֵר מִדַי
solo (avv)	rak	רַק
esattamente	bediyuk	בְּדִיוּק
circa (~ 10 dollari)	be"ereχ	בְּעֵרֶךְ

approssimativamente	be"ereχ	בְּעֵרֶךְ
approssimativo (agg)	meʃo'ar	מְשׁוֹעָר
quasi	kim'at	כִּמְעַט

resto	ʃe'ar	שְׁאָר (ז)
l'altro (~ libro)	aχer	אַחֵר
altro (differente)	aχer	אַחֵר
ogni (agg)	kol	כֹּל
qualsiasi (agg)	kolʃehu	כָּלְשֶׁהוּ
molti, molto	harbe	הַרְבֵּה
molta gente	harbe	הַרְבֵּה
tutto, tutti	kulam	כּוּלָם
in cambio di ...	tmurat ...	תְּמוּנַת ...
in cambio	bitmura	בִּתְמוּרָה
a mano (fatto ~)	bayad	בְּיָד
poco probabile	safek im	סָפֵק אִם
probabilmente	karov levadai	קָרוֹב לְוַודַאי
apposta	'davka	דַּווְקָא
per caso	bemikre	בְּמִקְרֶה
molto (avv)	me'od	מְאוֹד
per esempio	lemaʃal	לְמָשָׁל
fra (~ due)	bein	בֵּין
fra (~ più di due)	be'kerev	בְּקֶרֶב
tanto (quantità)	kol kaχ harbe	כָּל־כָּךְ הַרְבֵּה
soprattutto	bimyuχad	בְּמְיוּחָד

Concetti di base. Parte 2

19. Giorni della settimana

lunedì (m)	yom ʃeni	יוֹם שֵׁנִי (ז)
martedì (m)	yom ʃliʃi	יוֹם שְׁלִישִׁי (ז)
mercoledì (m)	yom revi'i	יוֹם רְבִיעִי (ז)
giovedì (m)	yom χamiʃi	יוֹם חֲמִישִׁי (ז)
venerdì (m)	yom ʃiʃi	יוֹם שִׁשִׁי (ז)
sabato (m)	ʃabat	שַׁבָּת (נ)
domenica (f)	yom riʃon	יוֹם רִאשׁוֹן (ז)

oggi (avv)	hayom	הַיוֹם
domani	maχar	מָחָר
dopodomani	maχara'tayim	מָחֳרָתַיִים
ieri (avv)	etmol	אֶתְמוֹל
l'altro ieri	ʃilʃom	שִׁלְשׁוֹם

giorno (m)	yom	יוֹם (ז)
giorno (m) lavorativo	yom avoda	יוֹם עֲבוֹדָה (ז)
giorno (m) festivo	yom χag	יוֹם חַג (ז)
giorno (m) di riposo	yom menuχa	יוֹם מְנוּחָה (ז)
fine (m) settimana	sof ʃa'vu'a	סוֹף שָׁבוּעַ

tutto il giorno	kol hayom	כָּל הַיוֹם
l'indomani	lamaχarat	לַמָּחֳרָת
due giorni fa	lifnei yo'mayim	לִפְנֵי יוֹמַיִים
il giorno prima	'erev	עֶרֶב
quotidiano (agg)	yomyomi	יוֹמְיוֹמִי
ogni giorno	midei yom	מְדֵי יוֹם

settimana (f)	ʃa'vua	שָׁבוּעַ (ז)
la settimana scorsa	baʃa'vu'a ʃe'avar	בַּשָׁבוּעַ שֶׁעָבַר
la settimana prossima	baʃa'vu'a haba	בַּשָׁבוּעַ הַבָּא
settimanale (agg)	ʃvu'i	שְׁבוּעִי
ogni settimana	kol ʃa'vu'a	כָּל שָׁבוּעַ
due volte alla settimana	pa'a'mayim beʃa'vu'a	פַּעֲמַיִים בְּשָׁבוּעַ
ogni martedì	kol yom ʃliʃi	כָּל יוֹם שְׁלִישִׁי

20. Ore. Giorno e notte

mattina (f)	'boker	בּוֹקֶר (ז)
di mattina	ba'boker	בַּבּוֹקֶר
mezzogiorno (m)	tsaha'rayim	צָהֳרַיִים (ז"ר)
nel pomeriggio	aχar hatsaha'rayim	אַחַר הַצָהֳרַיִים

sera (f)	'erev	עֶרֶב (ז)
di sera	ba''erev	בָּעֶרֶב

notte (f)	'laila	לַיְלָה (ז)
di notte	ba'laila	בַּלַּיְלָה
mezzanotte (f)	χaṭsot	חֲצוֹת (נ)
secondo (m)	ʃniya	שְׁנִיָּה (נ)
minuto (m)	daka	דַּקָּה (נ)
ora (f)	ʃa'a	שָׁעָה (נ)
mezzora (f)	χaṭsi ʃa'a	חֲצִי שָׁעָה (נ)
un quarto d'ora	'reva ʃa'a	רֶבַע שָׁעָה (ז)
quindici minuti	χameʃ esre dakot	חָמֵשׁ עֶשְׂרֵה דַּקּוֹת
ventiquattro ore	yemama	יְמָמָה (נ)
levata (f) del sole	zriχa	זְרִיחָה (נ)
alba (f)	'ʃaχar	שַׁחַר (ז)
mattutino (m)	'ʃaχar	שַׁחַר (ז)
tramonto (m)	ʃki'a	שְׁקִיעָה (נ)
di buon mattino	mukdam ba'boker	מוּקְדָּם בַּבּוֹקֶר
stamattina	ha'boker	הַבּוֹקֶר
domattina	maχar ba'boker	מָחָר בַּבּוֹקֶר
oggi pomeriggio	hayom aχarei hatzaha'rayim	הַיּוֹם אַחֲרֵי הַצָּהֳרַיִם
nel pomeriggio	aχar hatsaha'rayim	אַחַר הַצָּהֳרַיִם
domani pomeriggio	maχar aχarei hatsaha'rayim	מָחָר אַחֲרֵי הַצָּהֳרַיִם
stasera	ha''erev	הָעֶרֶב
domani sera	maχar ba''erev	מָחָר בָּעֶרֶב
alle tre precise	baʃa'a ʃaloʃ bediyuk	בְּשָׁעָה שָׁלוֹשׁ בְּדִיּוּק
verso le quattro	bisvivot arba	בְּסָבִיבוֹת אַרְבַּע
per le dodici	ad ʃteim esre	עַד שְׁתֵּים־עֶשְׂרֵה
fra venti minuti	be'od esrim dakot	בְּעוֹד עֶשְׂרִים דַּקּוֹת
fra un'ora	be'od ʃa'a	בְּעוֹד שָׁעָה
puntualmente	bazman	בַּזְּמָן
un quarto di …	'reva le…	רֶבַע לְ…
entro un'ora	toχ ʃa'a	תּוֹךְ שָׁעָה
ogni quindici minuti	kol 'reva ʃa'a	כָּל רֶבַע שָׁעָה
giorno e notte	misaviv laʃa'on	מִסָּבִיב לַשָּׁעוֹן

21. Mesi. Stagioni

gennaio (m)	'yanu'ar	יָנוּאָר (ז)
febbraio (m)	'febru'ar	פֶבּרוּאָר (ז)
marzo (m)	merts	מֶרְץ (ז)
aprile (m)	april	אַפְרִיל (ז)
maggio (m)	mai	מָאִי (ז)
giugno (m)	'yuni	יוּנִי (ז)
luglio (m)	'yuli	יוּלִי (ז)
agosto (m)	'ogust	אוֹגוּסְט (ז)
settembre (m)	sep'tember	סֶפְּטֶמְבָּר (ז)
ottobre (m)	ok'tober	אוֹקְטוֹבָּר (ז)
novembre (m)	no'vember	נוֹבֶמְבָּר (ז)
dicembre (m)	de'tsember	דֶצֶמְבָּר (ז)

primavera (f)	aviv	אָבִיב (ז)
in primavera	ba'aviv	בָּאָבִיב
primaverile (agg)	avivi	אָבִיבִי
estate (f)	'kayits	קַיִץ (ז)
in estate	ba'kayits	בַּקַּיִץ
estivo (agg)	ketsi	קַיְצִי
autunno (m)	stav	סְתָיו (ז)
in autunno	bestav	בַּסְתָיו
autunnale (agg)	stavi	סְתָווִי
inverno (m)	'χoref	חוֹרֶף (ז)
in inverno	ba'χoref	בַּחוֹרֶף
invernale (agg)	χorpi	חוֹרְפִּי
mese (m)	'χodeʃ	חוֹדֶשׁ (ז)
questo mese	ha'χodeʃ	הַחוֹדֶשׁ
il mese prossimo	ba'χodeʃ haba	בַּחוֹדֶשׁ הַבָּא
il mese scorso	ba'χodeʃ ʃe'avar	בַּחוֹדֶשׁ שֶׁעָבַר
un mese fa	lifnei 'χodeʃ	לִפְנֵי חוֹדֶשׁ
fra un mese	be'od 'χodeʃ	בְּעוֹד חוֹדֶשׁ
fra due mesi	be'od χod'ʃayim	בְּעוֹד חוֹדְשַׁיִם
un mese intero	kol ha'χodeʃ	כָּל הַחוֹדֶשׁ
per tutto il mese	kol ha'χodeʃ	כָּל הַחוֹדֶשׁ
mensile (rivista ~)	χodʃi	חוֹדְשִׁי
mensilmente	χodʃit	חוֹדְשִׁית
ogni mese	kol 'χodeʃ	כָּל חוֹדֶשׁ
due volte al mese	pa'a'mayim be'χodeʃ	פַּעֲמַיִם בְּחוֹדֶשׁ
anno (m)	ʃana	שָׁנָה (נ)
quest'anno	haʃana	הַשָּׁנָה
l'anno prossimo	baʃana haba'a	בַּשָׁנָה הַבָּאָה
l'anno scorso	baʃana ʃe'avra	בַּשָּׁנָה שֶׁעָבְרָה
un anno fa	lifnei ʃana	לִפְנֵי שָׁנָה
fra un anno	be'od ʃana	בְּעוֹד שָׁנָה
fra due anni	be'od ʃna'tayim	בְּעוֹד שְׁנָתַיִם
un anno intero	kol haʃana	כָּל הַשָׁנָה
per tutto l'anno	kol haʃana	כָּל הַשָׁנָה
ogni anno	kol ʃana	כָּל שָׁנָה
annuale (agg)	ʃnati	שְׁנָתִי
annualmente	midei ʃana	מִדֵּי שָׁנָה
quattro volte all'anno	arba pa'amim be'χodeʃ	אַרְבַּע פְּעָמִים בְּחוֹדֶשׁ
data (f) (~ di oggi)	ta'ariχ	תַּאֲרִיךְ (ז)
data (f) (~ di nascita)	ta'ariχ	תַּאֲרִיךְ (ז)
calendario (m)	'luaχ ʃana	לוּחַ שָׁנָה (ז)
mezz'anno (m)	χatsi ʃana	חֲצִי שָׁנָה (ז)
semestre (m)	ʃiʃa χodaʃim, χatsi ʃana	חֲצִי שָׁנָה, שִׁישָׁה חוֹדָשִׁים
stagione (f) (estate, ecc.)	ona	עוֹנָה (נ)
secolo (m)	'me'a	מֵאָה (נ)

22. Orario. Varie

Italiano	Traslitterazione	Ebraico
tempo (m)	zman	זְמַן (ז)
istante (m)	'rega	רֶגַע (ז)
momento (m)	'rega	רֶגַע (ז)
istantaneo (agg)	miyadi	מְיָדִי
periodo (m)	tkufa	תְּקוּפָה (נ)
vita (f)	χayim	חַיִים (ז"ר)
eternità (f)	'netsaχ	נֶצַח (ז)
epoca (f)	idan	עִידָן (ז)
era (f)	idan	עִידָן (ז)
ciclo (m)	maχzor	מַחֲזוֹר (ז)
periodo (m)	tkufa	תְּקוּפָה (נ)
scadenza (f)	tkufa	תְּקוּפָה (נ)
futuro (m)	atid	עָתִיד (ז)
futuro (agg)	haba	הַבָּא
la prossima volta	ba'pa'am haba'a	בַּפַּעַם הַבָּאָה
passato (m)	avar	עָבָר (ז)
scorso (agg)	ʃe'avar	שֶׁעָבַר
la volta scorsa	ba'pa'am hako'demet	בַּפַּעַם הַקּוֹדֶמֶת
più tardi	me'uχar yoter	מְאוּחָר יוֹתֵר
dopo	aχarei	אַחֲרֵי
oggigiorno	kayom	כַּיּוֹם
adesso, ora	aχʃav, ka'et	עַכְשָׁיו, כָּעֵת
immediatamente	miyad	מִיָּד
fra poco, presto	bekarov	בְּקָרוֹב
in anticipo	meroʃ	מֵרֹאשׁ
tanto tempo fa	mizman	מִזְמַן
di recente	lo mizman	לֹא מִזְמַן
destino (m)	goral	גּוֹרָל (ז)
ricordi (m pl)	ziχronot	זִכְרוֹנוֹת (ז"ר)
archivio (m)	arχiyon	אַרְכִיּוֹן (ז)
durante …	bezman ʃel …	בִּזְמַן שֶׁל …
a lungo	zman rav	זְמַן רַב
per poco tempo	lo zman rav	לֹא זְמַן רַב
presto (al mattino ~)	mukdam	מוּקְדָם
tardi (non presto)	me'uχar	מְאוּחָר
per sempre	la'netsaχ	לָנֶצַח
cominciare (vt)	lehatχil	לְהַתְחִיל
posticipare (vt)	lidχot	לִדְחוֹת
simultaneamente	bo zmanit	בּוֹ זְמָנִית
tutto il tempo	bikvi'ut	בִּקְבִיעוּת
costante (agg)	ka'vu'a	קָבוּעַ
temporaneo (agg)	zmani	זְמַנִי
a volte	lif'amim	לִפְעָמִים
raramente	le'itim reχokot	לְעִיתִים רְחוֹקוֹת
spesso (avv)	le'itim krovot	לְעִיתִים קְרוֹבוֹת

23. Contrari

ricco (agg)	aʃir	עָשִׁיר
povero (agg)	ani	עָנִי
malato (agg)	χole	חוֹלֶה
sano (agg)	bari	בָּרִיא
grande (agg)	gadol	גָּדוֹל
piccolo (agg)	katan	קָטָן
rapidamente	maher	מַהֵר
lentamente	le'at	לְאַט
veloce (agg)	mahir	מָהִיר
lento (agg)	iti	אִיטִי
allegro (agg)	sa'meaχ	שָׂמֵחַ
triste (agg)	atsuv	עָצוּב
insieme	be'yaχad	בְּיַחַד
separatamente	levad	לְבַד
ad alta voce (leggere ~)	bekol ram	בְּקוֹל רָם
in silenzio	belev, be'ʃeket	בְּלֵב, בְּשֶׁקֶט
alto (agg)	ga'voha	גָּבוֹהַ
basso (agg)	namuχ	נָמוּךְ
profondo (agg)	amok	עָמוֹק
basso (agg)	radud	רָדוּד
sì	ken	כֵּן
no	lo	לֹא
lontano (agg)	raχok	רָחוֹק
vicino (agg)	karov	קָרוֹב
lontano (avv)	raχok	רָחוֹק
vicino (avv)	samuχ	סָמוּךְ
lungo (agg)	aroχ	אָרוֹךְ
corto (agg)	katsar	קָצָר
buono (agg)	tov lev	טוֹב לֵב
cattivo (agg)	raʃa	רָשָׁע
sposato (agg)	nasui	נָשׂוּי
celibe (agg)	ravak	רַוָּק
vietare (vt)	le'esor al	לֶאֱסוֹר עַל
permettere (vt)	leharʃot	לְהַרְשׁוֹת
fine (f)	sof	סוֹף (ז)
inizio (m)	hatχala	הַתְחָלָה (נ)

| sinistro (agg) | smali | שְׂמָאלִי |
| destro (agg) | yemani | יְמָנִי |

| primo (agg) | riʃon | רִאשׁוֹן |
| ultimo (agg) | aχaron | אַחֲרוֹן |

| delitto (m) | 'peʃa | פֶּשַׁע (ז) |
| punizione (f) | 'oneʃ | עוֹנֶשׁ (ז) |

| ordinare (vt) | letsavot | לְצַוּוֹת |
| obbedire (vi) | letsayet | לְצַיֵּית |

| dritto (agg) | yaʃar | יָשָׁר |
| curvo (agg) | me'ukal | מְעוּקָל |

| paradiso (m) | gan 'eden | גַּן עֵדֶן (ז) |
| inferno (m) | gehinom | גֵּיהִינוֹם (ז) |

| nascere (vi) | lehivaled | לְהִיוָּלֵד |
| morire (vi) | lamut | לָמוּת |

| forte (agg) | χazak | חָזָק |
| debole (agg) | χalaʃ | חַלָּשׁ |

| vecchio (agg) | zaken | זָקֵן |
| giovane (agg) | tsa'ir | צָעִיר |

| vecchio (agg) | yaʃan | יָשָׁן |
| nuovo (agg) | χadaʃ | חָדָשׁ |

| duro (agg) | kaʃe | קָשֶׁה |
| morbido (agg) | raχ | רַךְ |

| caldo (agg) | χamim | חָמִים |
| freddo (agg) | kar | קַר |

| grasso (agg) | ʃamen | שָׁמֵן |
| magro (agg) | raze | רָזֶה |

| stretto (agg) | tsar | צַר |
| largo (agg) | raχav | רָחָב |

| buono (agg) | tov | טוֹב |
| cattivo (agg) | ra | רַע |

| valoroso (agg) | amits | אַמִּיץ |
| codardo (agg) | paχdani | פַּחְדָנִי |

24. Linee e forme

quadrato (m)	ri'bu'a	רִיבּוּעַ (ז)
quadrato (agg)	meruba	מְרוּבָּע
cerchio (m)	ma'agal, igul	מַעֲגָל, עִיגוּל (ז)
rotondo (agg)	agol	עָגוֹל

| triangolo (m) | meʃulaʃ | מְשׁוּלָשׁ (ז) |
| triangolare (agg) | meʃulaʃ | מְשׁוּלָשׁ |

ovale (m)	e'lipsa	אֶלִיפְּסָה (נ)
ovale (agg)	e'lipti	אֶלִיפְּטִי
rettangolo (m)	malben	מַלְבֵּן (ז)
rettangolare (agg)	malbeni	מַלְבֵּנִי

piramide (f)	pira'mida	פִּירָמִידָה (נ)
rombo (m)	me'uyan	מְעוּיָן (ז)
trapezio (m)	trapez	טְרַפֵּז (ז)
cubo (m)	kubiya	קוּבִּיָה (נ)
prisma (m)	minsara	מִנְסָרָה (נ)

circonferenza (f)	ma'agal	מַעֲגָל (ז)
sfera (f)	sfira	סְפִירָה (נ)
palla (f)	kadur	כַּדוּר (ז)

diametro (m)	'koter	קוֹטֶר (ז)
raggio (m)	'radyus	רַדְיוּס (ז)
perimetro (m)	hekef	הֶיקֵף (ז)
centro (m)	merkaz	מֶרְכָּז (ז)

orizzontale (agg)	ofki	אוֹפְקִי
verticale (agg)	anaχi	אֲנָכִי
parallela (f)	kav makbil	קַו מַקְבִּיל (ז)
parallelo (agg)	makbil	מַקְבִּיל

linea (f)	kav	קַו (ז)
tratto (m)	kav	קַו (ז)
linea (f) retta	kav yaʃar	קַו יָשָׁר (ז)
linea (f) curva	akuma	עֲקוּמָה (נ)
sottile (uno strato ~)	dak	דַק
contorno (m)	mit'ar	מִתְאָר (ז)

intersezione (f)	χituχ	חִיתוּךְ (ז)
angolo (m) retto	zavit yaʃara	זָוִית יָשָׁרָה (נ)
segmento	mikta	מִקְטָע (ז)
settore (m)	gizra	גִזְרָה (נ)
lato (m)	'tsela	צֵלַע (ז)
angolo (m)	zavit	זָוִית (נ)

25. Unità di misura

peso (m)	miʃkal	מִשְׁקָל (ז)
lunghezza (f)	'oreχ	אוֹרֶךְ (ז)
larghezza (f)	'roχav	רוֹחַב (ז)
altezza (f)	'gova	גוֹבַה (ז)
profondità (f)	'omek	עוֹמֶק (ז)
volume (m)	'nefaχ	נֶפַח (ז)
area (f)	'ʃetaχ	שֶׁטַח (ז)

| grammo (m) | gram | גְרָם (ז) |
| milligrammo (m) | miligram | מִילִיגְרָם (ז) |

chilogrammo (m)	kilogram	קִילוֹגְרָם (ז)
tonnellata (f)	ton	טוֹן (ז)
libbra (f)	'pa'und	פָאוּנד (ז)
oncia (f)	'unkiya	אוּנקִיָה (נ)

metro (m)	'meter	מֶטֶר (ז)
millimetro (m)	mili'meter	מִילִימֶטֶר (ז)
centimetro (m)	senti'meter	סָנטִימֶטֶר (ז)
chilometro (m)	kilo'meter	קִילוֹמֶטֶר (ז)
miglio (m)	mail	מַייל (ז)

pollice (m)	intʃ	אִינץ' (ז)
piede (f)	'regel	רֶגֶל (נ)
iarda (f)	yard	יַרד (ז)

| metro (m) quadro | 'meter ra'vu'a | מֶטֶר רָבוּעַ (ז) |
| ettaro (m) | hektar | הֶקטָר (ז) |

litro (m)	litr	לִיטר (ז)
grado (m)	ma'ala	מַעֲלָה (נ)
volt (m)	volt	ווֹלט (ז)
ampere (m)	amper	אַמפֶּר (ז)
cavallo vapore (m)	'koaχ sus	כּוֹחַ סוּס (ז)

quantità (f)	kamut	כַּמוּת (נ)
un po' di ...	ktsat ...	קְצָת ...
metà (f)	'χetsi	חֲצִי (ז)
dozzina (f)	tresar	תרֵיסָר (ז)
pezzo (m)	yeχida	יְחִידָה (נ)

| dimensione (f) | 'godel | גוֹדֶל (ז) |
| scala (f) (modello in ~) | kne mida | קנֵה מִידָה (ז) |

minimo (agg)	mini'mali	מִינִימָאלִי
minore (agg)	hakatan beyoter	הַקָטֹן בְּיוֹתֵר
medio (agg)	memutsa	מְמוּצָע
massimo (agg)	maksi'mali	מַקסִימָלִי
maggiore (agg)	hagadol beyoter	הַגָדוֹל בְּיוֹתֵר

26. Contenitori

barattolo (m) di vetro	tsin'tsenet	צִנצֶנֶת (נ)
latta, lattina (f)	paχit	פַּחִית (נ)
secchio (m)	dli	דלִי (ז)
barile (m), botte (f)	χavit	חָבִית (נ)

catino (m)	gigit	גִיגִית (נ)
serbatoio (m) (per liquidi)	meiχal	מֵיכָל (ז)
fiaschetta (f)	meimiya	מֵימִיָה (נ)
tanica (f)	'dʒerikan	ג'רִיקָן (ז)
cisterna (f)	meχalit	מֵיכָלִית (נ)

| tazza (f) | 'sefel | סֵפֶל (ז) |
| tazzina (f) (~ di caffé) | 'sefel | סֵפֶל (ז) |

piattino (m)	taχtit	תַּחְתִּית (נ)
bicchiere (m) (senza stelo)	kos	כּוֹס (נ)
calice (m)	ga'viʿa	גָּבִיעַ (ז)
casseruola (f)	sir	סִיר (ז)

| bottiglia (f) | bakbuk | בַּקְבּוּק (ז) |
| collo (m) (~ della bottiglia) | tsavar habakbuk | צַוַּאר הַבַּקְבּוּק (ז) |

caraffa (f)	kad	כַּד (ז)
brocca (f)	kankan	קַנְקַן (ז)
recipiente (m)	kli	כְּלִי (ז)
vaso (m) di coccio	sir 'χeres	סִיר חֶרֶס (ז)
vaso (m) di fiori	agartal	אֲגַרְטָל (ז)

boccetta (f) (~ di profumo)	tsloχit	צְלוֹחִית (נ)
fiala (f)	bakbukon	בַּקְבּוּקוֹן (ז)
tubetto (m)	ffo'feret	שְׁפוֹפֶרֶת (נ)

sacco (m) (~ di patate)	sak	שַׂק (ז)
sacchetto (m) (~ di plastica)	sakit	שַׂקִּית (נ)
pacchetto (m) (~ di sigarette, ecc.)	χafisa	חֲפִיסָה (נ)

scatola (f) (~ per scarpe)	kufsa	קוּפְסָה (נ)
cassa (f) (~ di vino, ecc.)	argaz	אַרְגָּז (ז)
cesta (f)	sal	סַל (ז)

27. Materiali

materiale (m)	'χomer	חוֹמֶר (ז)
legno (m)	ets	עֵץ (ז)
di legno	me'ets	מֵעֵץ

| vetro (m) | zχuχit | זְכוּכִית (נ) |
| di vetro | mizχuχit | מִזְּכוּכִית |

| pietra (f) | 'even | אֶבֶן (נ) |
| di pietra | me''even | מֵאֶבֶן |

| plastica (f) | 'plastik | פְּלַסְטִיק (ז) |
| di plastica | mi'plastik | מִפְּלַסְטִיק |

| gomma (f) | 'gumi | גּוּמִי (ז) |
| di gomma | mi'gumi | מִגּוּמִי |

| stoffa (f) | bad | בַּד (ז) |
| di stoffa | mibad | מִבַּד |

| carta (f) | neyar | נְיָיר (ז) |
| di carta | mineyar | מִנְּיָיר |

cartone (m)	karton	קַרְטוֹן (ז)
di cartone	mikarton	מִקַּרְטוֹן
polietilene (m)	'nailon	נַיְילוֹן (ז)

cellofan (m)	ʦelofan	צֶלוֹפָן (ז)
linoleum (m)	li'nole'um	לִינוֹלְיָאוּם (ז)
legno (m) compensato	dikt	דִיקְט (ז)

porcellana (f)	χar'sina	חַרְסִינָה (נ)
di porcellana	meχar'sina	מֵחַרְסִינָה
argilla (f)	χarsit	חַרְסִית (נ)
d'argilla	me'χeres	מֵחֶרֶס
ceramica (f)	ke'ramika	קֵרָמִיקָה (נ)
ceramico	ke'rami	קֵרָמִי

28. Metalli

metallo (m)	ma'teχet	מַתֶּכֶת (נ)
metallico	mataχti	מַתַּכְתִּי
lega (f)	sag'soget	סַגְסוֹגֶת (נ)

oro (m)	zahav	זָהָב (ז)
d'oro	mizahav, zahov	מִזָּהָב, זָהוֹב
argento (m)	'kesef	כֶּסֶף (ז)
d'argento	kaspi	כַּסְפִּי

ferro (m)	barzel	בַּרְזֶל (ז)
di ferro	mibarzel	מִבַּרְזֶל
acciaio (m)	plada	פְּלָדָה (נ)
d'acciaio	miplada	מִפְּלָדָה
rame (m)	ne'χoʃet	נְחוֹשֶׁת (נ)
di rame	mine'χoʃet	מִנְחוֹשֶׁת

alluminio (m)	alu'minyum	אָלוּמִינְיוּם (ז)
di alluminio, alluminico	me'alu'minyum	מֵאָלוּמִינְיוּם
bronzo (m)	arad	אָרָד (ז)
di bronzo	me'arad	מֵאָרָד

ottone (m)	pliz	פְּלִיז (ז)
nichel (m)	'nikel	נִיקֶל (ז)
platino (m)	'platina	פְּלָטִינָה (נ)
mercurio (m)	kaspit	כַּסְפִּית (נ)
stagno (m)	bdil	בְּדִיל (ז)
piombo (m)	o'feret	עוֹפֶרֶת (נ)
zinco (m)	avaʦ	אָבָץ (ז)

ESSERE UMANO

Essere umano. Il corpo umano

29. L'uomo. Concetti di base

uomo (m) (essere umano)	ben adam	בֶּן אָדָם (ז)
uomo (m) (adulto maschio)	'gever	גֶּבֶר (ז)
donna (f)	iʃa	אִשָּׁה (נ)
bambino (m) (figlio)	'yeled	יֶלֶד (ז)
bambina (f)	yalda	יַלְדָּה (נ)
bambino (m)	'yeled	יֶלֶד (ז)
adolescente (m, f)	'na'ar	נַעַר (ז)
vecchio (m)	zaken	זָקֵן (ז)
vecchia (f)	zkena	זְקֵנָה (נ)

30. Anatomia umana

organismo (m)	guf ha'adam	גּוּף הָאָדָם (ז)
cuore (m)	lev	לֵב (ז)
sangue (m)	dam	דָּם (ז)
arteria (f)	'orek	עוֹרֶק (ז)
vena (f)	vrid	וְרִיד (ז)
cervello (m)	'moax	מוֹחַ (ז)
nervo (m)	atsav	עָצָב (ז)
nervi (m pl)	atsabim	עֲצַבִּים (ז"ר)
vertebra (f)	xulya	חוּלְיָה (נ)
colonna (f) vertebrale	amud haʃidra	עַמּוּד הַשִּׁדְרָה (ז)
stomaco (m)	keiva	קֵיבָה (נ)
intestini (m pl)	me"ayim	מֵעַיִים (ז"ר)
intestino (m)	me'i	מְעִי (ז)
fegato (m)	kaved	כָּבֵד (ז)
rene (m)	kilya	כִּלְיָה (נ)
osso (m)	'etsem	עֶצֶם (נ)
scheletro (m)	'ʃeled	שֶׁלֶד (ז)
costola (f)	'tsela	צֵלָע (ז)
cranio (m)	gul'golet	גּוּלְגּוֹלֶת (נ)
muscolo (m)	ʃrir	שְׁרִיר (ז)
bicipite (m)	ʃrir du raʃi	שְׁרִיר דּוּ-רָאשִׁי (ז)
tricipite (m)	ʃrir tlat raʃi	שְׁרִיר תְּלָת-רָאשִׁי (ז)
tendine (m)	gid	גִּיד (ז)
articolazione (f)	'perek	פֶּרֶק (ז)

polmoni (m pl)	re'ot	רֵיאוֹת (ז"ר)
genitali (m pl)	evrei min	אֶבְרֵי מִין (ז"ר)
pelle (f)	or	עוֹר (ז)

31. Testa

testa (f)	roʃ	רֹאשׁ (ז)
viso (m)	panim	פָּנִים (ז"ר)
naso (m)	af	אַף (ז)
bocca (f)	pe	פֶּה (ז)

occhio (m)	'ayin	עַיִן (נ)
occhi (m pl)	ei'nayim	עֵינַיִים (נ"ר)
pupilla (f)	iʃon	אִישׁוֹן (ז)
sopracciglio (m)	gaba	גַּבָּה (נ)
ciglio (m)	ris	רִיס (ז)
palpebra (f)	af'af	עַפְעַף (ז)

lingua (f)	laʃon	לָשׁוֹן (נ)
dente (m)	ʃen	שֵׁן (נ)
labbra (f pl)	sfa'tayim	שְׂפָתַיִים (נ"ר)
zigomi (m pl)	atsamot leχa'yayim	עַצְמוֹת לְחָיַיִם (נ"ר)
gengiva (f)	χani'χayim	חֲנִיכַיִים (ז"ר)
palato (m)	χeχ	חֵךְ (ז)

narici (f pl)	neχi'rayim	נְחִירַיִים (ז"ר)
mento (m)	santer	סַנְטֵר (ז)
mascella (f)	'leset	לֶסֶת (נ)
guancia (f)	'leχi	לְחִי (נ)

fronte (f)	'metsaχ	מֵצַח (ז)
tempia (f)	raka	רַקָּה (נ)
orecchio (m)	'ozen	אוֹזֶן (נ)
nuca (f)	'oref	עוֹרֶף (ז)
collo (m)	tsavar	צַוָּאר (ז)
gola (f)	garon	גָּרוֹן (ז)

capelli (m pl)	se'ar	שֵׂיעָר (ז)
pettinatura (f)	tis'roket	תִּסְרוֹקֶת (נ)
taglio (m)	tis'poret	תִּסְפּוֹרֶת (נ)
parrucca (f)	pe'a	פֵּאָה (נ)

baffi (m pl)	safam	שָׂפָם (ז)
barba (f)	zakan	זָקָן (ז)
portare (~ la barba, ecc.)	legadel	לְגַדֵּל
treccia (f)	tsama	צַמָּה (נ)
basette (f pl)	pe'ot leχa'yayim	פֵּאוֹת לְחָיַיִם (נ"ר)

rosso (agg)	'dʒindʒi	גִ'ינגִ'י
brizzolato (agg)	kasuf	כָּסוּף
calvo (agg)	ke'reaχ	קֵירֵחַ
calvizie (f)	ka'raχat	קָרַחַת (נ)
coda (f) di cavallo	'kuku	קוּקוּ (ז)
frangetta (f)	'poni	פּוֹנִי (ז)

32. Corpo umano

mano (f)	kaf yad	כַּף יָד (נ)
braccio (m) ·	yad	יָד (נ)
dito (m)	'etsba	אֶצְבַּע (נ)
dito (m) del piede	'bohen	בּוֹהֶן (נ)
pollice (m)	agudal	אֲגוּדָל (ז)
mignolo (m)	'zeret	זֶרֶת (נ)
unghia (f)	tsi'poren	צִיפּוֹרֶן (ז)
pugno (m)	egrof	אֶגְרוֹף (ז)
palmo (m)	kaf yad	כַּף יָד (נ)
polso (m)	'joref kaf hayad	שׁוֹרֶשׁ כַּף הַיָּד (ז)
avambraccio (m)	ama	אַמָּה (נ)
gomito (m)	marpek	מַרְפֵּק (ז)
spalla (f)	katef	כָּתֵף (נ)
gamba (f)	'regel	רֶגֶל (נ)
pianta (f) del piede	kaf 'regel	כַּף רֶגֶל (נ)
ginocchio (m)	'berex	בֶּרֶךְ (נ)
polpaccio (m)	ʃok	שׁוֹק (ז)
anca (f)	yarex	יָרֵךְ (ז)
tallone (m)	akev	עָקֵב (ז)
corpo (m)	guf	גּוּף (ז)
pancia (f)	'beten	בֶּטֶן (נ)
petto (m)	xaze	חָזֶה (ז)
seno (m)	ʃad	שַׁד (ז)
fianco (m)	tsad	צַד (ז)
schiena (f)	gav	גַּב (ז)
zona (f) lombare	mot'nayim	מוֹתְנַיִים (ז"ר)
vita (f)	'talya	טַלְיָה (נ)
ombelico (m)	tabur	טַבּוּר (ז)
natiche (f pl)	axo'rayim	אֲחוֹרַיִים (ז"ר)
sedere (m)	yaʃvan	יַשְׁבָן (ז)
neo (m)	nekudat xen	נְקוּדַת חֵן (נ)
voglia (f) (~ di fragola)	'ketem leida	כֶּתֶם לֵידָה (ז)
tatuaggio (m)	ka'a'ku'a	קַעֲקוּעַ (ז)
cicatrice (f)	tsa'leket	צַלֶּקֶת (נ)

Abbigliamento e Accessori

33. Indumenti. Soprabiti

vestiti (m pl)	bgadim	בְּגָדִים (ז״ר)
soprabito (m)	levuʃ elyon	לְבוּש עֶלְיוֹן (ז)
abiti (m pl) invernali	bigdei 'xoref	בִּגְדֵי חוֹרֶף (ז״ר)
cappotto (m)	me'il	מְעִיל (ז)
pelliccia (f)	me'il parva	מְעִיל פַּרְוָה (ז)
pellicciotto (m)	me'il parva katsar	מְעִיל פַּרְוָה קָצָר (ז)
piumino (m)	me'il pux	מְעִיל פּוּךְ (ז)
giubbotto (m), giaccha (f)	me'il katsar	מְעִיל קָצָר (ז)
impermeabile (m)	me'il 'geʃem	מְעִיל גֶּשֶׁם (ז)
impermeabile (agg)	amid be'mayim	עָמִיד בְּמַיִם

34. Abbigliamento uomo e donna

camicia (f)	xultsa	חוּלְצָה (נ)
pantaloni (m pl)	mixna'sayim	מִכְנָסַיִים (ז״ר)
jeans (m pl)	mixnesei 'dʒins	מִכְנְסֵי גִ׳ינְס (ז״ר)
giacca (f) (~ di tweed)	ʒaket	זָ׳קֵט (ז)
abito (m) da uomo	xalifa	חֲלִיפָה (נ)
abito (m)	simla	שִׂמְלָה (נ)
gonna (f)	xatsa'it	חֲצָאִית (נ)
camicetta (f)	xultsa	חוּלְצָה (נ)
giacca (f) a maglia	ʒaket 'tsemer	זָ׳קֵט צֶמֶר (ז)
giacca (f) tailleur	ʒaket	זָ׳קֵט (ז)
maglietta (f)	ti ʃert	טִי שֶׁרְט (ז)
pantaloni (m pl) corti	mixna'sayim ktsarim	מִכְנָסַיִים קְצָרִים (ז״ר)
tuta (f) sportiva	'trening	טְרֶנִינְג (ז)
accappatoio (m)	xaluk raxatsa	חָלוּק רַחְצָה (ז)
pigiama (m)	pi'dʒama	פִּיגָ׳מָה (נ)
maglione (m)	'sveder	סְוֶודֶר (ז)
pullover (m)	afuda	אֲפוּדָה (נ)
gilè (m)	vest	וֶסְט (ז)
frac (m)	frak	פְרָאק (ז)
smoking (m)	tuk'sido	טוּקְסִידוֹ (ז)
uniforme (f)	madim	מַדִים (ז״ר)
tuta (f) da lavoro	bigdei avoda	בִּגְדֵי עֲבוֹדָה (ז״ר)
salopette (f)	sarbal	סַרְבָּל (ז)
camice (m) (~ del dottore)	xaluk	חָלוּק (ז)

35. Abbigliamento. Biancheria intima

biancheria (f) intima	levanim	לְבָנִים (ז״ר)
boxer (m pl)	taxtonim	תַחְתוֹנִים (ז״ר)
mutandina (f)	taxtonim	תַחְתוֹנִים (ז״ר)
maglietta (f) intima	gufiya	גוּפִיָה (נ)
calzini (m pl)	gar'bayim	גַרְבַּיִם (ז״ר)
camicia (f) da notte	'ktonet 'laila	כְּתוֹנֶת לַיְלָה (נ)
reggiseno (m)	xaziya	חֲזִיָה (נ)
calzini (m pl) alti	birkon	בִּרְכּוֹן (ז)
collant (m)	garbonim	גַרְבּוֹנִים (ז״ר)
calze (f pl)	garbei 'nailon	גַרְבֵּי נַיְלוֹן (ז״ר)
costume (m) da bagno	'beged yam	בֶּגֶד יָם (ז)

36. Copricapo

cappello (m)	'kova	כּוֹבַע (ז)
cappello (m) di feltro	'kova 'leved	כּוֹבַע לֶבֶד (ז)
cappello (m) da baseball	'kova 'beisbol	כּוֹבַע בֵּייסְבּוֹל (ז)
coppola (f)	'kova mitsxiya	כּוֹבַע מִצְחִיָה (ז)
basco (m)	baret	בֶּרֶט (ז)
cappuccio (m)	bardas	בַּרְדָס (ז)
panama (m)	'kova 'tembel	כּוֹבַע טֶמְבֶּל (ז)
berretto (m) a maglia	'kova 'gerev	כּוֹבַע גֶרֶב (ז)
fazzoletto (m) da capo	mit'paxat	מִטְפַּחַת (נ)
cappellino (m) donna	'kova	כּוֹבַע (ז)
casco (m) (~ di sicurezza)	kasda	קַסְדָה (נ)
bustina (f)	kumta	כּוּמְתָה (נ)
casco (m) (~ moto)	kasda	קַסְדָה (נ)
bombetta (f)	mig'ba'at me'u'gelet	מִגְבַּעַת מְעוּגֶלֶת (נ)
cilindro (m)	tsi'linder	צִילִינְדֶר (ז)

37. Calzature

calzature (f pl)	han'ala	הַנְעָלָה (נ)
stivaletti (m pl)	na'a'layim	נַעֲלַיִים (נ״ר)
scarpe (f pl)	na'a'layim	נַעֲלַיִים (נ״ר)
stivali (m pl)	maga'fayim	מַגָפַיִים (ז״ר)
pantofole (f pl)	na'alei 'bayit	נַעֲלֵי בַּיִת (נ״ר)
scarpe (f pl) da tennis	na'alei sport	נַעֲלֵי סְפּוֹרְט (נ״ר)
scarpe (f pl) da ginnastica	na'alei sport	נַעֲלֵי סְפּוֹרְט (נ״ר)
sandali (m pl)	sandalim	סַנְדָלִים (ז״ר)
calzolaio (m)	sandlar	סַנְדְלָר (ז)
tacco (m)	akev	עָקֵב (ז)

paio (m)	zug	זוּג (ז)
laccio (m)	sroχ	שְׂרוֹךְ (ז)
allacciare (vt)	lisroχ	לִשְׂרוֹךְ
calzascarpe (m)	kaf na'a'layim	כַּף נַעֲלַיִים (נ)
lucido (m) per le scarpe	miʃχat na'a'layim	מִשְׁחַת נַעֲלַיִים (נ)

38. Tessuti. Stoffe

cotone (m)	kutna	כֻּתְנָה (נ)
di cotone	mikutna	מִכֻּתְנָה
lino (m)	piʃtan	פִּשְׁתָּן (ז)
di lino	mipiʃtan	מִפִּשְׁתָּן
seta (f)	'meʃi	מֶשִׁי (ז)
di seta	miʃyi	מֶשִׁיִי
lana (f)	'tsemer	צֶמֶר (ז)
di lana	tsamri	צַמְרִי
velluto (m)	ktifa	קְטִיפָה (נ)
camoscio (m)	zamʃ	זָמְשׁ (ז)
velluto (m) a coste	'korderoi	קוֹרְדָרוֹי (ז)
nylon (m)	'nailon	נַיְילוֹן (ז)
di nylon	mi'nailon	מִנַיְילוֹן
poliestere (m)	poli"ester	פּוֹלִיאָסְטֶר (ז)
di poliestere	mipoli"ester	מִפּוֹלִיאָסְטֶר
pelle (f)	or	עוֹר (ז)
di pelle	me'or	מֵעוֹר
pelliccia (f)	parva	פַּרְוָה (נ)
di pelliccia	miparva	מִפַּרְוָה

39. Accessori personali

guanti (m pl)	kfafot	כְּפָפוֹת (נ"ר)
manopole (f pl)	kfafot	כְּפָפוֹת (נ"ר)
sciarpa (f)	tsa'if	צָעִיף (ז)
occhiali (m pl)	miʃka'fayim	מִשְׁקָפַיִים (ז"ר)
montatura (f)	mis'geret	מִסְגֶרֶת (נ)
ombrello (m)	mitriya	מִטְרִיָיה (נ)
bastone (m)	makel haliχa	מַקֵל הֲלִיכָה (ז)
spazzola (f) per capelli	miv'reʃet se'ar	מִבְרֶשֶׁת שֵׂיעָר (נ)
ventaglio (m)	menifa	מְנִיפָה (נ)
cravatta (f)	aniva	עֲנִיבָה (נ)
cravatta (f) a farfalla	anivat parpar	עֲנִיבַת פַּרְפַּר (נ)
bretelle (f pl)	ktefiyot	כְּתֵפִיוֹת (נ"ר)
fazzoletto (m)	mimχata	מִמְחָטָה (נ)
pettine (m)	masrek	מַסְרֵק (ז)
fermaglio (m)	sikat roʃ	סִיכַּת רֹאשׁ (נ)

forcina (f)	sikat se'ar	שִׂיכַת שֵׂעָר (ז)
fibbia (f)	avzam	אַבְזָם (ז)

cintura (f)	χagora	חֲגוֹרָה (נ)
spallina (f)	reʦu'at katef	רְצוּעַת כָּתֵף (נ)

borsa (f)	tik	תִּיק (ז)
borsetta (f)	tik	תִּיק (ז)
zaino (m)	tarmil	תַּרְמִיל (ז)

40. Abbigliamento. Varie

moda (f)	ofna	אוֹפְנָה (נ)
di moda	ofnati	אוֹפְנָתִי
stilista (m)	me'aʦev ofna	מְעַצֵּב אוֹפְנָה (ז)

collo (m)	ʦavaron	צַוָּארוֹן (ז)
tasca (f)	kis	כִּיס (ז)
tascabile (agg)	ʃel kis	שֶׁל כִּיס
manica (f)	ʃarvul	שַׁרְווּל (ז)
asola (f) per appendere	mitle	מִתְלֶה (ז)
patta (f) (~ dei pantaloni)	χanut	חָנוּת (נ)

cerniera (f) lampo	roχsan	רוֹכְסָן (ז)
chiusura (f)	'keres	קֶרֶס (ז)
bottone (m)	kaftor	כַּפְתּוֹר (ז)
occhiello (m)	lula'a	לוּלָאָה (נ)
staccarsi (un bottone)	lehitaleʃ	לְהִיתָּלֵשׁ

cucire (vi, vt)	litpor	לִתְפּוֹר
ricamare (vi, vt)	lirkom	לִרְקוֹם
ricamo (m)	rikma	רִקְמָה (נ)
ago (m)	'maχat tfira	מַחַט תְּפִירָה (נ)
filo (m)	χut	חוּט (ז)
cucitura (f)	'tefer	תֶּפֶר (ז)

sporcarsi (vr)	lehitlaχleχ	לְהִתְלַכְלֵךְ
macchia (f)	'ketem	כֶּתֶם (ז)
sgualcirsi (vr)	lehitkamet	לְהִתְקַמֵּט
strappare (vt)	lik'ro'a	לִקְרוֹעַ
tarma (f)	aʃ	עָשׁ (ז)

41. Cura della persona. Cosmetici

dentifricio (m)	miʃχat ʃi'nayim	מִשְׁחַת שִׁינַּיִים (נ)
spazzolino (m) da denti	miv'reʃet ʃi'nayim	מִבְרֶשֶׁת שִׁינַּיִים (נ)
lavarsi i denti	leʦaχ'ʦeaχ ʃi'nayim	לְצַחְצֵחַ שִׁינַּיִים

rasoio (m)	'ta'ar	תַּעַר (ז)
crema (f) da barba	'keʦef gi'luaχ	קֶצֶף גִּילּוּחַ (ז)
rasarsi (vr)	lehitga'leaχ	לְהִתְגַּלֵּחַ
sapone (m)	sabon	סַבּוֹן (ז)

shampoo (m)	ʃampu	שַׁמְפּוּ (ז)
forbici (f pl)	mispa'rayim	מִסְפָּרַיִם (ז"ר)
limetta (f)	pʦira	פְּצִירָה (נ)
tagliaunghie (m)	gozez ʦipor'nayim	גּוֹזֵז צִיפּוֹרְנַיִם (ז)
pinzette (f pl)	pin'ʦeta	פִּינְצֶטָה (נ)

cosmetica (f)	tamrukim	תַּמְרוּקִים (ז"ר)
maschera (f) di bellezza	maseχa	מַסֵּכָה (נ)
manicure (m)	manikur	מָנִיקוּר (ז)
fare la manicure	la'asot manikur	לַעֲשׂוֹת מָנִיקוּר
pedicure (m)	pedikur	פֶּדִיקוּר (ז)

borsa (f) del trucco	tik ipur	תִּיק אִיפּוּר (ז)
cipria (f)	'pudra	פּוּדְרָה (נ)
portacipria (m)	pudriya	פּוּדְרִיָּה (נ)
fard (m)	'somek	סוֹמֶק (ז)

profumo (m)	'bosem	בּוֹשֶׂם (ז)
acqua (f) da toeletta	mei 'bosem	מֵי בּוֹשֶׂם (ז"ר)
lozione (f)	mei panim	מֵי פָּנִים (ז"ר)
acqua (f) di Colonia	mei 'bosem	מֵי בּוֹשֶׂם (ז"ר)

ombretto (m)	ʦlalit	צְלָלִית (נ)
eyeliner (m)	ai 'lainer	אַי לַיינֶר (ז)
mascara (m)	'maskara	מַסְקָרָה (נ)

rossetto (m)	sfaton	שְׂפָתוֹן (ז)
smalto (m)	'laka leʦipor'nayim	לַכָּה לְצִיפּוֹרְנַיִם (נ)
lacca (f) per capelli	tarsis lese'ar	תַּרְסִיס לְשֵׂיעָר (ז)
deodorante (m)	de'odo'rant	דֵּאוֹדוֹרַנְט (ז)

crema (f)	krem	קְרֶם (ז)
crema (f) per il viso	krem panim	קְרֶם פָּנִים (ז)
crema (f) per le mani	krem ya'dayim	קְרֶם יָדַיִם (ז)
crema (f) antirughe	krem 'neged kmatim	קְרֶם נֶגֶד קְמָטִים (ז)
crema (f) da giorno	krem yom	קְרֶם יוֹם (ז)
crema (f) da notte	krem 'laila	קְרֶם לַיְלָה (ז)
da giorno	yomi	יוֹמִי
da notte	leili	לֵילִי

tampone (m)	tampon	טַמְפּוֹן (ז)
carta (f) igienica	neyar tu'alet	נְיָיר טוֹאָלֵט (ז)
fon (m)	meyabeʃ se'ar	מְיַיבֵּשׁ שֵׂיעָר (ז)

42. Gioielli

gioielli (m pl)	taχʃitim	תַּכְשִׁיטִים (ז"ר)
prezioso (agg)	yekar 'ereχ	יְקַר עֵרֶךְ
marchio (m)	tav ʦorfim, bχina	תָּו צוֹרְפִים (ז), בְּחִינָה (נ)

anello (m)	ta'ba'at	טַבַּעַת (נ)
anello (m) nuziale	ta'ba'at nisu'in	טַבַּעַת נִישׂוּאִין (נ)
braccialetto (m)	ʦamid	צָמִיד (ז)
orecchini (m pl)	agilim	עֲגִילִים (ז"ר)

collana (f)	max'rozet	מַחֲרוֹזֶת (נ)
corona (f)	'keter	כֶּתֶר (ז)
perline (f pl)	max'rozet	מַחֲרוֹזֶת (נ)

diamante (m)	yahalom	יַהֲלוֹם (ז)
smeraldo (m)	ba'reket	בָּרֶקֶת (נ)
rubino (m)	'odem	אוֹדֶם (ז)
zaffiro (m)	sapir	סַפִּיר (ז)
perle (f pl)	pnina	פְּנִינָה (נ)
ambra (f)	inbar	עִנְבָּר (ז)

43. Orologi da polso. Orologio

orologio (m) (~ da polso)	ʃe'on yad	שְׁעוֹן יָד (ז)
quadrante (m)	'luax ʃa'on	לוּחַ שָׁעוֹן (ז)
lancetta (f)	maxog	מָחוֹג (ז)
braccialetto (m)	tsamid	צָמִיד (ז)
cinturino (m)	retsu'a leʃa'on	רְצוּעָה לְשָׁעוֹן (נ)

pila (f)	solela	סוֹלְלָה (נ)
essere scarico	lehitroken	לְהִתְרוֹקֵן
cambiare la pila	lehaxlif	לְהַחֲלִיף
andare avanti	lemaher	לְמַהֵר
andare indietro	lefager	לְפַגֵּר

orologio (m) da muro	ʃe'on kir	שְׁעוֹן קִיר (ז)
clessidra (f)	ʃe'on xol	שְׁעוֹן חוֹל (ז)
orologio (m) solare	ʃe'on 'ʃemeʃ	שְׁעוֹן שֶׁמֶשׁ (ז)
sveglia (f)	ʃa'on me'orer	שְׁעוֹן מְעוֹרֵר (ז)
orologiaio (m)	ʃa'an	שְׁעָן (ז)
riparare (vt)	letaken	לְתַקֵּן

Cibo. Alimentazione

44. Cibo

carne (f)	basar	בָּשָׂר (ז)
pollo (m)	of	עוֹף (ז)
pollo (m) novello	pargit	פַּרְגִית (נ)
anatra (f)	barvaz	בַּרְוָז (ז)
oca (f)	avaz	אַוָּז (ז)
cacciagione (f)	'tsayid	צַיִד (ז)
tacchino (m)	'hodu	הוֹדוּ (ז)
maiale (m)	basar χazir	בָּשָׂר חֲזִיר (ז)
vitello (m)	basar 'egel	בָּשָׂר עֵגֶל (ז)
agnello (m)	basar 'keves	בָּשָׂר כֶּבֶשׂ (ז)
manzo (m)	bakar	בָּקָר (ז)
coniglio (m)	arnav	אַרְנָב (ז)
salame (m)	naknik	נַקְנִיק (ז)
w?rstel (m)	naknikiya	נַקְנִיקִיָה (נ)
pancetta (f)	'kotel χazir	קוֹתֶל חֲזִיר (ז)
prosciutto (m)	basar χazir me'uʃan	בָּשָׂר חֲזִיר מְעוּשָׁן (ז)
prosciutto (m) affumicato	'kotel χazir me'uʃan	קוֹתֶל חֲזִיר מְעוּשָׁן (ז)
pâté (m)	pate	פָּטֶה (ז)
fegato (m)	kaved	כָּבֵד (ז)
carne (f) trita	basar taχun	בָּשָׂר טָחוּן (ז)
lingua (f)	laʃon	לָשׁוֹן (נ)
uovo (m)	beitsa	בֵּיצָה (נ)
uova (f pl)	beitsim	בֵּיצִים (נ"ר)
albume (m)	χelbon	חֶלְבּוֹן (ז)
tuorlo (m)	χelmon	חֶלְמוֹן (ז)
pesce (m)	dag	דָּג (ז)
frutti (m pl) di mare	perot yam	פֵּירוֹת יָם (ז"ר)
crostacei (m pl)	sartana'im	סַרְטָנָאִים (ז"ר)
caviale (m)	kavyar	קַוְויָאר (ז)
granchio (m)	sartan yam	סַרְטָן יָם (ז)
gamberetto (m)	ʃrimps	שְׁרִימְפְּס (ז"ר)
ostrica (f)	tsidpat ma'aχal	צִדְפַּת מַאֲכָל (נ)
aragosta (f)	'lobster kotsani	לוֹבְּסְטֶר קוֹצָנִי (ז)
polpo (m)	tamnun	תַּמְנוּן (ז)
calamaro (m)	kala'mari	קָלָמָארִי (ז)
storione (m)	basar haχidkan	בָּשָׂר הַחִדְקָן (ז)
salmone (m)	'salmon	סָלְמוֹן (ז)
ippoglosso (m)	putit	פּוּטִית (נ)
merluzzo (m)	ʃibut	שִׁיבּוּט (ז)

scombro (m)	kolyas	קוֹלְיָס (ז)
tonno (m)	'tuna	טוּנָה (נ)
anguilla (f)	tslofaχ	צְלוֹפֶח (ז)

trota (f)	forel	פוֹרֶל (ז)
sardina (f)	sardin	סַרְדִין (ז)
luccio (m)	ze'ev 'mayim	זְאֵב מַיִם (ז)
aringa (f)	ma'liaχ	מָלִיח (ז)

pane (m)	'leχem	לֶחֶם (ז)
formaggio (m)	gvina	גְבִינָה (נ)
zucchero (m)	sukar	סוּכָּר (ז)
sale (m)	'melaχ	מֶלַח (ז)

riso (m)	'orez	אוֹרֶז (ז)
pasta (f)	'pasta	פַּסְטָה (נ)
tagliatelle (f pl)	irtiyot	אַטְרִיוֹת (נ"ר)

burro (m)	χem'a	חֶמְאָה (נ)
olio (m) vegetale	'femen tsimχi	שֶׁמֶן צִמְחִי (ז)
olio (m) di girasole	'femen χamaniyot	שֶׁמֶן חַמָנִיוֹת (ז)
margarina (f)	marga'rina	מַרְגָרִינָה (נ)

olive (f pl)	zeitim	זֵיתִים (ז"ר)
olio (m) d'oliva	'femen 'zayit	שֶׁמֶן זַיִת (ז)

latte (m)	χalav	חָלָב (ז)
latte (m) condensato	χalav merukaz	חָלָב מְרוּכָּז (ז)
yogurt (m)	'yogurt	יוֹגוּרט (ז)
panna (f) acida	fa'menet	שַׁמֶנֶת (נ)
panna (f)	fa'menet	שַׁמֶנֶת (נ)

maionese (m)	mayonez	מָיוֹנֵז (ז)
crema (f)	ka'tsefet χem'a	קַצֶפֶת חֶמְאָה (נ)

cereali (m pl)	grisim	גְרִיסִים (ז"ר)
farina (f)	'kemaχ	קֶמַח (ז)
cibi (m pl) in scatola	fimurim	שִׁימוּרִים (ז"ר)

fiocchi (m pl) di mais	ptitei 'tiras	פְּתִיתֵי תִירָס (ז"ר)
miele (m)	dvaf	דְבַשׁ (ז)
marmellata (f)	riba	רִיבָּה (נ)
gomma (f) da masticare	'mastik	מַסְטִיק (ז)

45. Bevande

acqua (f)	'mayim	מַיִם (ז"ר)
acqua (f) potabile	mei ftiya	מֵי שְׁתִיָה (ז"ר)
acqua (f) minerale	'mayim mine'raliyim	מַיִם מִינֶרָלְיִים (ז"ר)

liscia (non gassata)	lo mugaz	לֹא מוּגָז
gassata (agg)	mugaz	מוּגָז
frizzante (agg)	mugaz	מוּגָז
ghiaccio (m)	'keraχ	קֶרַח (ז)

con ghiaccio	im 'keraχ	עִם קֶרַח
analcolico (agg)	natul alkohol	נְטוּל אַלְכּוֹהוֹל
bevanda (f) analcolica	maʃke kal	מַשְׁקֶה קַל (ז)
bibita (f)	maʃke mera'anen	מַשְׁקֶה מְרַעֲנֵן (ז)
limonata (f)	limo'nada	לִימוֹנָדָה (נ)

bevande (f pl) alcoliche	maʃka'ot χarifim	מַשְׁקָאוֹת חָרִיפִים (ז"ר)
vino (m)	'yayin	יַיִן (ז)
vino (m) bianco	'yayin lavan	יַיִן לָבָן (ז)
vino (m) rosso	'yayin adom	יַיִן אָדֹם (ז)

liquore (m)	liker	לִיקֶר (ז)
champagne (m)	ʃam'panya	שַׁמְפַּנְיָה (נ)
vermouth (m)	'vermut	וֶרְמוּט (ז)

whisky	'viski	וִיסְקִי (ז)
vodka (f)	'vodka	ווֹדְקָה (נ)
gin (m)	dʒin	ג'ִין (ז)
cognac (m)	'konyak	קוֹנְיָאק (ז)
rum (m)	rom	רוֹם (ז)

caffè (m)	kafe	קָפֶּה (ז)
caffè (m) nero	kafe ʃaχor	קָפֶּה שָׁחוֹר (ז)
caffè latte (m)	kafe hafuχ	קָפֶּה הָפוּךְ (ז)
cappuccino (m)	kapu'tʃino	קָפּוּצִ'ינוֹ (ז)
caffè (m) solubile	kafe names	קָפֶּה נָמֵס (ז)

latte (m)	χalav	חָלָב (ז)
cocktail (m)	kokteil	קוֹקְטֵיל (ז)
frullato (m)	'milkʃeik	מִילְקְשֵׁייק (ז)

succo (m)	mits	מִיץ (ז)
succo (m) di pomodoro	mits agvaniyot	מִיץ עַגְבָנִיּוֹת (ז)
succo (m) d'arancia	mits tapuzim	מִיץ תַּפּוּזִים (ז)
spremuta (f)	mits saχut	מִיץ סָחוּט (ז)

birra (f)	'bira	בִּירָה (נ)
birra (f) chiara	'bira bahira	בִּירָה בָּהִירָה (נ)
birra (f) scura	'bira keha	בִּירָה כֵּהָה (נ)

tè (m)	te	תֵּה (ז)
tè (m) nero	te ʃaχor	תֵּה שָׁחוֹר (ז)
tè (m) verde	te yarok	תֵּה יָרֹק (ז)

46. Verdure

| ortaggi (m pl) | yerakot | יְרָקוֹת (ז"ר) |
| verdura (f) | 'yerek | יֶרֶק (ז) |

pomodoro (m)	agvaniya	עַגְבָנִיָּה (נ)
cetriolo (m)	melafefon	מְלָפְפוֹן (ז)
carota (f)	'gezer	גֶּזֶר (ז)
patata (f)	ta'puaχ adama	תַּפּוּחַ אֲדָמָה (ז)
cipolla (f)	batsal	בָּצָל (ז)

aglio (m)	ʃum	שׁוּם (ז)
cavolo (m)	kruv	כְּרוּב (ז)
cavolfiore (m)	kruvit	כְּרוּבִית (נ)
cavoletti (m pl) di Bruxelles	kruv nitsanim	כְּרוּב נִצָּנִים (ז)
broccolo (m)	'brokoli	בְּרוֹקוֹלִי (ז)

barbabietola (f)	'selek	סֶלֶק (ז)
melanzana (f)	χatsil	חָצִיל (ז)
zucchina (f)	kiʃu	קִישׁוּא (ז)
zucca (f)	'dla'at	דְּלַעַת (נ)
rapa (f)	'lefet	לֶפֶת (נ)

prezzemolo (m)	petro'zilya	פֶּטְרוֹזִילְיָה (נ)
aneto (m)	ʃamir	שָׁמִיר (ז)
lattuga (f)	'χasa	חַסָּה (נ)
sedano (m)	'seleri	סֶלֶרִי (ז)
asparago (m)	aspa'ragos	אַסְפָּרָגוֹס (ז)
spinaci (m pl)	'tered	תֶּרֶד (ז)

pisello (m)	afuna	אֲפוּנָה (נ)
fave (f pl)	pol	פּוֹל (ז)
mais (m)	'tiras	תִּירָס (ז)
fagiolo (m)	ʃu'it	שְׁעוּעִית (נ)

peperone (m)	'pilpel	פִּלְפֵּל (ז)
ravanello (m)	tsnonit	צְנוֹנִית (נ)
carciofo (m)	artiʃok	אַרְטִישׁוֹק (ז)

47. Frutta. Noci

frutto (m)	pri	פְּרִי (ז)
mela (f)	ta'puaχ	תַּפּוּחַ (ז)
pera (f)	agas	אַגָּס (ז)
limone (m)	limon	לִימוֹן (ז)
arancia (f)	tapuz	תַּפּוּז (ז)
fragola (f)	tut sade	תּוּת שָׂדֶה (ז)

mandarino (m)	klemen'tina	קְלֶמֶנְטִינָה (נ)
prugna (f)	ʃezif	שְׁזִיף (ז)
pesca (f)	afarsek	אֲפַרְסֵק (ז)
albicocca (f)	'miʃmeʃ	מִשְׁמֵשׁ (ז)
lampone (m)	'petel	פֶּטֶל (ז)
ananas (m)	'ananas	אָנָנָס (ז)

banana (f)	ba'nana	בַּנָּנָה (נ)
anguria (f)	ava'tiaχ	אֲבַטִּיחַ (ז)
uva (f)	anavim	עֲנָבִים (ז"ר)
amarena (f)	duvdevan	דּוּבְדְּבָן (ז)
ciliegia (f)	gudgedan	גּוּדְגְּדָן (ז)
melone (m)	melon	מֶלוֹן (ז)

pompelmo (m)	eʃkolit	אֶשְׁכּוֹלִית (נ)
avocado (m)	avo'kado	אֲבוֹקָדוֹ (ז)
papaia (f)	pa'paya	פַּפָּאיָה (נ)

mango (m)	'mango	מַנְגּוֹ (ז)
melagrana (f)	rimon	רִימוֹן (ז)

ribes (m) rosso	dumdemanit aduma	דּוּמְדְּמָנִית אֲדוּמָה (נ)
ribes (m) nero	dumdemanit ʃxora	דּוּמְדְּמָנִית שְׁחוֹרָה (נ)
uva (f) spina	xazarzar	חֲזַרְזָר (ז)
mirtillo (m)	uxmanit	אוּכְמָנִית (נ)
mora (f)	'petel ʃaxor	פֶּטֶל שָׁחוֹר (ז)

uvetta (f)	tsimukim	צִימוּקִים (ז"ר)
fico (m)	te'ena	תְּאֵנָה (נ)
dattero (m)	tamar	תָּמָר (ז)

arachide (f)	botnim	בּוֹטְנִים (ז"ר)
mandorla (f)	ʃaked	שָׁקֵד (ז)
noce (f)	egoz 'melex	אֱגוֹז מֶלֶךְ (ז)
nocciola (f)	egoz ilsar	אֱגוֹז אִלְסָר (ז)
noce (f) di cocco	'kokus	קוֹקוּס (ז)
pistacchi (m pl)	'fistuk	פִּיסְטוּק (ז)

48. Pane. Dolci

pasticceria (f)	mutsrei kondi'torya	מוּצְרֵי קוֹנְדִּיטוֹרְיָה (ז"ר)
pane (m)	'lexem	לֶחֶם (ז)
biscotti (m pl)	ugiya	עוּגִיָּה (נ)

cioccolato (m)	'ʃokolad	שׁוֹקוֹלָד (ז)
al cioccolato (agg)	mi'ʃokolad	מְשׁוֹקוֹלָד
caramella (f)	sukariya	סוּכָּרְיָּה (נ)
tortina (f)	uga	עוּגָה (נ)
torta (f)	uga	עוּגָה (נ)

crostata (f)	pai	פָּאי (ז)
ripieno (m)	milui	מִילּוּי (ז)

marmellata (f)	riba	רִיבָּה (נ)
marmellata (f) di agrumi	marme'lada	מַרְמֶלָדָה (נ)
wafer (m)	'vaflim	וַפְלִים (ז"ר)
gelato (m)	'glida	גְּלִידָה (נ)
budino (m)	'puding	פּוּדִינְג (ז)

49. Pietanze cucinate

piatto (m) (~ principale)	mana	מָנָה (נ)
cucina (f)	mitbax	מִטְבָּח (ז)
ricetta (f)	matkon	מַתְכּוֹן (ז)
porzione (f)	mana	מָנָה (נ)

insalata (f)	salat	סָלָט (ז)
minestra (f)	marak	מָרָק (ז)
brodo (m)	marak tsax, tsir	מָרָק צַח, צִיר (ז)
panino (m)	karix	כָּרִיךְ (ז)

uova (f pl) al tegamino	beitsat ain	בֵּיצַת עַיִן (נ)
hamburger (m)	'hamburger	הַמְבּוּרְגֶר (ז)
bistecca (f)	umtsa, steik	אוּמְצָה (נ), סְטֵייק (ז)

contorno (m)	to'sefet	תּוֹסֶפֶת (נ)
spaghetti (m pl)	spa'geti	סְפָּגֶטִי (ז)
purè (m) di patate	meχit tapuχei adama	מְחִית תַּפּוּחֵי אֲדָמָה (נ)
pizza (f)	'pitsa	פִּיצָה (נ)
porridge (m)	daysa	דַּייְסָה (נ)
frittata (f)	χavita	חֲבִיתָה (נ)

bollito (agg)	mevuʃal	מְבוּשָׁל
affumicato (agg)	me'uʃan	מְעוּשָׁן
fritto (agg)	metugan	מְטוּגָּן
secco (agg)	meyubaʃ	מְיוּבָּשׁ
congelato (agg)	kafu	קָפוּא
sottoaceto (agg)	kavuʃ	כָּבוּשׁ

dolce (gusto)	matok	מָתוֹק
salato (agg)	ma'luaχ	מָלוּחַ
freddo (agg)	kar	קַר
caldo (agg)	χam	חַם
amaro (agg)	marir	מָרִיר
buono, gustoso (agg)	ta'im	טָעִים

cuocere, preparare (vt)	levaʃel be'mayim rotχim	לְבַשֵׁל בְּמַיִם רוֹתְחִים
cucinare (vi)	levaʃel	לְבַשֵׁל
friggere (vt)	letagen	לְטַגֵּן
riscaldare (vt)	leχamem	לְחַמֵּם

salare (vt)	leham'liaχ	לְהַמְלִיחַ
pepare (vt)	lefalpel	לְפַלְפֵּל
grattugiare (vt)	lerasek	לְרַסֵּק
buccia (f)	klipa	קְלִיפָּה (נ)
sbucciare (vt)	lekalef	לְקַלֵּף

50. Spezie

sale (m)	'melaχ	מֶלַח (ז)
salato (agg)	ma'luaχ	מָלוּחַ
salare (vt)	leham'liaχ	לְהַמְלִיחַ

pepe (m) nero	'pilpel ʃaχor	פִּלְפֵּל שָׁחוֹר (ז)
peperoncino (m)	'pilpel adom	פִּלְפֵּל אָדוֹם (ז)
senape (f)	χardal	חַרְדָּל (ז)
cren (m)	χa'zeret	חֲזֶרֶת (נ)

condimento (m)	'rotev	רוֹטֶב (ז)
spezie (f pl)	tavlin	תַּבְלִין (ז)
salsa (f)	'rotev	רוֹטֶב (ז)
aceto (m)	'χomets	חוֹמֶץ (ז)

anice (m)	kamnon	כַּמְנוֹן (ז)
basilico (m)	reχan	רֵיחָן (ז)

chiodi (m pl) di garofano	tsi'poren	צִיפּוֹרֶן (ז)
zenzero (m)	'dʒindʒer	גִ'ינגְ'ר (ז)
coriandolo (m)	'kusbara	כּוּסבָּרָה (נ)
cannella (f)	kinamon	קִינָמוֹן (ז)

sesamo (m)	'ʃumʃum	שׁוּמשׁוּם (ז)
alloro (m)	ale dafna	עָלֵה דַפנָה (ז)
paprica (f)	'paprika	פַּפּרִיקָה (נ)
cumino (m)	'kimel	קִימֶל (ז)
zafferano (m)	ze'afran	זַעֲפרָן (ז)

51. Pasti

| cibo (m) | 'oχel | אוֹכֶל (ז) |
| mangiare (vi, vt) | le'eχol | לֶאֱכוֹל |

colazione (f)	aruχat 'boker	אֲרוּחַת בּוֹקֶר (נ)
fare colazione	le'eχol aruχat 'boker	לֶאֱכוֹל אֲרוּחַת בּוֹקֶר
pranzo (m)	aruχat tsaha'rayim	אֲרוּחַת צָהֳרַיִים (נ)
pranzare (vi)	le'eχol aruχat tsaha'rayim	לֶאֱכוֹל אֲרוּחַת צָהֳרַיִים
cena (f)	aruχat 'erev	אֲרוּחַת עֶרֶב (נ)
cenare (vi)	le'eχol aruχat 'erev	לֶאֱכוֹל אֲרוּחַת עֶרֶב

| appetito (m) | te'avon | תֵיאָבוֹן (ז) |
| Buon appetito! | betei'avon! | בְּתֵיאָבוֹן! |

aprire (vt)	lif'toaχ	לִפתוֹחַ
rovesciare (~ il vino, ecc.)	liʃpoχ	לִשפּוֹך
rovesciarsi (vr)	lehiʃapeχ	לְהִישָׁפֵך

bollire (vi)	lir'toaχ	לִרתוֹחַ
far bollire	lehar'tiaχ	לְהַרתִיחַ
bollito (agg)	ra'tuaχ	רָתוּחַ

| raffreddare (vt) | lekarer | לְקָרֵר |
| raffreddarsi (vr) | lehitkarer | לְהִתקָרֵר |

| gusto (m) | 'ta'am | טַעַם (ז) |
| retrogusto (m) | 'ta'am levai | טַעַם לְוַואי (ז) |

essere a dieta	lirzot	לִרזוֹת
dieta (f)	di''eta	דִיאֶטָה (נ)
vitamina (f)	vitamin	וִיטָמִין (ז)
caloria (f)	ka'lorya	קָלוֹריָה (נ)

| vegetariano (m) | tsimχoni | צִמחוֹנִי (ז) |
| vegetariano (agg) | tsimχoni | צִמחוֹנִי |

grassi (m pl)	ʃumanim	שׁוּמָנִים (ז"ר)
proteine (f pl)	χelbonim	חֶלבּוֹנִים (ז"ר)
carboidrati (m pl)	paχmema	פַּחמֵימָה (נ)
fetta (f), fettina (f)	prusa	פּרוּסָה (נ)
pezzo (m) (~ di torta)	χatiχa	חֲתִיכָה (נ)
briciola (f) (~ di pane)	perur	פֵּירוּר (ז)

52. Preparazione della tavola

cucchiaio (m)	kaf	כַּף (ז)
coltello (m)	sakin	סַכִּין (ז, נ)
forchetta (f)	mazleg	מַזְלֵג (ז)
tazza (f)	'sefel	סֵפֶל (ז)
piatto (m)	tsa'laχat	צַלַּחַת (נ)
piattino (m)	taχtit	תַּחְתִּית (נ)
tovagliolo (m)	mapit	מַפִּית (נ)
stuzzicadenti (m)	keisam ʃi'nayim	קֵיסָם שִׁינַיִּים (ז)

53. Ristorante

ristorante (m)	mis'ada	מִסְעָדָה (נ)
caffè (m)	beit kafe	בֵּית קָפֶה (ז)
pub (m), bar (m)	bar, pab	בַּר, פָּאבּ (ז)
sala (f) da tè	beit te	בֵּית תֶּה (ז)
cameriere (m)	meltsar	מֶלְצָר (ז)
cameriera (f)	meltsarit	מֶלְצָרִית (נ)
barista (m)	'barmen	בַּרְמֶן (ז)
menù (m)	tafrit	תַּפְרִיט (ז)
lista (f) dei vini	reʃimat yeynot	רְשִׁימַת יֵינוֹת (נ)
prenotare un tavolo	lehazmin ʃulχan	לְהַזְמִין שׁוּלְחָן
piatto (m)	mana	מָנָה (נ)
ordinare (~ il pranzo)	lehazmin	לְהַזְמִין
fare un'ordinazione	lehazmin	לְהַזְמִין
aperitivo (m)	maʃke meta'aven	מַשְׁקֶה מְתַאֲבֵן (ז)
antipasto (m)	meta'aven	מְתַאֲבֵן (ז)
dolce (m)	ki'nuaχ	קִינּוּחַ (ז)
conto (m)	χeʃbon	חֶשְׁבּוֹן (ז)
pagare il conto	leʃalem	לְשַׁלֵּם
dare il resto	latet 'odef	לָתֵת עוֹדֶף
mancia (f)	tip	טִיפּ (ז)

Famiglia, parenti e amici

54. Informazioni personali. Moduli

nome (m)	ʃem	שֵׁם (ז)
cognome (m)	ʃem miʃpaχa	שֵׁם מִשְׁפָּחָה (ז)
data (f) di nascita	ta'ariχ leda	תַּאֲרִיךְ לֵידָה (ז)
luogo (m) di nascita	mekom leda	מְקוֹם לֵידָה (ז)
nazionalità (f)	le'om	לְאוֹם (ז)
domicilio (m)	mekom megurim	מְקוֹם מְגוּרִים (ז)
paese (m)	medina	מְדִינָה (נ)
professione (f)	mik'tso'a	מִקְצוֹעַ (ז)
sesso (m)	min	מִין (ז)
statura (f)	'gova	גּוֹבַה (ז)
peso (m)	miʃkal	מִשְׁקָל (ז)

55. Membri della famiglia. Parenti

madre (f)	em	אֵם (נ)
padre (m)	av	אָב (ז)
figlio (m)	ben	בֵּן (ז)
figlia (f)	bat	בַּת (נ)
figlia (f) minore	habat haktana	הַבַּת הַקְּטַנָּה (נ)
figlio (m) minore	haben hakatan	הַבֵּן הַקָּטָן (ז)
figlia (f) maggiore	habat habχora	הַבַּת הַבְּכוֹרָה (נ)
figlio (m) maggiore	haben habχor	הַבֵּן הַבְּכוֹר (ז)
fratello (m)	aχ	אָח (ז)
fratello (m) maggiore	aχ gadol	אָח גָּדוֹל (ז)
fratello (m) minore	aχ katan	אָח קָטָן (ז)
sorella (f)	aχot	אָחוֹת (נ)
sorella (f) maggiore	aχot gdola	אָחוֹת גְדוֹלָה (נ)
sorella (f) minore	aχot ktana	אָחוֹת קְטַנָּה (נ)
cugino (m)	ben dod	בֵּן דּוֹד (ז)
cugina (f)	bat 'doda	בַּת דּוֹדָה (נ)
mamma (f)	'ima	אִמָּא (נ)
papà (m)	'aba	אַבָּא (ז)
genitori (m pl)	horim	הוֹרִים (ז"ר)
bambino (m)	'yeled	יֶלֶד (ז)
bambini (m pl)	yeladim	יְלָדִים (ז"ר)
nonna (f)	'savta	סָבְתָא (נ)
nonno (m)	'saba	סָבָּא (ז)
nipote (m) (figlio di un figlio)	'neχed	נֶכֶד (ז)

nipote (f)	neχda	נֶכְדָּה (נ)
nipoti (pl)	neχadim	נְכָדִים (ז"ר)

zio (m)	dod	דּוֹד (ז)
zia (f)	'doda	דּוֹדָה (נ)
nipote (m) (figlio di un fratello)	aχyan	אַחְיָן (ז)
nipote (f)	aχyanit	אַחְיָנִית (נ)

suocera (f)	χamot	חָמוֹת (נ)
suocero (m)	χam	חָם (ז)
genero (m)	χatan	חָתָן (ז)
matrigna (f)	em χoreget	אֵם חוֹרֶגֶת (נ)
patrigno (m)	av χoreg	אָב חוֹרֵג (ז)

neonato (m)	tinok	תִּינוֹק (ז)
infante (m)	tinok	תִּינוֹק (ז)
bimbo (m), ragazzino (m)	pa'ot	פָּעוֹט (ז)

moglie (f)	iʃa	אִשָּׁה (נ)
marito (m)	'ba'al	בַּעַל (ז)
coniuge (m)	ben zug	בֶּן זוּג (ז)
coniuge (f)	bat zug	בַּת זוּג (נ)

sposato (agg)	nasui	נָשׂוּי
sposata (agg)	nesu'a	נְשׂוּאָה
celibe (agg)	ravak	רַוָּק
scapolo (m)	ravak	רַוָּק (ז)
divorziato (agg)	garuʃ	גָּרוּשׁ
vedova (f)	almana	אַלְמָנָה (נ)
vedovo (m)	alman	אַלְמָן (ז)

parente (m)	karov miʃpaχa	קָרוֹב מִשְׁפָּחָה (ז)
parente (m) stretto	karov miʃpaχa	קָרוֹב מִשְׁפָּחָה (ז)
parente (m) lontano	karov raχok	קָרוֹב רָחוֹק (ז)
parenti (m pl)	krovei miʃpaχa	קְרוֹבֵי מִשְׁפָּחָה (ז"ר)

orfano (m)	yatom	יָתוֹם (ז)
orfana (f)	yetoma	יְתוֹמָה (נ)
tutore (m)	apo'tropos	אַפּוֹטְרוֹפּוֹס (ז)
adottare (~ un bambino)	le'amets	לְאַמֵּץ
adottare (~ una bambina)	le'amets	לְאַמֵּץ

56. Amici. Colleghi

amico (m)	χaver	חָבֵר (ז)
amica (f)	χavera	חֲבֵרָה (נ)
amicizia (f)	yedidut	יְדִידוּת (נ)
essere amici	lihyot yadidim	לִהְיוֹת יָדִידִים

partner (m)	ʃutaf	שׁוּתָף (ז)
capo (m)	menahel, roʃ	מְנַהֵל (ז), רֹאשׁ (ז)
capo (m), superiore (m)	memune	מְמוּנֶה (ז)
proprietario (m)	be'alim	בְּעָלִים (ז)
subordinato (m)	kafuf le	כָּפוּף ל (ז)

collega (m)	amit	עָמִית (ז)
conoscente (m)	makar	מַכָּר (ז)
compagno (m) di viaggio	ben levaya	בֶּן לְוָיָה (ז)
compagno (m) di classe	χaver lekita	חָבֵר לְכִּיתָה (ז)

vicino (m)	ʃaχen	שָׁכֵן (ז)
vicina (f)	ʃχena	שְׁכֵנָה (נ)
vicini (m pl)	ʃχenim	שְׁכֵנִים (ז"ר)

57. Uomo. Donna

donna (f)	iʃa	אִשָׁה (נ)
ragazza (f)	baχura	בַּחוּרָה (נ)
sposa (f)	kala	כַּלָּה (נ)

bella (agg)	yafa	יָפָה
alta (agg)	gvoha	גְבוֹהָה
snella (agg)	tmira	תְּמִירָה
bassa (agg)	namuχ	נָמוּךְ

| bionda (f) | blon'dinit | בְּלוֹנְדִינִית (נ) |
| bruna (f) | bru'netit | בְּרוּנֶטִית (נ) |

da donna (agg)	ʃel naʃim	שֶׁל נָשִׁים
vergine (f)	betula	בְּתוּלָה (נ)
incinta (agg)	hara	הָרָה

uomo (m) (adulto maschio)	'gever	גֶבֶר (ז)
biondo (m)	blon'dini	בְּלוֹנְדִינִי (ז)
bruno (m)	ʃχarχar	שְׁחַרְחַר
alto (agg)	ga'voha	גָבוֹהַּ
basso (agg)	namuχ	נָמוּךְ

sgarbato (agg)	gas	גַּס
tozzo (agg)	guts	גּוּץ
robusto (agg)	χason	חָסוֹן
forte (agg)	χazak	חָזָק
forza (f)	'koaχ	כּוֹחַ (ז)

grasso (agg)	ʃamen	שָׁמֵן
bruno (agg)	ʃaχum	שָׁחוּם
snello (agg)	tamir	תָּמִיר
elegante (agg)	ele'ganti	אֶלֶגַנְטִי

58. Età

età (f)	gil	גִּיל (ז)
giovinezza (f)	ne'urim	נְעוּרִים (ז"ר)
giovane (agg)	tsa'ir	צָעִיר

| più giovane (agg) | tsa'ir yoter | צָעִיר יוֹתֵר |
| più vecchio (agg) | mevugar yoter | מְבוּגָר יוֹתֵר |

giovane (m)	baxur	בָּחוּר (ז)
adolescente (m, f)	'na'ar	נַעַר (ז)
ragazzo (m)	baxur	בָּחוּר (ז)

| vecchio (m) | zaken | זָקֵן (ז) |
| vecchia (f) | zkena | זְקֵנָה (נ) |

adulto (m)	mevugar	מְבוּגָר (ז)
di mezza età	bagil ha'amida	בְּגִיל הָעֲמִידָה
anziano (agg)	zaken	זָקֵן
vecchio (agg)	zaken	זָקֵן

pensionamento (m)	'pensya	פֶּנְסִיָה (נ)
andare in pensione	latset legimla'ot	לָצֵאת לְגִימְלָאוֹת
pensionato (m)	pensyoner	פֶּנְסִיוֹנָר (ז)

59. Bambini

bambino (m), bambina (f)	'yeled	יֶלֶד (ז)
bambini (m pl)	yeladim	יְלָדִים (ז"ר)
gemelli (m pl)	te'omim	תְאוֹמִים (ז"ר)

culla (f)	arisa	עֲרִיסָה (נ)
sonaglio (m)	ra'aʃan	רַעֲשָן (ז)
pannolino (m)	xitul	חִיתוּל (ז)

| tettarella (f) | motsets | מוֹצֵץ (ז) |
| carrozzina (f) | agala | עֲגָלָה (נ) |

| scuola (f) materna | gan yeladim | גַן יְלָדִים (ז) |
| baby-sitter (f) | beibi'siter | בֵּיבִּיסִיטֶר (ז, נ) |

| infanzia (f) | yaldut | יַלְדוּת (נ) |
| bambola (f) | buba | בּוּבָּה (נ) |

| giocattolo (m) | tsa'a'tsu'a | צַעֲצוּעַ (ז) |
| gioco (m) di costruzione | misxak harkava | מִשְׂחַק הַרְכָּבָה (ז) |

educato (agg)	mexunax	מְחוּנָךְ
maleducato (agg)	lo mexunax	לֹא מְחוּנָךְ
viziato (agg)	mefunak	מְפוּנָק

| essere disubbidiente | lehiʃtovev | לְהִשְׁתוֹבֵב |
| birichino (agg) | ʃovav | שוֹבָב |

| birichinata (f) | ma'ase 'kundes | מַעֲשֵׂה קוּנְדֵס (ז) |
| bambino (m) birichino | 'yeled ʃovav | יֶלֶד שוֹבָב (ז) |

| ubbidiente (agg) | tsaytan | צַיְּתָן |
| disubbidiente (agg) | lo memuʃma | לֹא מְמוּשְׁמָע |

docile (agg)	ka'nu'a	כָּנוּעַ
intelligente (agg)	xaxam	חָכָם
bambino (m) prodigio	'yeled 'pele	יֶלֶד פֶּלֶא (ז)

60. Coppie sposate. Vita di famiglia

baciare (vt)	lenaʃek	לִנְשֹׁק
baciarsi (vr)	lehitnaʃek	לְהִתְנַשֵּׁק
famiglia (f)	miʃpaχa	מִשְׁפָּחָה (נ)
familiare (agg)	miʃpaχti	מִשְׁפַּחְתִּי
coppia (f)	zug	זוּג (ז)
matrimonio (m)	nisu'im	נִישׂוּאִים (ז"ר)
focolare (m) domestico	aχ, ken	אָח (ז), קֵן (ז)
dinastia (f)	ʃo'ʃelet	שׁוֹשֶׁלֶת (נ)

| appuntamento (m) | deit | דֵּייט (ז) |
| bacio (m) | neʃika | נְשִׁיקָה (נ) |

amore (m)	ahava	אַהֲבָה (נ)
amare (qn)	le'ehov	לֶאֱהֹב
amato (agg)	ahuv	אָהוּב

tenerezza (f)	roχ	רֹךְ (ז)
dolce, tenero (agg)	adin, raχ	עָדִין, רַךְ
fedeltà (f)	ne'emanut	נֶאֱמָנוּת (נ)
fedele (agg)	masur	מָסוּר
premura (f)	de'aga	דְּאָגָה (נ)
premuroso (agg)	do'eg	דּוֹאֵג

sposi (m pl) novelli	zug tsa'ir	זוּג צָעִיר (ז)
luna (f) di miele	ya'reaχ dvaʃ	יָרֵחַ דְּבַשׁ (ז)
sposarsi (per una donna)	lehitχaten	לְהִתְחַתֵּן
sposarsi (per un uomo)	lehitχaten	לְהִתְחַתֵּן

nozze (f pl)	χatuna	חֲתוּנָה (נ)
nozze (f pl) d'oro	χatunat hazahav	חֲתוּנַת הַזָּהָב (נ)
anniversario (m)	yom nisu'in	יוֹם נִישׂוּאִין (ז)

| amante (m) | me'ahev | מְאָהֵב (ז) |
| amante (f) | mea'hevet | מְאַהֶבֶת (נ) |

adulterio (m)	bgida	בְּגִידָה (נ)
tradire (commettere adulterio)	livgod be…	לִבְגּוֹד בְּ…
geloso (agg)	kanai	קַנַּאי
essere geloso	lekane	לְקַנֵּא
divorzio (m)	geruʃin	גֵּרוּשִׁין (ז"ר)
divorziare (vi)	lehitgareʃ mi…	לְהִתְגָּרֵשׁ מִ…

litigare (vi)	lariv	לָרִיב
fare pace	lehitpayes	לְהִתְפַּיֵּיס
insieme	be'yaχad	בְּיַחַד
sesso (m)	min	מִין (ז)

felicità (f)	'oʃer	אֹשֶׁר (ז)
felice (agg)	me'uʃar	מְאוּשָׁר
disgrazia (f)	ason	אָסוֹן (ז)
infelice (agg)	umlal	אוּמְלָל

Personalità. Sentimenti. Emozioni

61. Sentimenti. Emozioni

sentimento (m)	'regeʃ	רֶגֶשׁ (ז)
sentimenti (m pl)	regaʃot	רְגָשׁוֹת (ז״ר)
sentire (vt)	lehargiʃ	לְהַרְגִּישׁ
fame (f)	'ra'av	רָעָב (ז)
avere fame	lihyot ra'ev	לִהְיוֹת רָעֵב
sete (f)	tsima'on	צִמָאוֹן (ז)
avere sete	lihyot tsame	לִהְיוֹת צָמֵא
sonnolenza (f)	yaʃnuniyut	יַשְׁנוּנִיּוּת (נ)
avere sonno	lirtsot liʃon	לִרְצוֹת לִישׁוֹן
stanchezza (f)	ayefut	עֲיֵפוּת (נ)
stanco (agg)	ayef	עָיֵף
stancarsi (vr)	lehit'ayef	לְהִתְעַיֵּף
umore (m) (buon ~)	matsav 'ruaχ	מַצַּב רוּחַ (ז)
noia (f)	ʃi'amum	שִׁעֲמוּם (ז)
annoiarsi (vr)	lehiʃta'amem	לְהִשְׁתַּעֲמֵם
isolamento (f)	hitbodedut	הִתְבּוֹדְדוּת (נ)
isolarsi (vr)	lehitboded	לְהִתְבּוֹדֵד
preoccupare (vt)	lehad'ig	לְהַדְאִיג
essere preoccupato	lid'og	לִדְאוֹג
agitazione (f)	de'aga	דְּאָגָה (נ)
preoccupazione (f)	χarada	חֲרָדָה (נ)
preoccupato (agg)	mutrad	מוּטְרָד
essere nervoso	lihyot atsbani	לִהְיוֹת עַצְבָּנִי
andare in panico	lehibahel	לְהִיבָּהֵל
speranza (f)	tikva	תִּקְוָה (נ)
sperare (vi, vt)	lekavot	לְקַוּוֹת
certezza (f)	vada'ut	וַדָּאוּת (נ)
sicuro (agg)	vada'i	וַדָּאִי
incertezza (f)	i vada'ut	אִי וַדָּאוּת (נ)
incerto (agg)	lo ba'tuaχ	לֹא בָּטוּחַ
ubriaco (agg)	ʃikor	שִׁיכּוֹר
sobrio (agg)	pi'keaχ	פִּיכֵּחַ
debole (agg)	χalaʃ	חַלָשׁ
fortunato (agg)	me'uʃar	מְאוּשָׁר
spaventare (vt)	lehafχid	לְהַפְחִיד
furia (f)	teruf	טֵירוּף
rabbia (f)	'za'am	זַעַם (ז)
depressione (f)	dika'on	דִּיכָּאוֹן (ז)
disagio (m)	i noχut	אִי נוֹחוּת (נ)

conforto (m)	noxut	נוֹחוּת (נ)
rincrescere (vi)	lehitsta'er	לְהִצְטַעֵר
rincrescimento (m)	xarata	חֲרָטָה (נ)
sfortuna (f)	'xoser mazal	חוֹסֶר מַזָל (ז)
tristezza (f)	'etsev	עֶצֶב (ז)

vergogna (f)	buʃa	בּוּשָׁה (נ)
allegria (f)	simxa	שִׂמְחָה (נ)
entusiasmo (m)	hitlahavut	הִתְלַהֲבוּת (נ)
entusiasta (m)	mitlahev	מִתְלַהֵב
mostrare entusiasmo	lehitlahev	לְהִתְלַהֵב

62. Personalità. Carattere

carattere (m)	'ofi	אוֹפִי (ז)
difetto (m)	pgam be''ofi	פְּגָם בָּאוֹפִי (ז)
mente (f)	'seyel	שֵׂכֶל (ז)
intelletto (m)	bina	בִּינָה (נ)

coscienza (f)	matspun	מַצְפּוּן (ז)
abitudine (f)	hergel	הֶרְגֵל (ז)
capacità (f)	ye'xolet	יְכוֹלֶת (נ)
sapere (~ nuotare)	la'da'at	לָדַעַת

paziente (agg)	savlan	סַבְלָן
impaziente (agg)	xasar savlanut	חֲסַר סַבְלָנוּת
curioso (agg)	sakran	סַקְרָן
curiosità (f)	sakranut	סַקְרָנוּת (נ)

modestia (f)	tsni'ut	צְנִיעוּת (נ)
modesto (agg)	tsa'nu'a	צָנוּעַ
immodesto (agg)	lo tsa'nu'a	לֹא צָנוּעַ

pigrizia (f)	atslut	עַצְלוּת (נ)
pigro (agg)	atsel	עָצֵל
poltrone (m)	atslan	עַצְלָן (ז)

furberia (f)	armumiyut	עַרְמוּמִיוּת (נ)
furbo (agg)	armumi	עַרְמוּמִי
diffidenza (f)	'xoser emun	חוֹסֶר אֵמוּן (ז)
diffidente (agg)	xadʃani	חַדְשָׁנִי

generosità (f)	nedivut	נְדִיבוּת (נ)
generoso (agg)	nadiv	נָדִיב
di talento	muxʃar	מוּכְשָׁר
talento (m)	kiʃaron	כִּישָׁרוֹן (ז)

coraggioso (agg)	amits	אַמִיץ
coraggio (m)	'omets	אוֹמֶץ (ז)
onesto (agg)	yaʃar	יָשָׁר
onestà (f)	'yoʃer	יוֹשֶׁר (ז)

prudente (agg)	zahir	זָהִיר
valoroso (agg)	amits	אַמִיץ

| serio (agg) | retsini | רְצִינִי |
| severo (agg) | χamur | חָמוּר |

deciso (agg)	neχrats	נֶחְרָץ
indeciso (agg)	hasesan	הַסְּסָן
timido (agg)	baiʃan	בַּיְּשָׁן
timidezza (f)	baiʃanut	בַּיְּשָׁנוּת (נ)

fiducia (f)	emun	אֱמוּן (ז)
fidarsi (vr)	leha'amin	לְהַאֲמִין
fiducioso (agg)	tam	תָּם

sinceramente	beχenut	בְּכֵנוּת
sincero (agg)	ken	כֵּן
sincerità (f)	kenut	כֵּנוּת (נ)
aperto (agg)	pa'tuaχ	פָּתוּחַ

tranquillo (agg)	ʃalev	שָׁלֵו
sincero (agg)	glui lev	גְּלוּי לֵב
ingenuo (agg)	na''ivi	נָאִיבִי
distratto (agg)	mefuzar	מְפֻזָּר
buffo (agg)	matsχik	מַצְחִיק

avidità (f)	ta'avat 'betsa	תַּאֲוַת בֶּצַע (נ)
avido (agg)	rodef 'betsa	רוֹדֵף בֶּצַע
avaro (agg)	kamtsan	קַמְצָן
cattivo (agg)	raʃa	רָשָׁע
testardo (agg)	akʃan	עַקְשָׁן
antipatico (agg)	lo na'im	לֹא נָעִים

egoista (m)	ego'ist	אֶגוֹאִיסְט (ז)
egoistico (agg)	anoχi	אֲנוֹכִי
codardo (m)	paχdan	פַּחְדָן (ז)
codardo (agg)	paχdani	פַּחְדָנִי

63. Dormire. Sogni

dormire (vi)	liʃon	לִישׁוֹן
sonno (m) (stato di sonno)	ʃena	שֵׁינָה (נ)
sogno (m)	χalom	חֲלוֹם (ז)
sognare (fare sogni)	laχalom	לַחֲלוֹם
sonnolento (agg)	radum	רָדוּם

letto (m)	mita	מִיטָה (נ)
materasso (m)	mizran	מִזְרָן (ז)
coperta (f)	smiχa	שְׂמִיכָה (נ)
cuscino (m)	karit	כָּרִית (נ)
lenzuolo (m)	sadin	סָדִין (ז)

insonnia (f)	nedudei ʃena	נְדוּדֵי שֵׁינָה (ז"ר)
insonne (agg)	χasar ʃena	חֲסַר שֵׁינָה
sonnifero (m)	kadur ʃena	כַּדּוּר שֵׁינָה (ז)
prendere il sonnifero	la'kaχat kadur ʃena	לָקַחַת כַּדּוּר שֵׁינָה
avere sonno	lirtsot liʃon	לִרְצוֹת לִישׁוֹן

sbadigliare (vi)	lefahek	לְפַהֵק
andare a letto	la'leχet liʃon	לָלֶכֶת לִישׁוֹן
fare il letto	leha'tsi'a mita	לְהַצִּיעַ מִיטָה
addormentarsi (vr)	leheradem	לְהֵירָדֵם

incubo (m)	siyut	סִיּוּט (ז)
russare (m)	neχira	נְחִירָה (נ)
russare (vi)	linχor	לִנְחוֹר

sveglia (f)	ʃa'on me'orer	שְׁעוֹן מְעוֹרֵר (ז)
svegliare (vt)	leha'ir	לְהָעִיר
svegliarsi (vr)	lehit'orer	לְהִתְעוֹרֵר
alzarsi (vr)	lakum	לָקוּם
lavarsi (vr)	lehitraχets	לְהִתְרַחֵץ

64. Umorismo. Risata. Felicità

umorismo (m)	humor	הוּמוֹר (ז)
senso (m) dello humour	χuʃ humor	חוּשׁ הוּמוֹר (ז)
divertirsi (vr)	lehanot	לֵיהָנוֹת
allegro (agg)	sa'meaχ	שָׂמֵחַ
allegria (f)	alitsut	עֲלִיצוּת (נ)

sorriso (m)	χiyuχ	חִיּוּךְ (ז)
sorridere (vi)	leχayeχ	לְחַיֵּיךְ
mettersi a ridere	lifrots bitsχok	לִפְרוֹץ בְּצְחוֹק
ridere (vi)	litsχok	לִצְחוֹק
riso (m)	tsχok	צְחוֹק (ז)

aneddoto (m)	anek'dota	אֲנֶקְדוֹטָה (נ)
divertente (agg)	matsχik	מַצְחִיק
ridicolo (agg)	meʃa'a'ʃe'a	מְשַׁעֲשֵׁעַ

scherzare (vi)	lehitba'deaχ	לְהִתְבַּדֵּחַ
scherzo (m)	bdiχa	בְּדִיחָה (נ)
gioia (f) (fare salti di ~)	simχa	שִׂמְחָה (נ)
rallegrarsi (vr)	lis'moaχ	לִשְׂמוֹחַ
allegro (agg)	sa'meaχ	שָׂמֵחַ

65. Discussione. Conversazione. Parte 1

comunicazione (f)	'keʃer	קֶשֶׁר (ז)
comunicare (vi)	letakʃer	לְתַקְשֵׁר

conversazione (f)	siχa	שִׂיחָה (נ)
dialogo (m)	du 'siaχ	דּוּ-שִׂיחַ (ז)
discussione (f)	diyun	דִּיּוּן (ז)
dibattito (m)	vi'kuaχ	וִיכּוּחַ (ז)
discutere (vi)	lehitva'keaχ	לְהִתְוַוכֵּחַ

interlocutore (m)	ben 'siaχ	בֶּן שִׂיחַ (ז)
tema (m)	nose	נוֹשֵׂא (ז)

punto (m) di vista	nekudat mabat	נְקוּדַת מַבָּט (נ)
opinione (f)	de'a	דֵּעָה (נ)
discorso (m)	ne'um	נְאוּם (ז)

discussione (f)	diyun	דִּיוּן (ז)
discutere (~ una proposta)	ladun	לָדוּן
conversazione (f)	siχa	שִׂיחָה (נ)
conversare (vi)	leso'χeaχ	לְשׂוֹחֵחַ
incontro (m)	pgiʃa	פְּגִישָׁה (נ)
incontrarsi (vr)	lehipageʃ	לְהִיפָּגֵשׁ

proverbio (m)	pitgam	פִּתְגָּם (ז)
detto (m)	pitgam	פִּתְגָּם (ז)
indovinello (m)	χida	חִידָה (נ)
fare un indovinello	laχud χida	לָחוּד חִידָה
parola (f) d'ordine	sisma	סִיסְמָה (נ)
segreto (m)	sod	סוֹד (ז)

giuramento (m)	ʃvu'a	שְׁבוּעָה (נ)
giurare (prestare giuramento)	lehiʃava	לְהִישָׁבַע
promessa (f)	havtaχa	הַבְטָחָה (נ)
promettere (vt)	lehav'tiaχ	לְהַבְטִיחַ

consiglio (m)	etsa	עֵצָה (נ)
consigliare (vt)	leya'ets	לְייַעֵץ
seguire il consiglio	lif'ol lefi ha'etsa	לִפְעוֹל לְפִי הָעֵצָה
ubbidire (ai genitori)	lehiʃama	לְהִישָׁמַע

notizia (f)	χadaʃot	חֲדָשׁוֹת (נ"ר)
sensazione (f)	sen'satsya	סֶנְסַצְיָה (נ)
informazioni (f pl)	meida	מֵידָע (ז)
conclusione (f)	maskana	מַסְקָנָה (נ)
voce (f)	kol	קוֹל (ז)
complimento (m)	maχma'a	מַחְמָאָה (נ)
gentile (agg)	adiv	אָדִיב

parola (f)	mila	מִילָה (נ)
frase (f)	miʃpat	מִשְׁפָּט (ז)
risposta (f)	tʃuva	תשׁוּבָה (נ)

| verità (f) | emet | אֱמֶת (נ) |
| menzogna (f) | 'ʃeker | שֶׁקֶר (ז) |

pensiero (m)	maχʃava	מַחְשָׁבָה (נ)
idea (f)	ra'ayon	רַעְיוֹן (ז)
fantasia (f)	fan'tazya	פַנְטַזְיָה (נ)

66. Discussione. Conversazione. Parte 2

rispettato (agg)	meχubad	מְכוּבָּד
rispettare (vt)	leχabed	לְכַבֵּד
rispetto (m)	kavod	כָּבוֹד (ז)
Egregio ...	hayakar ...	הַיָּקָר ...
presentare (~ qn)	la'asot hekerut	לַעֲשׂוֹת קֵיכֵרוּת

fare la conoscenza di …	lehakir	לְהַכִּיר
intenzione (f)	kavana	כַּוָּנָה (נ)
avere intenzione	lehitkaven	לְהִתְכַּוֵּון
augurio (m)	iχul	אִיחוּל (ז)
augurare (vt)	le'aχel	לְאַחֵל
sorpresa (f)	hafta'a	הַפְתָּעָה (נ)
sorprendere (stupire)	lehaf'ti'a	לְהַפְתִּיעַ
stupirsi (vr)	lehitpale	לְהִתְפַּלֵּא
dare (vt)	latet	לָתֵת
prendere (vt)	la'kaχat	לָקַחַת
rendere (vt)	lehaχzir	לְהַחְזִיר
restituire (vt)	lehaʃiv	לְהָשִׁיב
scusarsi (vr)	lehitnatsel	לְהִתְנַצֵּל
scusa (f)	hitnatslut	הִתְנַצְּלוּת (נ)
perdonare (vt)	lis'loaχ	לִסְלוֹחַ
parlare (vi, vt)	ledaber	לְדַבֵּר
ascoltare (vi)	lehakʃiv	לְהַקְשִׁיב
ascoltare fino in fondo	liʃ'mo'a	לִשְׁמוֹעַ
capire (vt)	lehavin	לְהָבִין
mostrare (vt)	lehar'ot	לְהַרְאוֹת
guardare (vt)	lehistakel	לְהִסְתַּכֵּל
chiamare (rivolgersi a)	likro le…	לִקְרוֹא לְ…
dare fastidio	lehaf'ri'a	לְהַפְרִיעַ
disturbare (vt)	lehaf'ri'a	לְהַפְרִיעַ
consegnare (vt)	limsor	לִמְסוֹר
richiesta (f)	bakaʃa	בַּקָּשָׁה (נ)
chiedere (vt)	levakeʃ	לְבַקֵּשׁ
esigenza (f)	driʃa	דְּרִישָׁה (נ)
esigere (vt)	lidroʃ	לִדְרוֹשׁ
stuzzicare (vt)	lehitgarot	לְהִתְגָּרוֹת
canzonare (vt)	lil'og	לִלְעוֹג
burla (f), beffa (f)	'la'ag	לַעַג (ז)
soprannome (m)	kinui	כִּינוּי (ז)
allusione (f)	'remez	רֶמֶז (ז)
alludere (vi)	lirmoz	לִרְמוֹז
intendere (cosa intendi dire?)	lehitkaven le…	לְהִתְכַּוֵּון לְ…
descrizione (f)	te'ur	תֵּיאוּר (ז)
descrivere (vt)	leta'er	לְתָאֵר
lode (f)	'ʃevaχ	שֶׁבַח (ז)
lodare (vt)	leʃa'beaχ	לְשַׁבֵּחַ
delusione (f)	aχzava	אַכְזָבָה (נ)
deludere (vt)	le'aχzev	לְאַכְזֵב
rimanere deluso	lehit'aχzev	לְהִתְאַכְזֵב
supposizione (f)	hanaχa	הַנָּחָה (נ)
supporre (vt)	leʃa'er	לְשַׁעֵר

63

| avvertimento (m) | azhara | אַזְהָרָה (נ) |
| avvertire (vt) | lehazhir | לְהַזְהִיר |

67. Discussione. Conversazione. Parte 3

| persuadere (vt) | leʃaχ'ne'a | לְשַׁכְנֵעַ |
| tranquillizzare (vt) | lehar'gi'a | לְהַרְגִּיעַ |

silenzio (m) (il ~ è d'oro)	ʃtika	שְׁתִיקָה (נ)
tacere (vi)	liʃtok	לִשְׁתּוֹק
sussurrare (vt)	lilχoʃ	לִלְחוֹשׁ
sussurro (m)	leχiʃa	לְחִישָׁה (נ)

| francamente | beχenut | בְּכֵנוּת |
| secondo me ... | leda'ati ... | לְדַעְתִּי ... |

dettaglio (m)	prat	פְּרָט (ז)
dettagliato (agg)	meforat	מְפוֹרָט
dettagliatamente	bimfurat	בִּמְפוֹרָט

| suggerimento (m) | 'remez | רֶמֶז (ז) |
| suggerire (vt) | lirmoz | לִרְמוֹז |

sguardo (m)	mabat	מַבָּט (ז)
gettare uno sguardo	lehabit	לְהַבִּיט
fisso (agg)	kafu	קָפוּא
battere le palpebre	lematsmets	לְמַצְמֵץ
ammiccare (vi)	likrots	לִקְרוֹץ
accennare col capo	lehanhen	לְהַנְהֵן

sospiro (m)	anaχa	אֲנָחָה (נ)
sospirare (vi)	lehe'anaχ	לְהֵיאָנַח
sussultare (vi)	lir'od	לִרְעוֹד
gesto (m)	meχva	מֶחֱוָה (נ)
toccare (~ il braccio)	la'ga'at be...	לָגַעַת בְּ...
afferrare (~ per il braccio)	litfos	לִתְפּוֹס
picchiettare (~ la spalla)	lit'poaχ	לִטְפּוֹחַ

Attenzione!	zehirut!	זְהִירוּת!
Davvero?	be'emet?	בֶּאֱמֶת?
Sei sicuro?	ata ba'tuaχ?	אַתָּה בָּטוּחַ?
Buona fortuna!	behatslaχa!	בְּהַצְלָחָה!
Capito!	muvan!	מוּבָן!
Peccato!	χaval!	חֲבָל!

68. Accordo. Rifiuto

accordo (m)	haskama	הַסְכָּמָה (נ)
essere d'accordo	lehaskim	לְהַסְכִּים
approvazione (f)	iʃur	אִישׁוּר (ז)
approvare (vt)	le'aʃer	לְאַשֵּׁר
rifiuto (m)	siruv	סֵירוּב (ז)

rifiutarsi (vr)	lesarev	לְסָרֵב
Perfetto!	metsuyan!	מְצוּיָן!
Va bene!	tov!	טוֹב!
D'accordo!	be'seder!	בְּסֵדֶר!

vietato, proibito (agg)	asur	אָסוּר
è proibito	asur	אָסוּר
è impossibile	'bilti efʃari	בִּלְתִּי אָפְשָׁרִי
sbagliato (agg)	ʃagui	שָׁגוּי

respingere (~ una richiesta)	lidχot	לִדְחוֹת
sostenere (~ un'idea)	litmoχ be…	לִתְמוֹךְ בְּ…
accettare (vt)	lekabel	לְקַבֵּל

confermare (vt)	le'aʃer	לְאַשֵׁר
conferma (f)	iʃur	אִישׁוּר (ז)
permesso (m)	reʃut	רְשׁוּת (נ)
permettere (vt)	leharʃot	לְהַרְשׁוֹת
decisione (f)	haχlata	הַחְלָטָה (נ)
non dire niente	liʃtok	לִשְׁתּוֹק

condizione (f)	tnai	תְּנַאי (ז)
pretesto (m)	teruts	תֵּירוּץ (ז)
lode (f)	'ʃevaχ	שֶׁבַח (ז)
lodare (vt)	leʃa'beaχ	לְשַׁבֵּחַ

69. Successo. Fortuna. Fiasco

successo (m)	hatsala	הַצְלָחָה (נ)
con successo	behatslaχa	בְּהַצְלָחָה
ben riuscito (agg)	mutslaχ	מוּצְלָח

fortuna (f)	mazal	מַזָּל (ז)
Buona fortuna!	behatslaχa!	בְּהַצְלָחָה!
fortunato (giorno ~)	mutslaχ	מוּצְלָח
fortunato (persona ~a)	bar mazal	בַּר מַזָּל

fiasco (m)	kiʃalon	כִּישָׁלוֹן (ז)
disdetta (f)	'χoser mazal	חוֹסֶר מַזָּל (ז)
sfortuna (f)	'χoser mazal	חוֹסֶר מַזָּל (ז)

fallito (agg)	lo mutslaχ	לֹא מוּצְלָח
disastro (m)	ason	אָסוֹן (ז)

orgoglio (m)	ga'ava	גַּאֲוָה (נ)
orgoglioso (agg)	ge'e	גֵּאֶה
essere fiero di …	lehitga'ot	לְהִתְגָּאוֹת

vincitore (m)	zoχe	זוֹכֶה (ז)
vincere (vi)	lena'tseaχ	לְנַצֵּחַ
perdere (subire una sconfitta)	lehafsid	לְהַפְסִיד
tentativo (m)	nisayon	נִיסָיוֹן (ז)
tentare (vi)	lenasot	לְנַסּוֹת
chance (f)	hizdamnut	הִזְדַּמְנוּת (נ)

70. Dispute. Sentimenti negativi

grido (m)	tse'aka	צְעָקָה (נ)
gridare (vi)	lits'ok	לִצְעוֹק
mettersi a gridare	lehatχil lits'ok	לְהַתְחִיל לִצְעוֹק

litigio (m)	riv	רִיב (ז)
litigare (vi)	lariv	לָרִיב
lite (f)	riv	רִיב (ז)
dare scandalo (litigare)	lariv	לָרִיב
conflitto (m)	siχsuχ	סִכְסוּךְ (ז)
fraintendimento (m)	i havana	אִי הֲבָנָה (נ)

insulto (m)	elbon	עֶלְבּוֹן (ז)
insultare (vt)	leha'aliv	לְהַעֲלִיב
offeso (agg)	ne'elav	נֶעֱלָב
offesa (f)	tina	טִינָה (נ)
offendere (qn)	lifgo'a	לִפְגּוֹעַ
offendersi (vr)	lehipaga	לְהִיפָּגַע

indignazione (f)	hitmarmerut	הִתְמַרְמְרוּת (נ)
indignarsi (vr)	lehitra'em	לְהִתְרַעֵם
lamentela (f)	tluna	תְּלוּנָה (נ)
lamentarsi (vr)	lehitlonen	לְהִתְלוֹנֵן

scusa (f)	hitnatslut	הִתְנַצְּלוּת (נ)
scusarsi (vr)	lehitnatsel	לְהִתְנַצֵּל
chiedere scusa	levakeʃ sliχa	לְבַקֵּשׁ סְלִיחָה

critica (f)	bi'koret	בִּיקוֹרֶת (נ)
criticare (vt)	levaker	לְבַקֵּר
accusa (f)	ha'aʃama	הַאֲשָׁמָה (נ)
accusare (vt)	leha'aʃim	לְהַאֲשִׁים

vendetta (f)	nekama	נְקָמָה (נ)
vendicare (vt)	linkom	לִנְקוֹם
vendicarsi (vr)	lehaχzir	לְהַחְזִיר

disprezzo (m)	zilzul	זִלְזוּל (ז)
disprezzare (vt)	lezalzel be...	לְזַלְזֵל בְּ...
odio (m)	sin'a	שִׂנְאָה (נ)
odiare (vt)	lisno	לִשְׂנוֹא

nervoso (agg)	atsbani	עַצְבָּנִי
essere nervoso	lihyot atsbani	לִהְיוֹת עַצְבָּנִי
arrabbiato (agg)	ka'us	כָּעוּס
fare arrabbiare	lehargiz	לְהַרְגִּיז

umiliazione (f)	haʃpala	הַשְׁפָּלָה (נ)
umiliare (vt)	lehaʃpil	לְהַשְׁפִּיל
umiliarsi (vr)	lehaʃpil et atsmo	לְהַשְׁפִּיל אֶת עַצְמוֹ

shock (m)	'helem	הֶלֶם (ז)
scandalizzare (vt)	leza'a'ze'a	לְזַעֲזֵעַ
problema (m) (avere ~i)	tsara	צָרָה (נ)

spiacevole (agg)	lo naʻim	לֹא נָעִים
spavento (m), paura (f)	'paχad	פַּחַד (ז)
terribile (una tempesta ~)	nora	נוֹרָא
spaventoso (un racconto ~)	mafχid	מַפְחִיד
orrore (m)	zvaʻa	זְוָעָה (נ)
orrendo (un crimine ~)	ayom	אָיוֹם
cominciare a tremare	leheraʻed	לְהֵירָעֵד
piangere (vi)	livkot	לִבְכּוֹת
mettersi a piangere	lehatχil livkot	לְהַתְחִיל לִבְכּוֹת
lacrima (f)	dimʻa	דִּמְעָה (נ)
colpa (f)	aʃma	אַשְׁמָה (נ)
senso (m) di colpa	rigʃei aʃam	רִגְשֵׁי אָשָׁם (ז"ר)
vergogna (f)	χerpa	חֶרְפָּה (נ)
protesta (f)	meχaʼa	מֶחָאָה (נ)
stress (m)	'laχats	לַחַץ (ז)
disturbare (vt)	lehafʻriʻa	לְהַפְרִיעַ
essere arrabbiato	liχʻos	לִכְעוֹס
arrabbiato (agg)	zoʻem	זוֹעֵם
porre fine a ... (~ una relazione)	lesayem	לְסַיֵּים
rimproverare (vt)	lekalel	לְקַלֵּל
spaventarsi (vr)	lehibahel	לְהִיבָּהֵל
colpire (vt)	lehakot	לְהַכּוֹת
picchiarsi (vr)	lehitkotet	לְהִתְקוֹטֵט
regolare (~ un conflitto)	lehasdir	לְהַסְדִּיר
scontento (agg)	lo merutse	לֹא מְרוּצֶה
furioso (agg)	metoraf	מְטוֹרָף
Non sta bene!	ze lo tov!	זֶה לֹא טוֹב!
Fa male!	ze ra!	זֶה רַע!

Medicinali

71. Malattie

malattia (f)	maxala	מַחֲלָה (נ)
essere malato	lihyot xole	לִהְיוֹת חוֹלֶה
salute (f)	bri'ut	בְּרִיאוּת (נ)
raffreddore (m)	na'zelet	נַזֶלֶת (נ)
tonsillite (f)	da'leket ʃkedim	דַלֶקֶת שְׁקֵדִים (נ)
raffreddore (m)	hitstanenut	הִצְטַנְנוּת (נ)
raffreddarsi (vr)	lehitstanen	לְהִצְטַנֵן
bronchite (f)	bron'xitis	בְּרוֹנְכִיטִיס (ז)
polmonite (f)	da'leket re'ot	דַלֶקֶת רֵיאוֹת (נ)
influenza (f)	ʃa'pa'at	שַׁפַּעַת (נ)
miope (agg)	ktsar re'iya	קְצַר רְאִיָה
presbite (agg)	rexok re'iya	רְחוֹק־רְאִיָה
strabismo (m)	pzila	פְּזִילָה (נ)
strabico (agg)	pozel	פּוֹזֵל
cateratta (f)	katarakt	קָטָרַקְט (ז)
glaucoma (m)	gla'u'koma	גְלָאוּקוֹמָה (נ)
ictus (m) cerebrale	ʃavats moxi	שָׁבָץ מוֹחִי (ז)
attacco (m) di cuore	hetkef lev	הֶתְקֵף לֵב (ז)
infarto (m) miocardico	'otem ʃrir halev	אוֹטֶם שְׁרִיר הַלֵב (ז)
paralisi (f)	ʃituk	שִׁיתוּק (ז)
paralizzare (vt)	leʃatek	לְשַׁתֵק
allergia (f)	a'lergya	אָלֶרְגִיָה (נ)
asma (f)	'astma, ka'tseret	אַסְתְמָה, קַצֶרֶת (נ)
diabete (m)	su'keret	סוּכֶּרֶת (נ)
mal (m) di denti	ke'ev ʃi'nayim	כְּאֵב שִׁינַיִים (ז)
carie (f)	a'ʃeʃet	עַשֶׁשֶׁת (נ)
diarrea (f)	ʃilʃul	שִׁלְשׁוּל (ז)
stitichezza (f)	atsirut	עֲצִירוּת (נ)
disturbo (m) gastrico	kilkul keiva	קִלְקוּל קֵיבָה (ז)
intossicazione (f) alimentare	har'alat mazon	הַרְעָלַת מָזוֹן (נ)
intossicarsi (vr)	laxatof har'alat mazon	לַחֲטוֹף הַרְעָלַת מָזוֹן
artrite (f)	da'leket mifrakim	דַלֶקֶת מִפְרָקִים (נ)
rachitide (f)	ra'kexet	רַכֶּבֶת (נ)
reumatismo (m)	ʃigaron	שִׁיגָרוֹן (ז)
aterosclerosi (f)	ar'teryo skle'rosis	אַרְטֶרְיוֹ־סְקְלֶרוֹסִיס (ז)
gastrite (f)	da'leket keiva	דַלֶקֶת קֵיבָה (נ)
appendicite (f)	da'leket toseftan	דַלֶקֶת תוֹסֶפְתָן (נ)

| colecistite (f) | da'leket kis hamara | דַּלֶּקֶת כִּיס הַמָּרָה (נ) |
| ulcera (f) | 'ulkus, kiv | אוּלְקוּס, כִּיב (ז) |

morbillo (m)	xa'tsevet	חַצֶּבֶת (נ)
rosolia (f)	a'demet	אֲדֶמֶת (נ)
itterizia (f)	tsa'hevet	צַהֶבֶת (נ)
epatite (f)	da'leket kaved	דַּלֶּקֶת כָּבֵד (נ)

schizofrenia (f)	sxizo'frenya	סְכִיזוֹפְרֶנְיָה (נ)
rabbia (f)	ka'levet	כַּלֶּבֶת (נ)
nevrosi (f)	noi'roza	נוֹירוֹזָה (נ)
commozione (f) cerebrale	za'a'zu'a 'moax	זַעֲזוּעַ מוֹחַ (ז)

cancro (m)	sartan	סַרְטָן (ז)
sclerosi (f)	ta'refet	טָרֶשֶׁת (נ)
sclerosi (f) multipla	ta'refet nefotsa	טָרֶשֶׁת נְפוֹצָה (נ)

alcolismo (m)	alkoholizm	אַלְכּוֹהוֹלִידֶם (ז)
alcolizzato (m)	alkoholist	אַלְכּוֹהוֹלִיסְט (ז)
sifilide (f)	a'gevet	עַגֶּבֶת (נ)
AIDS (m)	eids	אֵיידְס (ז)

tumore (m)	gidul	גִּידוּל (ז)
maligno (agg)	mam'ir	מַמְאִיר
benigno (agg)	ʃapir	שָׁפִיר

febbre (f)	ka'daxat	קַדַּחַת (נ)
malaria (f)	ma'larya	מָלַרְיָה (נ)
cancrena (f)	gan'grena	גַּנְגְּרֶנָה (נ)
mal (m) di mare	maxalat yam	מַחֲלַת יָם (נ)
epilessia (f)	maxalat hanefila	מַחֲלַת הַנְּפִילָה (נ)

epidemia (f)	magefa	מַגֵּיפָה (נ)
tifo (m)	'tifus	טִיפוּס (ז)
tubercolosi (f)	ʃa'xefet	שַׁחֶפֶת (נ)
colera (m)	ko'lera	כּוֹלֶרָה (נ)
peste (f)	davar	דֶּבֶר (ז)

72. Sintomi. Cure. Parte 1

sintomo (m)	simptom	סִימְפְּטוֹם (ז)
temperatura (f)	xom	חוֹם (ז)
febbre (f) alta	xom ga'voha	חוֹם גָּבוֹהַּ (ז)
polso (m)	'dofek	דּוֹפֶק (ז)

capogiro (m)	sxar'xoret	סְחַרְחוֹרֶת (נ)
caldo (agg)	xam	חַם
brivido (m)	tsmar'moret	צְמַרְמוֹרֶת (נ)
pallido (un viso ~)	xiver	חִיוֵּר

tosse (f)	ʃi'ul	שִׁיעוּל (ז)
tossire (vi)	lehiʃta'el	לְהִשְׁתַּעֵל
starnutire (vi)	lehit'ateʃ	לְהִתְעַטֵּשׁ
svenimento (m)	ilafon	עִילָפוֹן (ז)

svenire (vi)	lehit'alef	לְהִתְעַלֵּף
livido (m)	χabura	חַבּוּרָה (נ)
bernoccolo (m)	blita	בְּלִיטָה (נ)
farsi un livido	lekabel maka	לְקַבֵּל מַכָּה
contusione (f)	maka	מַכָּה (נ)
farsi male	lekabel maka	לְקַבֵּל מַכָּה

zoppicare (vi)	lits'lo'a	לְצְלֹעַ
slogatura (f)	'neka	נֶקַע (ז)
slogarsi (vr)	lin'ko'a	לִנְקֹעַ
frattura (f)	'ʃever	שֶׁבֶר (ז)
fratturarsi (vr)	liʃbor	לִשְׁבּוֹר

taglio (m)	χataχ	חָתָךְ (ז)
tagliarsi (vr)	lehiχateχ	לְהֵיחָתֵךְ
emorragia (f)	dimum	דִּימוּם (ז)

scottatura (f)	kviya	כְּווִיָּה (נ)
scottarsi (vr)	laχatof kviya	לַחֲטוֹף כְּווִיָּה

pungere (vt)	lidkor	לִדְקֹר
pungersi (vr)	lehidaker	לְהִידָקֵר
ferire (vt)	lif'tso'a	לִפְצֹעַ
ferita (f)	ptsi'a	פְּצִיעָה (נ)
lesione (f)	'petsa	פֶּצַע (ז)
trauma (m)	'tra'uma	טְרָאוּמָה (נ)

delirare (vi)	lahazot	לַהֲזוֹת
tartagliare (vi)	legamgem	לְגַמְגֵּם
colpo (m) di sole	makat 'ʃemeʃ	מַכַּת שֶׁמֶשׁ (נ)

73. Sintomi. Cure. Parte 2

dolore (m), male (m)	ke'ev	כְּאֵב (ז)
scheggia (f)	kots	קוֹץ (ז)

sudore (m)	ze'a	זֵיעָה (נ)
sudare (vi)	leha'zi'a	לְהַזִּיעַ
vomito (m)	haka'a	הֲקָאָה (נ)
convulsioni (f pl)	pirkusim	פִּירְכּוּסִים (ז"ר)

incinta (agg)	hara	הָרָה
nascere (vi)	lehivaled	לְהִיווָלֵד
parto (m)	leda	לֵידָה (נ)
essere in travaglio di parto	la'ledet	לָלֶדֶת
aborto (m)	hapala	הַפָּלָה (נ)

respirazione (f)	neʃima	נְשִׁימָה (נ)
inspirazione (f)	ʃe'ifa	שְׁאִיפָה (נ)
espirazione (f)	neʃifa	נְשִׁיפָה (נ)
espirare (vi)	linʃof	לִנְשׁוֹף
inspirare (vi)	liʃ'of	לִשְׁאוֹף
invalido (m)	naχe	נָכֶה (ז)
storpio (m)	naχe	נָכֶה (ז)

drogato (m)	narkoman	נַרְקוֹמָן (ז)
sordo (agg)	χereʃ	חֵירֵשׁ
muto (agg)	ilem	אִילֵם
sordomuto (agg)	χereʃ-ilem	חֵירֵשׁ־אִילֵם

matto (agg)	meʃuga	מְשׁוּגָּע
matto (m)	meʃuga	מְשׁוּגָּע (ז)
matta (f)	meʃu'ga'at	מְשׁוּגַּעַת (נ)
impazzire (vi)	lehiʃta'ge'a	לְהִשְׁתַּגֵּעַ

gene (m)	gen	גֵּן (ז)
immunità (f)	χasinut	חֲסִינוּת (נ)
ereditario (agg)	toraʃti	תּוֹרַשְׁתִּי
innato (agg)	mulad	מוּלָד

virus (m)	'virus	וִירוּס (ז)
microbo (m)	χaidak	חַיְדַּק (ז)
batterio (m)	bak'terya	בַּקְטֶרְיָה (נ)
infezione (f)	zihum	זִיהוּם (ז)

74. Sintomi. Cure. Parte 3

| ospedale (m) | beit χolim | בֵּית חוֹלִים (ז) |
| paziente (m) | metupal | מְטוּפָּל (ז) |

diagnosi (f)	avχana	אַבְחָנָה (נ)
cura (f)	ripui	רִיפּוּי (ז)
trattamento (m)	tipul refu'i	טִיפּוּל רְפוּאִי (ז)
curarsi (vr)	lekabel tipul	לְקַבֵּל טִיפּוּל
curare (vt)	letapel be…	לְטַפֵּל בְּ...
accudire (un malato)	letapel be…	לְטַפֵּל בְּ...
assistenza (f)	tipul	טִיפּוּל (ז)

operazione (f)	ni'tuaχ	נִיתוּחַ (ז)
bendare (vt)	laχboʃ	לַחְבּוֹשׁ
fasciatura (f)	χaviʃa	חֲבִישָׁה (נ)

vaccinazione (f)	χisun	חִיסּוּן (ז)
vaccinare (vt)	leχasen	לְחַסֵּן
iniezione (f)	zrika	זְרִיקָה (נ)
fare una puntura	lehazrik	לְהַזְרִיק

attacco (m) (~ epilettico)	hetkef	הֶתְקֵף (ז)
amputazione (f)	kti'a	קְטִיעָה (נ)
amputare (vt)	lik'to'a	לִקְטוֹעַ
coma (m)	tar'demet	תַּרְדֶּמֶת (נ)
essere in coma	lihyot betar'demet	לִהְיוֹת בְּתַרְדֶּמֶת
rianimazione (f)	tipul nimrats	טִיפּוּל נִמְרָץ (ז)

guarire (vi)	lehaχlim	לְהַחְלִים
stato (f) (del paziente)	matsav	מַצָּב (ז)
conoscenza (f)	hakara	הַכָּרָה (נ)
memoria (f)	zikaron	זִיכָּרוֹן (ז)
estrarre (~ un dente)	la'akor	לַעֲקוֹר

otturazione (f)	stima	סְתִימָה (נ)
otturare (vt)	la'asot stima	לַעֲשׂוֹת סְתִימָה

ipnosi (f)	hip'noza	הִיפְּנוֹזָה (נ)
ipnotizzare (vt)	lehapnet	לְהַפְנֵט

75. Medici

medico (m)	rofe	רוֹפֵא (ז)
infermiera (f)	aχot	אָחוֹת (נ)
medico (m) personale	rofe iʃi	רוֹפֵא אִישִׁי (ז)

dentista (m)	rofe ʃi'nayim	רוֹפֵא שִׁינַיִים (ז)
oculista (m)	rofe ei'nayim	רוֹפֵא עֵינַיִים (ז)
internista (m)	rofe pnimi	רוֹפֵא פְּנִימִי (ז)
chirurgo (m)	kirurg	כִּירוּרג (ז)

psichiatra (m)	psiχi''ater	פְּסִיכִיאָטֶר (ז)
pediatra (m)	rofe yeladim	רוֹפֵא יְלָדִים (ז)
psicologo (m)	psiχolog	פְּסִיכוֹלוֹג (ז)
ginecologo (m)	rofe naʃim	רוֹפֵא נָשִׁים (ז)
cardiologo (m)	kardyolog	קַרדִיוֹלוֹג (ז)

76. Medicinali. Farmaci. Accessori

medicina (f)	trufa	תְּרוּפָה (נ)
rimedio (m)	trufa	תְּרוּפָה (נ)
prescrivere (vt)	lirʃom	לִרְשׁוֹם
prescrizione (f)	mirʃam	מִרְשָׁם (ז)

compressa (f)	kadur	כַּדוּר (ז)
unguento (m)	miʃχa	מִשְׁחָה (נ)
fiala (f)	'ampula	אַמְפּוּלָה (נ)
pozione (f)	ta'a'rovet	תַּעֲרוֹבֶת (נ)
sciroppo (m)	sirop	סִירוֹף (ז)
pillola (f)	gluya	גְלוּיָה (נ)
polverina (f)	avka	אַבְקָה (נ)

benda (f)	taχ'boʃet 'gaza	תַּחְבּוֹשֶׁת גָאזָה (ז)
ovatta (f)	'tsemer 'gefen	צֶמֶר גֶפֶן (ז)
iodio (m)	yod	יוֹד (ז)

cerotto (m)	'plaster	פְּלַסְטֶר (ז)
contagocce (m)	taf'tefet	טַפְטֶפֶת (נ)
termometro (m)	madχom	מַדְחוֹם (ז)
siringa (f)	mazrek	מַזְרֵק (ז)

sedia (f) a rotelle	kise galgalim	כִּיסֵא גַלְגַלִים (ז)
stampelle (f pl)	ka'bayim	קַבַּיִים (ז"ר)

analgesico (m)	meʃakeχ ke'evim	מְשַׁכֵּךְ כְּאָבִים (ז)
lassativo (m)	trufa meʃal'ʃelet	תְּרוּפָה מְשַׁלְשֶׁלֶת (נ)

alcol (m)	'kohal	כֹּהַל (ז)
erba (f) officinale	isvei marpe	עִשְׂבֵי מַרְפֵּא (ז"ר)
d'erbe (infuso ~)	ʃel asavim	שֶׁל עֲשָׂבִים

77. Fumo. Prodotti di tabaccheria

tabacco (m)	'tabak	טַבָּק (ז)
sigaretta (f)	si'garya	סִיגָרְיָה (נ)
sigaro (m)	sigar	סִיגָר (ז)
pipa (f)	mik'teret	מִקְטֶרֶת (נ)
pacchetto (m) (di sigarette)	χafisa	חֲפִיסָה (נ)

fiammiferi (m pl)	gafrurim	גַּפְרוּרִים (ז"ר)
scatola (f) di fiammiferi	kufsat gafrurim	קוּפְסַת גַּפְרוּרִים (נ)
accendino (m)	matsit	מַצִּית (ז)
portacenere (m)	ma'afera	מַאֲפֵרָה (נ)
portasigarette (m)	nartik lesi'garyot	נַרְתִּיק לְסִיגָרְיוֹת (ז)

bocchino (m)	piya	פִּיָּה (נ)
filtro (m)	'filter	פִילְטֶר (ז)

fumare (vi, vt)	le'aʃen	לְעַשֵּׁן
accendere una sigaretta	lehadlik si'garya	לְהַדְלִיק סִיגָרְיָה
fumo (m)	iʃun	עִישׁוּן (ז)
fumatore (m)	me'aʃen	מְעַשֵּׁן (ז)

cicca (f), mozzicone (m)	bdal si'garya	בְּדַל סִיגָרְיָה (ז)
fumo (m)	aʃan	עָשָׁן (ז)
cenere (f)	'efer	אֵפֶר (ז)

HABITAT UMANO

Città

78. Città. Vita di città

città (f)	ir	עִיר (נ)
capitale (f)	ir bira	עִיר בִּירָה (נ)
villaggio (m)	kfar	כְּפָר (ז)
mappa (f) della città	mapat ha'ir	מַפַּת הָעִיר (נ)
centro (m) della città	merkaz ha'ir	מֶרְכַּז הָעִיר (ז)
sobborgo (m)	parvar	פַּרְוָר (ז)
suburbano (agg)	parvari	פַּרְוָרִי
periferia (f)	parvar	פַּרְוָר (ז)
dintorni (m pl)	svivot	סְבִיבוֹת (נ״ר)
isolato (m)	ʃxuna	שְׁכוּנָה (נ)
quartiere residenziale	ʃxunat megurim	שְׁכוּנַת מְגוּרִים (נ)
traffico (m)	tnu'a	תְּנוּעָה (נ)
semaforo (m)	ramzor	רַמְזוֹר (ז)
trasporti (m pl) urbani	taxbura tsiburit	תַּחְבּוּרָה צִיבּוּרִית (נ)
incrocio (m)	'tsomet	צוֹמֶת (ז)
passaggio (m) pedonale	ma'avar xatsaya	מַעֲבַר חֲצָיָה (ז)
sottopassaggio (m)	ma'avar tat karka'i	מַעֲבָר תַּת־קַרְקָעִי (ז)
attraversare (vt)	laxatsot	לַחֲצוֹת
pedone (m)	holex 'regel	הוֹלֵךְ רֶגֶל (ז)
marciapiede (m)	midraxa	מִדְרָכָה (נ)
ponte (m)	'geʃer	גֶּשֶׁר (ז)
banchina (f)	ta'yelet	טַיֶּלֶת (נ)
fontana (f)	mizraka	מִזְרָקָה (נ)
vialetto (m)	sdera	שְׂדֵרָה (נ)
parco (m)	park	פַּארְק (ז)
boulevard (m)	sdera	שְׂדֵרָה (נ)
piazza (f)	kikar	כִּיכָּר (נ)
viale (m), corso (m)	rexov raʃi	רְחוֹב רָאשִׁי (ז)
via (f), strada (f)	rexov	רְחוֹב (ז)
vicolo (m)	simta	סִמְטָה (נ)
vicolo (m) cieco	mavoi satum	מָבוֹי סָתוּם (ז)
casa (f)	'bayit	בַּיִת (ז)
edificio (m)	binyan	בְּנְיָן (ז)
grattacielo (m)	gored ʃxakim	גּוֹרֵד שְׁחָקִים (ז)
facciata (f)	xazit	חָזִית (נ)
tetto (m)	gag	גַּג (ז)

finestra (f)	χalon	חַלּוֹן (ז)
arco (m)	'keʃet	קֶשֶׁת (נ)
colonna (f)	amud	עַמּוּד (ז)
angolo (m)	pina	פִּינָה (נ)

vetrina (f)	χalon ra'ava	חַלּוֹן רַאֲוָוה (ז)
insegna (f) (di negozi, ecc.)	'ʃelet	שֶׁלֶט (ז)
cartellone (m)	kraza	כְּרָזָה (נ)
cartellone (m) pubblicitario	'poster	פּוֹסְטֶר (ז)
tabellone (m) pubblicitario	'luaχ pirsum	לוּחַ פִּרְסוּם (ז)

pattume (m), spazzatura (f)	'zevel	זֶבֶל (ז)
pattumiera (f)	paχ aʃpa	פַּח אַשְׁפָּה (ז)
sporcare (vi)	lelaχleχ	לְכַלְכֵּל
discarica (f) di rifiuti	mizbala	מִזְבָּלָה (נ)

cabina (f) telefonica	ta 'telefon	תָא טֶלֶפוֹן (ז)
lampione (m)	amud panas	עַמּוּד פָּנָס (ז)
panchina (f)	safsal	סַפְסָל (ז)

poliziotto (m)	ʃoter	שׁוֹטֵר (ז)
polizia (f)	miʃtara	מִשְׁטָרָה (נ)
mendicante (m)	kabtsan	קַבְּצָן (ז)
barbone (m)	χasar 'bayit	חֲסַר בַּיִת (ז)

79. Servizi cittadini

negozio (m)	χanut	חֲנוּת (נ)
farmacia (f)	beit mir'kaχat	בֵּית מִרְקַחַת (ז)
ottica (f)	χanut miʃka'fayim	חֲנוּת מִשְׁקָפַיִּם (נ)
centro (m) commerciale	kanyon	קַנְיוֹן (ז)
supermercato (m)	super'market	סוּפֶּרְמַרְקֶט (ז)

panetteria (f)	ma'afiya	מַאֲפִיָּיה (נ)
fornaio (m)	ofe	אוֹפֶה (ז)
pasticceria (f)	χanut mamtakim	חֲנוּת מַמְתָּקִים (נ)
drogheria (f)	ma'kolet	מַכּוֹלֶת (נ)
macelleria (f)	itliz	אָטְלִיז (ז)

| fruttivendolo (m) | χanut perot viyerakot | חֲנוּת פֵּירוֹת וִירָקוֹת (נ) |
| mercato (m) | ʃuk | שׁוּק (ז) |

caffè (m)	beit kafe	בֵּית קָפֶה (ז)
ristorante (m)	mis'ada	מִסְעָדָה (נ)
birreria (f), pub (m)	pab	פָּאבּ (ז)
pizzeria (f)	pi'tseriya	פִּיצֶרְיָיה (נ)

salone (m) di parrucchiere	mispara	מִסְפָּרָה (נ)
ufficio (m) postale	'do'ar	דוֹאַר (ז)
lavanderia (f) a secco	nikui yaveʃ	נִיקוּי יָבֵשׁ (ז)
studio (m) fotografico	'studyo letsilum	סְטוּדִיוֹ לְצִילוּם (ז)

| negozio (m) di scarpe | χanut na'a'layim | חֲנוּת נַעֲלַיִּים (נ) |
| libreria (f) | χanut sfarim | חֲנוּת סְפָרִים (נ) |

negozio (m) sportivo	χanut sport	חֲנוּת סְפּוֹרְט (נ)
riparazione (f) di abiti	χanut tikun bgadim	חֲנוּת תִּיקּוּן בְּגָדִים (נ)
noleggio (m) di abiti	χanut haskarat bgadim	חֲנוּת הַשְׂכָּרַת בְּגָדִים (נ)
noleggio (m) di film	χanut haʃalat sratim	חֲנוּת הַשְׁאָלַת סְרָטִים (נ)
circo (m)	kirkas	קִרְקָס (ז)
zoo (m)	gan hayot	גַּן חַיּוֹת (ז)
cinema (m)	kol'no‘a	קוֹלְנוֹעַ (ז)
museo (m)	muze’on	מוּזֵיאוֹן (ז)
biblioteca (f)	sifriya	סְפְרִיָּה (נ)
teatro (m)	te’atron	תֵּיאַטְרוֹן (ז)
teatro (m) dell'opera	beit 'opera	בֵּית אוֹפֶּרָה (ז)
locale notturno (m)	mo‘adon 'laila	מוֹעֲדוֹן לַיְלָה (ז)
casinò (m)	ka'zino	קָזִינוֹ (ז)
moschea (f)	misgad	מִסְגָּד (ז)
sinagoga (f)	beit 'kneset	בֵּית כְּנֶסֶת (ז)
cattedrale (f)	kated'rala	קָתֶדְרָלָה (נ)
tempio (m)	mikdaʃ	מִקְדָּשׁ (ז)
chiesa (f)	knesiya	כְּנֵסִיָּה (נ)
istituto (m)	miχlala	מִכְלָלָה (נ)
università (f)	uni'versita	אוּנִיבֶּרְסִיטָה (נ)
scuola (f)	beit 'sefer	בֵּית סֵפֶר (ז)
prefettura (f)	maχoz	מָחוֹז (ז)
municipio (m)	iriya	עִירִיָּה (נ)
albergo, hotel (m)	beit malon	בֵּית מָלוֹן (ז)
banca (f)	bank	בַּנְק (ז)
ambasciata (f)	ʃagrirut	שַׁגְרִירוּת (נ)
agenzia (f) di viaggi	soχnut nesi'ot	סוֹכְנוּת נְסִיעוֹת (נ)
ufficio (m) informazioni	modi'in	מוֹדִיעִין (ז)
ufficio (m) dei cambi	misrad hamarat mat'be‘a	מִשְׂרַד הֲמָרַת מַטְבֵּעַ (ז)
metropolitana (f)	ra'kevet taχtit	רַכֶּבֶת תַּחְתִּית (נ)
ospedale (m)	beit χolim	בֵּית חוֹלִים (ז)
distributore (m) di benzina	taχanat 'delek	תַּחֲנַת דֶּלֶק (נ)
parcheggio (m)	migraʃ χanaya	מִגְרַשׁ חֲנָיָה (ז)

80. Cartelli

insegna (f) (di negozi, ecc.)	'ʃelet	שֶׁלֶט (ז)
iscrizione (f)	moda‘a	מוֹדָעָה (נ)
cartellone (m)	'poster	פּוֹסְטֶר (ז)
segnale (m) di direzione	tamrur	תַּמְרוּר (ז)
freccia (f)	χeʦ	חֵץ (ז)
avvertimento (m)	azhara	אַזְהָרָה (נ)
avviso (m)	'ʃelet azhara	שֶׁלֶט אַזְהָרָה (ז)
avvertire, avvisare (vt)	lehazhir	לְהַזְהִיר
giorno (m) di riposo	yom 'χofeʃ	יוֹם חוֹפֶשׁ (ז)

| orario (m) | 'luax zmanim | לוּחַ זְמַנִּים (ז) |
| orario (m) di apertura | ʃa'ot avoda | שְׁעוֹת עֲבוֹדָה (נ"ר) |

BENVENUTI!	bruxim haba'im!	בְּרוּכִים הַבָּאִים!
ENTRATA	knisa	כְּנִיסָה
USCITA	yeʦi'a	יְצִיאָה

SPINGERE	dxof	דְּחוֹף
TIRARE	mʃox	מְשׁוֹךְ
APERTO	pa'tuax	פָּתוּחַ
CHIUSO	sagur	סָגוּר

| DONNE | lenaʃim | לְנָשִׁים |
| UOMINI | legvarim | לִגְבָרִים |

SCONTI	hanaxot	הַנָּחוֹת
SALDI	mivʦa	מִבְצָע
NOVITÀ!	xadaʃ!	חָדָשׁ!
GRATIS	xinam	חִינָם

ATTENZIONE!	sim lev!	שִׂים לֵב!
COMPLETO	ein makom panui	אֵין מָקוֹם פָּנוּי
RISERVATO	ʃamur	שָׁמוּר

AMMINISTRAZIONE	hanhala	הַנְהָלָה
RISERVATO	le'ovdim bilvad	לְעוֹבְדִים בִּלְבַד
AL PERSONALE		

ATTENTI AL CANE	zehirut 'kelev noʃex!	זְהִירוּת, כֶּלֶב נוֹשֵׁךְ!
VIETATO FUMARE!	asur le'aʃen!	אָסוּר לְעַשֵּׁן!
NON TOCCARE	lo lagaat!	לֹא לָגַעַת!

PERICOLOSO	mesukan	מְסוּכָּן
PERICOLO	sakana	סַכָּנָה
ALTA TENSIONE	'metax ga'voha	מֶתַח גָּבוֹהַ
DIVIETO DI BALNEAZIONE	haraxaʦa asura!	הָרַחֲצָה אֲסוּרָה!
GUASTO	lo oved	לֹא עוֹבֵד

INFIAMMABILE	dalik	דָּלִיק
VIETATO	asur	אָסוּר
VIETATO L'INGRESSO	asur la'avor	אָסוּר לַעֲבוֹר
VERNICE FRESCA	'ʦeva lax	צֶבַע לַח

81. Mezzi pubblici in città

autobus (m)	'otobus	אוֹטוֹבּוּס (ז)
tram (m)	ra'kevet kala	רַכֶּבֶת קַלָּה (נ)
filobus (m)	tro'leibus	טְרוֹלֵיבּוּס (ז)
itinerario (m)	maslul	מַסְלוּל (ז)
numero (m)	mispar	מִסְפָּר (ז)

andare in …	lin'so'a be…	לִנְסוֹעַ בְּ…
salire (~ sull'autobus)	la'alot	לַעֲלוֹת
scendere da …	la'redet mi…	לָרֶדֶת מִ…

fermata (f) (~ dell'autobus)	taxana	תַּחֲנָה (נ)
prossima fermata (f)	hataxana haba'a	הַתַּחֲנָה הַבָּאָה (נ)
capolinea (m)	hataxana ha'axrona	הַתַּחֲנָה הָאַחֲרוֹנָה (נ)
orario (m)	'luax zmanim	לוּחַ זְמַנִּים (ז)
aspettare (vt)	lehamtin	לְהַמְתִּין

| biglietto (m) | kartis | כַּרְטִיס (ז) |
| prezzo (m) del biglietto | mexir hanesiya | מְחִיר הַנְּסִיעָה (ז) |

cassiere (m)	kupai	קוּפַּאי (ז)
controllo (m) dei biglietti	bi'koret kartisim	בִּיקוֹרֶת כַּרְטִיסִים (נ)
bigliettaio (m)	mevaker	מְבַקֵּר (ז)

essere in ritardo	le'axer	לְאַחֵר
perdere (~ il treno)	lefasfes	לְפַסְפֵּס
avere fretta	lemaher	לְמַהֵר

taxi (m)	monit	מוֹנִית (נ)
taxista (m)	nahag monit	נַהַג מוֹנִית (ז)
in taxi	bemonit	בְּמוֹנִית
parcheggio (m) di taxi	taxanat moniyot	תַּחֲנַת מוֹנִיּוֹת (נ)
chiamare un taxi	lehazmin monit	לְהַזְמִין מוֹנִית
prendere un taxi	la'kaxat monit	לָקַחַת מוֹנִית

traffico (m)	tnu'a	תְּנוּעָה (נ)
ingorgo (m)	pkak	פְּקָק (ז)
ore (f pl) di punta	ʃa'ot 'omes	שְׁעוֹת עוֹמֶס (נ"ר)
parcheggiarsi (vr)	laxanot	לַחֲנוֹת
parcheggiare (vt)	lehaxnot	לְהַחֲנוֹת
parcheggio (m)	xanaya	חֲנָיָה (נ)

metropolitana (f)	ra'kevet taxtit	רַכֶּבֶת תַּחְתִּית (נ)
stazione (f)	taxana	תַּחֲנָה (נ)
prendere la metropolitana	lin'so'a betaxtit	לִנְסוֹעַ בְּתַחְתִּית
treno (m)	ra'kevet	רַכֶּבֶת (נ)
stazione (f) ferroviaria	taxanat ra'kevet	תַּחֲנַת רַכֶּבֶת (נ)

82. Visita turistica

monumento (m)	an'darta	אַנְדַּרְטָה (נ)
fortezza (f)	mivtsar	מִבְצָר (ז)
palazzo (m)	armon	אַרְמוֹן (ז)
castello (m)	tira	טִירָה (נ)
torre (f)	migdal	מִגְדָּל (ז)
mausoleo (m)	ma'uzo'le'um	מָאוֹזוֹלֵיאוּם (ז)

architettura (f)	adrixalut	אַדְרִיכָלוּת (נ)
medievale (agg)	benaimi	בֵּינַיְימִי
antico (agg)	atik	עַתִּיק
nazionale (agg)	le'umi	לְאוּמִי
famoso (agg)	mefursam	מְפוּרְסָם

| turista (m) | tayar | תַּיָּיר (ז) |
| guida (f) | madrix tiyulim | מַדְרִיךְ טִיּוּלִים (ז) |

78

escursione (f)	tiyul	טִיּוּל (ז)
fare vedere	lehar'ot	לְהַרְאוֹת
raccontare (vt)	lesaper	לְסַפֵּר

trovare (vt)	limtso	לִמְצוֹא
perdersi (vr)	la'leχet le'ibud	לָלֶכֶת לְאִיבּוּד
mappa (f) (~ della metropolitana)	mapa	מַפָּה (נ)
piantina (f) (~ della città)	tarʃim	תַּרְשִׁים (ז)

souvenir (m)	maz'keret	מַזְכֶּרֶת (נ)
negozio (m) di articoli da regalo	χanut matanot	חֲנוּת מַתָּנוֹת (נ)
fare foto	letsalem	לְצַלֵּם
fotografarsi	lehitstalem	לְהִצְטַלֵּם

83. Acquisti

comprare (vt)	liknot	לִקְנוֹת
acquisto (m)	kniya	קְנִיָּה (נ)
fare acquisti	la'leχet lekniyot	לָלֶכֶת לִקְנִיּוֹת
shopping (m)	ariχat kniyot	עֲרִיכַת קְנִיּוֹת (נ)

| essere aperto (negozio) | pa'tuaχ | פָּתוּחַ |
| essere chiuso | sagur | סָגוּר |

calzature (f pl)	na‘a'layim	נַעֲלַיִים (נ"ר)
abbigliamento (m)	bgadim	בְּגָדִים (ז"ר)
cosmetica (f)	tamrukim	תַּמְרוּקִים (ז"ר)
alimentari (m pl)	mutsrei mazon	מוּצְרֵי מָזוֹן (ז"ר)
regalo (m)	matana	מַתָּנָה (נ)

| commesso (m) | moχer | מוֹכֵר (ז) |
| commessa (f) | mo'χeret | מוֹכֶרֶת (נ) |

cassa (f)	kupa	קוּפָּה (נ)
specchio (m)	mar'a	מַרְאָה (נ)
banco (m)	duχan	דּוּכָן (ז)
camerino (m)	'χeder halbaʃa	חֲדַר הַלְבָּשָׁה (ז)

provare (~ un vestito)	limdod	לִמְדּוֹד
stare bene (vestito)	lehat'im	לְהַתְאִים
piacere (vi)	limtso χen be'ei'nayim	לִמְצוֹא חֵן בָּעֵינַיִים

prezzo (m)	meχir	מְחִיר (ז)
etichetta (f) del prezzo	tag meχir	תָּג מְחִיר (ז)
costare (vt)	la‘alot	לַעֲלוֹת
Quanto?	'kama?	כַּמָּה?
sconto (m)	hanaχa	הֲנָחָה (נ)

no muy caro (agg)	lo yakar	לֹא יָקָר
a buon mercato	zol	זוֹל
caro (agg)	yakar	יָקָר
È caro	ze yakar	זֶה יָקָר

noleggio (m)	haskara	הַשְׂכָּרָה (נ)
noleggiare (~ un abito)	liskor	לִשְׂכּוֹר
credito (m)	aʃrai	אַשְׁרַאי (ז)
a credito	be'aʃrai	בְּאַשְׁרַאי

84. Denaro

soldi (m pl)	'kesef	כֶּסֶף (ז)
cambio (m)	hamara	הַמָרָה (נ)
corso (m) di cambio	'ʃa'ar χalifin	שַׁעַר חֲלִיפִין (ז)
bancomat (m)	kaspomat	כַּסְפּוֹמָט (ז)
moneta (f)	mat'be'a	מַטְבֵּעַ (ז)

| dollaro (m) | 'dolar | דוֹלָר (ז) |
| euro (m) | 'eiro | אֵירוֹ (ז) |

lira (f)	'lira	לִירָה (נ)
marco (m)	mark germani	מַרק גֶּרְמָנִי (ז)
franco (m)	frank	פְרַנק (ז)
sterlina (f)	'lira 'sterling	לִירָה שְׁטֶרְלִינג (נ)
yen (m)	yen	יֶן (ז)

debito (m)	χov	חוֹב (ז)
debitore (m)	'ba'al χov	בַּעַל חוֹב (ז)
prestare (~ i soldi)	lehalvot	לְהַלְווֹת
prendere in prestito	lilvot	לִלְווֹת

banca (f)	bank	בַּנק (ז)
conto (m)	χeʃbon	חֶשְׁבּוֹן (ז)
versare (vt)	lehafkid	לְהַפְקִיד
versare sul conto	lehafkid leχeʃbon	לְהַפְקִיד לְחֶשְׁבּוֹן
prelevare dal conto	limʃoχ meχeʃbon	לִמְשׁוֹך מֵחֶשְׁבּוֹן

carta (f) di credito	kartis aʃrai	כַּרְטִיס אַשְׁרַאי (ז)
contanti (m pl)	mezuman	מְזוּמָן
assegno (m)	tʃek	צֶ'ק (ז)
emettere un assegno	liχtov tʃek	לִכְתּוֹב צֶ'ק
libretto (m) di assegni	pinkas 'tʃekim	פִּנְקַס צֶ'קִים (ז)

portafoglio (m)	arnak	אַרְנָק (ז)
borsellino (m)	arnak lematbe''ot	אַרְנָק לְמַטְבְּעוֹת (ז)
cassaforte (f)	ka'sefet	כַּסֶּפֶת (נ)

erede (m)	yoreʃ	יוֹרֵשׁ (ז)
eredità (f)	yeruʃa	יְרוּשָׁה (נ)
fortuna (f)	'oʃer	עוֹשֶׁר (ז)

affitto (m), locazione (f)	χoze sχirut	חוֹזֶה שְׂכִירוּת (ז)
canone (m) d'affitto	sχar dira	שְׂכַר דִּירָה (ז)
affittare (dare in affitto)	liskor	לִשְׂכּוֹר

prezzo (m)	meχir	מְחִיר (ז)
costo (m)	alut	עֲלוּת (נ)
somma (f)	sχum	סְכוּם (ז)

spendere (vt)	lehotsi	לְהוֹצִיא
spese (f pl)	hotsa'ot	הוֹצָאוֹת (נ״ר)
economizzare (vi, vt)	laχasoχ	לַחֲסוֹךְ
economico (agg)	χesχoni	חֶסְכוֹנִי

pagare (vi, vt)	leʃalem	לְשַׁלֵם
pagamento (m)	taʃlum	תַשְׁלוּם (ז)
resto (m) (dare il ~)	'odef	עוֹדֶף (ז)

imposta (f)	mas	מַס (ז)
multa (f), ammenda (f)	knas	קְנָס (ז)
multare (vt)	liknos	לִקְנוֹס

85. Posta. Servizio postale

ufficio (m) postale	'do'ar	דוֹאַר (ז)
posta (f) (lettere, ecc.)	'do'ar	דוֹאַר (ז)
postino (m)	davar	דַוָר (ז)
orario (m) di apertura	ʃa'ot avoda	שְׁעוֹת עֲבוֹדָה (נ״ר)

lettera (f)	miχtav	מִכְתָב (ז)
raccomandata (f)	miχtav raʃum	מִכְתָב רָשׁוּם (ז)
cartolina (f)	gluya	גְלוּיָה (נ)
telegramma (m)	mivrak	מִבְרָק (ז)
pacco (m) postale	χavila	חֲבִילָה (נ)
vaglia (m) postale	ha'avarat ksafim	הַעֲבָרַת כְּסָפִים (נ)

ricevere (vt)	lekabel	לְקַבֵּל
spedire (vt)	liʃloaχ	לִשְׁלוֹחַ
invio (m)	ʃliχa	שְׁלִיחָה (ז)

indirizzo (m)	'ktovet	כְּתוֹבֶת (נ)
codice (m) postale	mikud	מִיקוּד (ז)
mittente (m)	ʃo'leaχ	שׁוֹלֵחַ (ז)
destinatario (m)	nim'an	נִמְעָן (ז)

| nome (m) | ʃem prati | שֵׁם פְּרָטִי (ז) |
| cognome (m) | ʃem miʃpaχa | שֵׁם מִשְׁפָּחָה (ז) |

tariffa (f)	ta'arif	תַעֲרִיף (ז)
ordinario (agg)	ragil	רָגִיל
standard (agg)	χesχoni	חֶסְכוֹנִי

peso (m)	miʃkal	מִשְׁקָל (ז)
pesare (vt)	liʃkol	לִשְׁקוֹל
busta (f)	ma'atafa	מַעֲטָפָה (נ)
francobollo (m)	bul 'do'ar	בּוּל דוֹאַר (ז)
affrancare (vt)	lehadbik bul	לְהַדְבִּיק בּוּל

Abitazione. Casa

86. Casa. Abitazione

casa (f)	'bayit	בַּיִת (ז)
a casa	ba'bayit	בַּבַּיִת
cortile (m)	χatser	חָצֵר (נ)
recinto (m)	gader	גָּדֵר (נ)

mattone (m)	levena	לְבֵנָה (נ)
di mattoni	milevenim	מִלְבֵנִים
pietra (f)	'even	אֶבֶן (נ)
di pietra	me''even	מֵאֶבֶן
beton (m)	beton	בֶּטוֹן (ז)
di beton	mibeton	מִבֶּטוֹן

nuovo (agg)	χadaʃ	חָדָשׁ
vecchio (agg)	yaʃan	יָשָׁן
fatiscente (edificio ~)	balui	בָּלוּי
moderno (agg)	mo'derni	מוֹדֶרְנִי
a molti piani	rav komot	רַב־קוֹמוֹת
alto (agg)	ga'voha	גָּבוֹהַ

| piano (m) | 'koma | קוֹמָה (נ) |
| di un piano | χad komati | חַד־קוֹמָתִי |

| pianoterra (m) | komat 'karka | קוֹמַת קַרְקַע (נ) |
| ultimo piano (m) | hakoma ha'elyona | הַקּוֹמָה הָעֶלְיוֹנָה (נ) |

| tetto (m) | gag | גַּג (ז) |
| ciminiera (f) | aruba | אֲרוּבָּה (נ) |

tegola (f)	'ra'af	רַעַף (ז)
di tegole	mere'afim	מֵרְעָפִים
soffitta (f)	aliyat gag	עֲלִיַּת גַּג (נ)

| finestra (f) | χalon | חַלּוֹן (ז) |
| vetro (m) | zχuχit | זְכוּכִית (נ) |

| davanzale (m) | 'eden χalon | אֶדֶן חַלּוֹן (ז) |
| imposte (f pl) | trisim | תְּרִיסִים (ז"ר) |

muro (m)	kir	קִיר (ז)
balcone (m)	mir'peset	מִרְפֶּסֶת (נ)
tubo (m) pluviale	marzev	מַרְזֵב (ז)

su, di sopra	le'mala	לְמַעְלָה
andare di sopra	la'alot bemadregot	לַעֲלוֹת בְּמַדְרֵגוֹת
scendere (vi)	la'redet bemadregot	לָרֶדֶת בְּמַדְרֵגוֹת
trasferirsi (vr)	la'avor	לַעֲבוֹר

87. Casa. Ingresso. Ascensore

entrata (f)	knisa	כְּנִיסָה (נ)
scala (f)	madregot	מַדְרֵגוֹת (נ״ר)
gradini (m pl)	madregot	מַדְרֵגוֹת (נ״ר)
ringhiera (f)	ma'ake	מַעֲקֶה (ז)
hall (f) (atrio d'ingresso)	'lobi	לוֹבִּי (ז)

cassetta (f) della posta	teivat 'do'ar	תֵּיבַת דוֹאַר (נ)
secchio (m) della spazzatura	paχ 'zevel	פַּח זֶבֶל (ז)
scivolo (m) per la spazzatura	merik aʃpa	מְרִיק אַשְׁפָּה (ז)

ascensore (m)	ma'alit	מַעֲלִית (נ)
montacarichi (m)	ma'alit masa	מַעֲלִית מַשָּׂא (נ)
cabina (f) di ascensore	ta ma'alit	תָּא מַעֲלִית (ז)
prendere l'ascensore	lin'so'a bema'alit	לִנְסוֹעַ בְּמַעֲלִית

appartamento (m)	dira	דִּירָה (נ)
inquilini (m pl)	dayarim	דַּיָּרִים (ז״ר)
vicino (m)	ʃaχen	שָׁכֵן (ז)
vicina (f)	ʃχena	שְׁכֵנָה (נ)
vicini (m pl)	ʃχenim	שְׁכֵנִים (ז״ר)

88. Casa. Elettricità

elettricità (f)	χaʃmal	חַשְׁמַל (ז)
lampadina (f)	nura	נוּרָה (נ)
interruttore (m)	'meteg	מֶתֶג (ז)
fusibile (m)	natiχ	נָתִיך (ז)

filo (m)	χut	חוּט (ז)
impianto (m) elettrico	χivut	חִיווּט (ז)
contatore (m) dell'elettricità	mone χaʃmal	מוֹנֶה חַשְׁמַל (ז)
lettura, indicazione (f)	kri'a	קְרִיאָה (נ)

89. Casa. Porte. Serrature

porta (f)	'delet	דֶּלֶת (נ)
cancello (m)	'ʃa'ar	שַׁעַר (ז)
maniglia (f)	yadit	יָדִית (נ)
togliere il catenaccio	lif'toaχ	לִפְתּוֹחַ
aprire (vt)	lif'toaχ	לִפְתּוֹחַ
chiudere (vt)	lisgor	לִסְגּוֹר

chiave (f)	maf'teaχ	מַפְתֵּחַ (ז)
mazzo (m)	tsror maftexot	צְרוֹר מַפְתְּחוֹת (ז)
cigolare (vi)	laχarok	לַחֲרוֹק
cigolio (m)	χarika	חֲרִיקָה (נ)
cardine (m)	tsir	צִיר (ז)
zerbino (m)	ʃtiχon	שְׁטִיחוֹן (ז)
serratura (f)	man'ul	מַנְעוּל (ז)

buco (m) della serratura	χor haman'ul	חוֹר הַמַּנְעוּל (ז)
chiavistello (m)	'briaχ	בְּרִיחַ (ז)
catenaccio (m)	'briaχ	בְּרִיחַ (ז)
lucchetto (m)	man'ul	מַנְעוּל (ז)

suonare (~ il campanello)	letsaltsel	לְצַלְצֵל
suono (m)	tsiltsul	צִלְצוּל (ז)
campanello (m)	pa'amon	פַּעֲמוֹן (ז)
pulsante (m)	kaftor	כַּפְתּוֹר (ז)
bussata (f)	hakaʃa	הַקָּשָׁה (נ)
bussare (vi)	lehakiʃ	לְהַקִּישׁ

codice (m)	kod	קוֹד (ז)
serratura (f) a codice	man'ul kod	מַנְעוּל קוֹד (ז)
citofono (m)	'interkom	אִינְטֶרְקוֹם (ז)
numero (m) (~ civico)	mispar	מִסְפָּר (ז)
targhetta (f) di porta	luχit	לוּחִית (נ)
spioncino (m)	einit	עֵינִית (נ)

90. Casa di campagna

villaggio (m)	kfar	כְּפָר (ז)
orto (m)	gan yarak	גַּן יָרָק (ז)
recinto (m)	gader	גָּדֵר (נ)
steccato (m)	gader yetedot	גָּדֵר יְתֵדוֹת (נ)
cancelletto (m)	piʃpaʃ	פִּשְׁפָּשׁ (ז)

granaio (m)	asam	אָסָם (ז)
cantina (f), scantinato (m)	martef	מַרְתֵּף (ז)
capanno (m)	maχsan	מַחְסָן (ז)
pozzo (m)	be'er	בְּאֵר (נ)

stufa (f)	aχ	אָח (נ)
attizzare (vt)	lehasik et ha'aχ	לְהַסִּיק אֶת הָאָח
legna (f) da ardere	atsei hasaka	עֲצֵי הַסָּקָה (ז"ר)
ciocco (m)	bul ets	בּוּל עֵץ (ז)

veranda (f)	mir'peset mekora	מִרְפֶּסֶת מְקוֹרָה (נ)
terrazza (f)	mir'peset	מִרְפֶּסֶת (נ)
scala (f) d'ingresso	madregot ba'petaχ 'bayit	מַדְרֵגוֹת בַּפֶּתַח בַּיִת (נ"ר)
altalena (f)	nadneda	נַדְנֵדָה (נ)

91. Villa. Palazzo

casa (f) di campagna	'bayit bakfar	בַּיִת בַּכְּפָר (ז)
villa (f)	'vila	וִילָה (נ)
ala (f)	agaf	אֲגַף (ז)
giardino (m)	gan	גַּן (ז)
parco (m)	park	פַּארְק (ז)
serra (f)	χamama	חֲמָמָה (נ)
prendersi cura (~ del giardino)	legadel	לְגַדֵּל

piscina (f)	breχat sχiya	בְּרֵיכַת שְׂחִיָּה (נ)
palestra (f)	'χeder 'koʃer	חֶדֶר כּוֹשֶׁר (ז)
campo (m) da tennis	migraʃ 'tenis	מִגְרַשׁ טֶנִיס (ז)
home cinema (m)	'χeder hakrana beiti	חֶדֶר הַקְרָנָה בֵּיתִי (ז)
garage (m)	musaχ	מוּסָךְ (ז)

| proprietà (f) privata | reχuʃ prati | רְכוּשׁ פְּרָטִי (ז) |
| terreno (m) privato | ʃetaχ prati | שֶׁטַח פְּרָטִי (ז) |

| avvertimento (m) | azhara | אַזְהָרָה (נ) |
| cartello (m) di avvertimento | ʃelet azhara | שֶׁלֶט אַזְהָרָה (ז) |

sicurezza (f)	avtaχa	אַבְטָחָה (נ)
guardia (f) giurata	ʃomer	שׁוֹמֵר (ז)
allarme (f) antifurto	ma'a'reχet az'aka	מַעֲרֶכֶת אַזְעָקָה (נ)

92. Castello. Reggia

castello (m)	tira	טִירָה (נ)
palazzo (m)	armon	אַרְמוֹן (ז)
fortezza (f)	mivtsar	מִבְצָר (ז)

muro (m)	χoma	חוֹמָה (נ)
torre (f)	migdal	מִגְדָּל (ז)
torre (f) principale	migdal merkazi	מִגְדָּל מֶרְכָּזִי (ז)

saracinesca (f)	ʃa'ar anaχi	שַׁעַר אֲנָכִי (ז)
tunnel (m)	ma'avar tat karka'i	מַעֲבָר תַּת־קַרְקָעִי (ז)
fossato (m)	χafir	חָפִיר (ז)
catena (f)	ʃal'ʃelet	שַׁלְשֶׁלֶת (נ)
feritoia (f)	eʃnav 'yeri	אֶשְׁנַב יְרִי (ז)

magnifico (agg)	mefo'ar	מְפוֹאָר
maestoso (agg)	malχuti	מַלְכוּתִי
inespugnabile (agg)	'bilti χadir	בִּלְתִּי חָדִיר
medievale (agg)	benaimi	בֵּינַיימִי

93. Appartamento

appartamento (m)	dira	דִּירָה (נ)
camera (f), stanza (f)	'χeder	חֶדֶר (ז)
camera (f) da letto	χadar ʃena	חֲדַר שֵׁינָה (ז)
sala (f) da pranzo	pinat 'oχel	פִּינַת אוֹכֶל (נ)
salotto (m)	salon	סָלוֹן (ז)
studio (m)	χadar avoda	חֲדַר עֲבוֹדָה (ז)
ingresso (m)	prozdor	פְּרוֹזְדוֹר (ז)
bagno (m)	χadar am'batya	חֲדַר אַמְבַּטְיָה (ז)
gabinetto (m)	ʃerutim	שֵׁירוּתִים (ז"ר)

soffitto (m)	tikra	תִּקְרָה (נ)
pavimento (m)	ritspa	רִצְפָּה (נ)
angolo (m)	pina	פִּינָה (נ)

94. Appartamento. Pulizie

pulire (vt)	lenakot	לְנַקּוֹת
mettere via	lefanot	לְפַנּוֹת
polvere (f)	avak	אָבָק (ז)
impolverato (agg)	me'ubak	מְאוּבָּק
spolverare (vt)	lenakot avak	לְנַקּוֹת אָבָק
aspirapolvere (m)	ʃo'ev avak	שׁוֹאֵב אָבָק (ז)
passare l'aspirapolvere	liʃov avak	לִשְׁאוֹב אָבָק
spazzare (vi, vt)	letate	לְטַאטֵא
spazzatura (f)	'psolet ti'tu	פְּסוֹלֶת טַאטוּא (נ)
ordine (m)	'seder	סֵדֶר (ז)
disordine (m)	i 'seder	אִי סֵדֶר (ז)
frettazzo (m)	magev im smartut	מַגֵב עִם סְמַרְטוּט (ז)
strofinaccio (m)	smartut avak	סְמַרְטוּט אָבָק (ז)
scopa (f)	mat'ate katan	מַטְאֲטֵא קָטָן (ז)
paletta (f)	ya'e	יָעֶה (ז)

95. Arredamento. Interno

mobili (m pl)	rehitim	רָהִיטִים (ז"ר)
tavolo (m)	ʃulχan	שׁוּלְחָן (ז)
sedia (f)	kise	כִּסֵא (ז)
letto (m)	mita	מִיטָה (נ)
divano (m)	sapa	סַפָּה (נ)
poltrona (f)	kursa	כּוּרְסָה (נ)
libreria (f)	aron sfarim	אָרוֹן סְפָרִים (ז)
ripiano (m)	madaf	מַדָף (ז)
armadio (m)	aron bgadim	אָרוֹן בְּגָדִים (ז)
attaccapanni (m) da parete	mitle	מִתְלֶה (ז)
appendiabiti (m) da terra	mitle	מִתְלֶה (ז)
comò (m)	ʃida	שִׁידָה (נ)
tavolino (m) da salotto	ʃulχan itonim	שׁוּלְחַן עִיתּוֹנִים (ז)
specchio (m)	mar'a	מַרְאָה (נ)
tappeto (m)	ʃa'tiaχ	שָׁטִיחַ (ז)
tappetino (m)	ʃa'tiaχ	שָׁטִיחַ (ז)
camino (m)	aχ	אָח (נ)
candela (f)	ner	נֵר (ז)
candeliere (m)	pamot	פָּמוֹט (ז)
tende (f pl)	vilonot	וִילוֹנוֹת (ז"ר)
carta (f) da parati	tapet	טַפֶּט (ז)
tende (f pl) alla veneziana	trisim	תְּרִיסִים (ז"ר)
lampada (f) da tavolo	menorat ʃulχan	מְנוֹרַת שׁוּלְחָן (נ)
lampada (f) da parete	menorat kir	מְנוֹרַת קִיר (נ)

lampada (f) a stelo	menora o'medet	מְנוֹרָה עוֹמֶדֶת (נ)
lampadario (m)	niv'reʃet	נִבְרֶשֶׁת (נ)
gamba (f)	'regel	רֶגֶל (נ)
bracciolo (m)	miʃ'enet yad	מִשְׁעֶנֶת יָד (נ)
spalliera (f)	miʃ'enet	מִשְׁעֶנֶת (נ)
cassetto (m)	megera	מְגֵרָה (נ)

96. Biancheria da letto

biancheria (f) da letto	matsa'im	מַצָעִים (ז"ר)
cuscino (m)	karit	כָּרִית (נ)
federa (f)	tsipit	צִיפִית (נ)
coperta (f)	smiχa	שְׂמִיכָה (נ)
lenzuolo (m)	sadin	סָדִין (ז)
copriletto (m)	kisui mita	כִּיסוּי מִיטָה (ז)

97. Cucina

cucina (f)	mitbaχ	מִטְבָּח (ז)
gas (m)	gaz	גָז (ז)
fornello (m) a gas	tanur gaz	תַנוּר גָז (ז)
fornello (m) elettrico	tanur χaʃmali	תַנוּר חַשְׁמַלִי (ז)
forno (m)	tanur afiya	תַנוּר אָפִייָה (ז)
forno (m) a microonde	mikrogal	מִיקרוֹגַל (ז)
frigorifero (m)	mekarer	מְקָרֵר (ז)
congelatore (m)	makpi	מַקְפִּיא (ז)
lavastoviglie (f)	me'diaχ kelim	מֵדִיחַ כֵּלִים (ז)
tritacarne (m)	matχenat basar	מַטְחֲנַת בָּשָׂר (נ)
spremifrutta (m)	masχeta	מַסְחַטָה (נ)
tostapane (m)	'toster	טוֹסְטֶר (ז)
mixer (m)	'mikser	מִיקְסֶר (ז)
macchina (f) da caffè	meχonat kafe	מְכוֹנַת קָפֶה (נ)
caffettiera (f)	findʒan	פִינְגַ׳אן (ז)
macinacaffè (m)	matχenat kafe	מַטְחֲנַת קָפֶה (נ)
bollitore (m)	kumkum	קוּמְקוּם (ז)
teiera (f)	kumkum	קוּמְקוּם (ז)
coperchio (m)	miχse	מִכְסֶה (ז)
colino (m) da tè	mis'nenet te	מְסַנֶנֶת תֶה (נ)
cucchiaio (m)	kaf	כַּף (נ)
cucchiaino (m) da tè	kapit	כַּפִּית (נ)
cucchiaio (m)	kaf	כַּף (נ)
forchetta (f)	mazleg	מַזְלֵג (ז)
coltello (m)	sakin	סַכִּין (ז, נ)
stoviglie (f pl)	kelim	כֵּלִים (ז"ר)
piatto (m)	tsa'laχat	צַלַחַת (נ)

piattino (m)	taχtit	תַחְתִית (נ)
cicchetto (m)	kosit	כּוֹסִית (נ)
bicchiere (m) (~ d'acqua)	kos	כּוֹס (נ)
tazzina (f)	'sefel	סֵפֶל (ז)

zuccheriera (f)	mis'keret	מִסְכֶּרֶת (נ)
saliera (f)	milχiya	מְלְחִיָה (נ)
pepiera (f)	pilpeliya	פִּלְפְּלִיָה (נ)
burriera (f)	maχame'a	מַחֲמָאָה (נ)

pentola (f)	sir	סִיר (ז)
padella (f)	maχvat	מַחֲבַת (נ)
mestolo (m)	tarvad	תַרְוֹד (ז)
colapasta (m)	mis'nenet	מִסְנֶנֶת (נ)
vassoio (m)	magaʃ	מַגָש (ז)

bottiglia (f)	bakbuk	בַּקְבּוּק (ז)
barattolo (m) di vetro	tsin'tsenet	צִנְצֶנֶת (נ)
latta, lattina (f)	paχit	פַּחִית (נ)

apribottiglie (m)	potχan bakbukim	פּוֹתְחָן בַּקְבּוּקִים (ז)
apriscatole (m)	potχan kufsa'ot	פּוֹתְחָן קוּפְסָאוֹת (ז)
cavatappi (m)	maχlets	מַחְלֵץ (ז)
filtro (m)	'filter	פִּילְטֶר (ז)
filtrare (vt)	lesanen	לְסַנֵן

| spazzatura (f) | 'zevel | זֶבֶל (ז) |
| pattumiera (f) | paχ 'zevel | פַּח זֶבֶל (ז) |

98. Bagno

bagno (m)	χadar am'batya	חֲדַר אַמְבַּטְיָה (ז)
acqua (f)	'mayim	מַיִם (ז"ר)
rubinetto (m)	'berez	בֶּרֶז (ז)
acqua (f) calda	'mayim χamim	מַיִם חָמִים (ז"ר)
acqua (f) fredda	'mayim karim	מַיִם קָרִים (ז"ר)

dentifricio (m)	miʃχat ʃi'nayim	מִשְׁחַת שִׁנַּיִים (נ)
lavarsi i denti	letsaχ'tseaχ ʃi'nayim	לְצַחְצֵחַ שִׁנַּיִים
spazzolino (m) da denti	miv'reʃet ʃi'nayim	מִבְרֶשֶׁת שִׁנַּיִים (נ)

rasarsi (vr)	lehitga'leaχ	לְהִתְגַּלֵחַ
schiuma (f) da barba	'ketsef gi'luaχ	קֶצֶף גִּילוּחַ (ז)
rasoio (m)	'ta'ar	תַעַר (ז)

lavare (vt)	liʃtof	לִשְׁטוֹף
fare un bagno	lehitraχets	לְהִתְרַחֵץ
doccia (f)	mik'laχat	מִקְלַחַת (נ)
fare una doccia	lehitka'leaχ	לְהִתְקַלֵחַ

vasca (f) da bagno	am'batya	אַמְבַּטְיָה (נ)
water (m)	asla	אַסְלָה (נ)
lavandino (m)	kiyor	כִּיוֹר (ז)
sapone (m)	sabon	סַבּוֹן (ז)

porta (m) sapone	saboniya	סַבּוֹנִיָּה (נ)
spugna (f)	sfog 'lifa	סְפוֹג לִיפָה (ז)
shampoo (m)	ʃampu	שַׁמְפּוּ (ז)
asciugamano (m)	ma'gevet	מַגֶּבֶת (נ)
accappatoio (m)	χaluk raχatsa	חָלוּק רַחְצָה (ז)
bucato (m)	kvisa	כְּבִיסָה (נ)
lavatrice (f)	meχonat kvisa	מְכוֹנַת כְּבִיסָה (נ)
fare il bucato	leχabes	לְכַבֵּס
detersivo (m) per il bucato	avkat kvisa	אַבְקַת כְּבִיסָה (נ)

99. Elettrodomestici

televisore (m)	tele'vizya	טֶלֶוִוזְיָה (נ)
registratore (m) a nastro	teip	טֵייפּ (ז)
videoregistratore (m)	maxʃir 'vide'o	מַכְשִׁיר וִידֵאוֹ (ז)
radio (f)	'radyo	רַדְיוֹ (ז)
lettore (m)	nagan	נַגָּן (ז)
videoproiettore (m)	makren	מַקְרֵן (ז)
home cinema (m)	kol'no'a beiti	קוֹלְנוֹעַ בֵּיתִי (ז)
lettore (m) DVD	nagan dividi	נַגָּן DVD (ז)
amplificatore (m)	magber	מַגְבֵּר (ז)
console (f) video giochi	maxʃir plei'steiʃen	מַכְשִׁיר פְּלֵייסְטֵיישֶׁן (ז)
videocamera (f)	matslemat 'vide'o	מַצְלֵמַת וִידֵאוֹ (נ)
macchina (f) fotografica	matslema	מַצְלֵמָה (נ)
fotocamera (f) digitale	matslema digi'talit	מַצְלֵמָה דִּיגִיטָלִית (נ)
aspirapolvere (m)	ʃo'ev avak	שׁוֹאֵב אָבָק (ז)
ferro (m) da stiro	maghets	מַגְהֵץ (ז)
asse (f) da stiro	'kereʃ gihuts	קֶרֶשׁ גִּיהוּץ (ז)
telefono (m)	'telefon	טֶלֶפוֹן (ז)
telefonino (m)	'telefon nayad	טֶלֶפוֹן נַיָּיד (ז)
macchina (f) da scrivere	meχonat ktiva	מְכוֹנַת כְּתִיבָה (נ)
macchina (f) da cucire	meχonat tfira	מְכוֹנַת תְּפִירָה (נ)
microfono (m)	mikrofon	מִיקְרוֹפוֹן (ז)
cuffia (f)	ozniyot	אוֹזְנִיּוֹת (נ"ר)
telecomando (m)	'ʃelet	שֶׁלֶט (ז)
CD (m)	taklitor	תַּקְלִיטוֹר (ז)
cassetta (f)	ka'letet	קַלֶּטֶת (נ)
disco (m) (vinile)	taklit	תַּקְלִיט (ז)

100. Riparazioni. Restauro

lavori (m pl) di restauro	ʃiputs	שִׁיפּוּץ (ז)
rinnovare (ridecorare)	leʃapets	לְשַׁפֵּץ
riparare (vt)	letaken	לְתַקֵּן
mettere in ordine	lesader	לְסַדֵּר

rifare (vt)	la'asot meχadaʃ	לַעֲשׂוֹת מֵחָדָשׁ
pittura (f)	'tseva	צֶבַע (ז)
pitturare (~ un muro)	lits'bo'a	לִצְבּוֹעַ
imbianchino (m)	tsaba'i	צַבָּעִי (ז)
pennello (m)	mikχol	מִכְחוֹל (ז)

imbiancatura (f)	sid	סִיד (ז)
imbiancare (vt)	lesayed	לְסַיֵּד

carta (f) da parati	tapet	טַפֶּט (ז)
tappezzare (vt)	lehadbik ta'petim	לְהַדְבִּיק טַפֶּטִים
vernice (f)	'laka	לַכָּה (נ)
verniciare (vt)	lim'roaχ 'laka	לִמְרוֹחַ לַכָּה

101. Impianto idraulico

acqua (f)	'mayim	מַיִם (ז"ר)
acqua (f) calda	'mayim χamim	מַיִם חָמִים (ז"ר)
acqua (f) fredda	'mayim karim	מַיִם קָרִים (ז"ר)
rubinetto (m)	'berez	בֶּרֶז (ז)

goccia (f)	tipa	טִיפָּה (נ)
gocciolare (vi)	letaftef	לְטַפְטֵף
perdere (il tubo, ecc.)	lidlof	לִדְלוֹף
perdita (f) (~ dai tubi)	dlifa	דְלִיפָה (נ)
pozza (f)	ʃlulit	שְׁלוּלִית (נ)

tubo (m)	tsinor	צִינוֹר (ז)
valvola (f)	'berez	בֶּרֶז (ז)
intasarsi (vr)	lehisatem	לְהִיסָתֵם

strumenti (m pl)	klei avoda	כְּלֵי עֲבוֹדָה (ז"ר)
chiave (f) inglese	maf'teaχ mitkavnen	מַפְתֵּחַ מִתְכַּוְּונֵן (ז)
svitare (vt)	lif'toaχ	לִפְתוֹחַ
avvitare (stringere)	lehavrig	לְהַבְרִיג

stasare (vt)	lif'toaχ et hastima	לִפְתוֹחַ אֶת הַסְתִימָה
idraulico (m)	ʃravrav	שְׁרַבְרָב (ז)
seminterrato (m)	martef	מַרְתֵּף (ז)
fognatura (f)	biyuv	בִּיּוּב (ז)

102. Incendio. Conflagrazione

fuoco (m)	srefa	שְׂרֵיפָה (נ)
fiamma (f)	lehava	לֶהָבָה (נ)
scintilla (f)	nitsots	נִיצוֹץ (ז)
fumo (m)	aʃan	עָשָׁן (ז)
fiaccola (f)	lapid	לַפִּיד (ז)
falò (m)	medura	מְדוּרָה (נ)

benzina (f)	'delek	דֶלֶק (ז)
cherosene (m)	kerosin	קֵרוֹסִין (ז)

combustibile (agg)	dalik	דָּלִיק
esplosivo (agg)	nafits	נָפִיץ
VIETATO FUMARE!	asur le'afen!	אָסוּר לְעַשֵׁן!

sicurezza (f)	betiχut	בְּטִיחוּת (נ)
pericolo (m)	sakana	סַכָּנָה (נ)
pericoloso (agg)	mesukan	מְסוּכָּן

prendere fuoco	lehidalek	לְהִידָּלֵק
esplosione (f)	pitsuts	פִּיצוּץ (ז)
incendiare (vt)	lehatsit	לְהַצִּית
incendiario (m)	matsit	מַצִּית (ז)
incendio (m) doloso	hatsata	הַצָּתָה (נ)

divampare (vi)	liv'or	לִבְעוֹר
bruciare (vi)	la'alot be'ef	לַעֲלוֹת בָּאֵשׁ
bruciarsi (vr)	lehisaref	לְהִישָׂרֵף

chiamare i pompieri	lehazmin meχabei ef	לְהַזְמִין מְכַבֵּי אֵשׁ
pompiere (m)	kabai	כַּבַּאי (ז)
autopompa (f)	'reχev kibui	רֶכֶב כִּיבּוּי (ז)
corpo (m) dei pompieri	meχabei ef	מְכַבֵּי אֵשׁ (ז"ר)
autoscala (f) da pompieri	sulam kaba'im	סוּלָם כַּבָּאִים (ז)

manichetta (f)	zarnuk	זַרְנוּק (ז)
estintore (m)	mataf	מַטָף (ז)
casco (m)	kasda	קַסְדָה (נ)
sirena (f)	tsofar	צוֹפָר (ז)

gridare (vi)	lits'ok	לִצְעוֹק
chiamare in aiuto	likro le'ezra	לִקְרוֹא לְעֶזְרָה
soccorritore (m)	matsil	מַצִּיל (ז)
salvare (vt)	lehatsil	לְהַצִּיל

arrivare (vi)	leha'gi'a	לְהַגִּיעַ
spegnere (vt)	leχabot	לְכַבּוֹת
acqua (f)	'mayim	מַיִם (ז"ר)
sabbia (f)	χol	חוֹל (ז)

rovine (f pl)	χoravot	חוֹרָבוֹת (נ"ר)
crollare (edificio)	likros	לִקְרוֹס
cadere (vi)	likros	לִקְרוֹס
collassare (vi)	lehitmotet	לְהִתְמוֹטֵט

| frammento (m) | pisat χoravot | פִּיסַת חוֹרָבוֹת (נ) |
| cenere (f) | 'efer | אֵפֶר (ז) |

| asfissiare (vi) | lehiχanek | לְהֵיחָנֵק |
| morire, perire (vi) | lehihareg | לְהֵיהָרֵג |

ATTIVITÀ UMANA

Lavoro. Affari. Parte 1

103. Ufficio. Lavorare in ufficio

uffici (m pl) (gli ~ della società)	misrad	מִשְׂרָד (ז)
ufficio (m)	misrad	מִשְׂרָד (ז)
portineria (f)	kabala	קַבָּלָה (נ)
segretario (m)	mazkir	מַזְכִּיר (ז)
segretaria (f)	mazkira	מַזְכִּירָה (נ)
direttore (m)	menahel	מְנַהֵל (ז)
manager (m)	menahel	מְנַהֵל (ז)
contabile (m)	menahel χeʃbonot	מְנַהֵל חֶשְׁבּוֹנוֹת (ז)
impiegato (m)	oved	עוֹבֵד (ז)
mobili (m pl)	rehitim	רָהִיטִים (ז"ר)
scrivania (f)	ʃulχan	שׁוּלְחָן (ז)
poltrona (f)	kursa	כּוּרְסָה (נ)
cassettiera (f)	ʃidat megerot	שִׁידַת מְגֵירוֹת (נ)
appendiabiti (m) da terra	mitle	מִתְלֶה (ז)
computer (m)	maχʃev	מַחְשֵׁב (ז)
stampante (f)	mad'peset	מַדְפֶּסֶת (נ)
fax (m)	faks	פַקְס (ז)
fotocopiatrice (f)	meχonat tsilum	מְכוֹנַת צִילוּם (נ)
carta (f)	neyar	נְיָיר (ז)
cancelleria (f)	tsiyud misradi	צִיּוּד מִשְׂרָדִי (ז)
tappetino (m) del mouse	ʃa'tiaχ le'aχbar	שְׁטִיחַ לְעַכְבָּר (ז)
foglio (m)	daf	דַף (ז)
cartella (f)	klaser	קְלַסֵּר (ז)
catalogo (m)	katalog	קָטָלוֹג (ז)
elenco (m) del telefono	madriχ 'telefon	מַדְרִיךְ טֶלֶפוֹן (ז)
documentazione (f)	ti'ud	תִיעוּד (ז)
opuscolo (m)	χo'veret	חוֹבֶרֶת (נ)
volantino (m)	alon	עָלוֹן (ז)
campione (m)	dugma	דוּגְמָה (נ)
formazione (f)	yeʃivat hadraχa	יְשִׁיבַת הַדְרָכָה (נ)
riunione (f)	yeʃiva	יְשִׁיבָה (נ)
pausa (f) pranzo	hafsakat tsaha'rayim	הַפְסָקַת צָהֳרַיִים (נ)
copiare (vt)	letsalem mismaχ	לְצַלֵּם מִסְמָךְ
fare copie	lehaχin mispar otakim	לְהָכִין מִסְפַר עוֹתָקִים
ricevere un fax	lekabel faks	לְקַבֵּל פַקְס
spedire un fax	liʃloaχ faks	לִשְׁלוֹחַ פַקְס

telefonare (vi, vt)	lehitkaʃer	לְהִתְקַשֵּׁר
rispondere (vi, vt)	la'anot	לַעֲנוֹת
passare (glielo passo)	lekaʃer	לְקַשֵּׁר

fissare (organizzare)	lik'bo'a pgiʃa	לִקְבּוֹעַ פְּגִישָׁה
dimostrare (vt)	lehadgim	לְהַדְגִּים
essere assente	lehe'ader	לְהֵיעָדֵר
assenza (f)	he'adrut	הֵיעָדְרוּת (נ)

104. Operazioni d'affari. Parte 1

attività (f)	'esek	עֵסֶק (ז)
occupazione (f)	isuk	עִיסוּק (ז)
ditta (f)	xevra	חֶבְרָה (נ)
compagnia (f)	xevra	חֶבְרָה (נ)
corporazione (f)	ta'agid	תַּאֲגִיד (ז)
impresa (f)	'esek	עֵסֶק (ז)
agenzia (f)	soxnut	סוֹכְנוּת (נ)

accordo (m)	heskem	הֶסְכֵּם (ז)
contratto (m)	xoze	חוֹזֶה (ז)
affare (m)	iska	עִסְקָה (נ)
ordine (m) (ordinazione)	hazmana	הַזְמָנָה (נ)
termine (m) dell'accordo	tnai	תְּנַאי (ז)

all'ingrosso	besitonut	בְּסִיטוֹנוּת
all'ingrosso (agg)	sitona'i	סִיטוֹנָאִי
vendita (f) all'ingrosso	sitonut	סִיטוֹנוּת (נ)
al dettaglio (agg)	kim'oni	קִמְעוֹנִי
vendita (f) al dettaglio	kim'onut	קִמְעוֹנוּת (נ)

concorrente (m)	mitxare	מִתְחָרֶה (ז)
concorrenza (f)	taxarut	תַּחֲרוּת (נ)
competere (vi)	lehitxarot	לְהִתְחָרוֹת

socio (m), partner (m)	ʃutaf	שׁוּתָף (ז)
partenariato (m)	ʃutafa	שׁוּתָפוּת (נ)

crisi (f)	maʃber	מַשְׁבֵּר (ז)
bancarotta (f)	pʃitat 'regel	פְּשִׁיטַת רֶגֶל (נ)
fallire (vi)	liʃfot 'regel	לִפְשׁוֹט רֶגֶל
difficoltà (f)	'koʃi	קוֹשִׁי (ז)
problema (m)	be'aya	בְּעָיָה (נ)
disastro (m)	ason	אָסוֹן (ז)

economia (f)	kalkala	כַּלְכָּלָה (נ)
economico (agg)	kalkali	כַּלְכָּלִי
recessione (f) economica	mitun kalkali	מִיתוּן כַּלְכָּלִי (ז)

scopo (m), obiettivo (m)	matara	מַטָּרָה (נ)
incarico (m)	mesima	מְשִׂימָה (נ)

commerciare (vi)	lisxor	לִסְחוֹר
rete (f) (~ di distribuzione)	'reʃet	רֶשֶׁת (נ)

| giacenza (f) | maxsan | מַחְסָן (ז) |
| assortimento (m) | mivxar | מִבְחָר (ז) |

leader (m), capo (m)	manhig	מַנְהִיג (ז)
grande (agg)	gadol	גָּדוֹל
monopolio (m)	'monopol	מוֹנוֹפּוֹל (ז)

teoria (f)	te''orya	תִּיאוֹרְיָה (נ)
pratica (f)	'praktika	פְּרַקְטִיקָה (נ)
esperienza (f)	nisayon	נִיסָיוֹן (ז)
tendenza (f)	megama	מְגַמָּה (נ)
sviluppo (m)	pi'tuax	פִּיתוּחַ (ז)

105. Operazioni d'affari. Parte 2

| profitto (m) | 'revax | רֶוַוח (ז) |
| profittevole (agg) | rivxi | רִוְוחִי |

delegazione (f)	miʃlaxat	מִשְׁלַחַת (נ)
stipendio (m)	mas'koret	מַשְׂכּוֹרֶת (נ)
correggere (vt)	letaken	לְתַקֵּן
viaggio (m) d'affari	nesi'a batafkid	נְסִיעָה בַּתַּפְקִיד (נ)
commissione (f)	amla	עַמְלָה (נ)

controllare (vt)	liʃlot	לִשְׁלוֹט
conferenza (f)	kinus	כִּינוּס (ז)
licenza (f)	riʃayon	רִישָׁיוֹן (ז)
affidabile (agg)	amin	אָמִין

iniziativa (f) (progetto nuovo)	yozma	יוֹזְמָה (נ)
norma (f)	'norma	נוֹרְמָה (נ)
circostanza (f)	nesibot	נְסִיבּוֹת (נ"ר)
mansione (f)	xova	חוֹבָה (נ)

impresa (f)	irgun	אִרְגּוּן (ז)
organizzazione (f)	hit'argenut	הִתְאַרְגְּנוּת (נ)
organizzato (agg)	me'urgan	מְאוּרְגָּן
annullamento (m)	bitul	בִּיטוּל (ז)
annullare (vt)	levatel	לְבַטֵּל
rapporto (m) (~ ufficiale)	dox	דּוֹחַ (ז)

brevetto (m)	patent	פָּטֶנְט (ז)
brevettare (vt)	lirʃom patent	לִרְשׁוֹם פָּטֶנְט
pianificare (vt)	letaxnen	לְתַכְנֵן

premio (m)	'bonus	בּוֹנוּס (ז)
professionale (agg)	miktso'i	מִקְצוֹעִי
procedura (f)	'nohal	נוֹהַל (ז)

esaminare (~ un contratto)	livxon	לִבְחוֹן
calcolo (m)	xiʃuv	חִישׁוּב (ז)
reputazione (f)	monitin	מוֹנִיטִין (ז"ר)
rischio (m)	sikun	סִיכּוּן (ז)
dirigere (~ un'azienda)	lenahel	לְנַהֵל

informazioni (f pl)	meida	מֵידָע (ז)
proprietà (f)	ba'alut	בַּעֲלוּת (נ)
unione (f) (~ Italiana Vini, ecc.)	igud	אִיגוּד (ז)

assicurazione (f) sulla vita	bi'tuaχ χayim	בִּיטוּחַ חַיִּים (ז)
assicurare (vt)	leva'teaχ	לְבַטֵחַ
assicurazione (f)	bi'tuaχ	בִּיטוּחַ (ז)

asta (f)	meχira 'pombit	מְכִירָה פּוּמבִּית (נ)
avvisare (informare)	leho'dia	לְהוֹדִיעַ
gestione (f)	nihul	נִיהוּל (ז)
servizio (m)	ʃirut	שֵׁירוּת (ז)

forum (m)	'forum	פוֹרוּם (ז)
funzionare (vi)	letafked	לְתַפקֵד
stadio (m) (fase)	ʃalav	שָׁלָב (ז)
giuridico (agg)	miʃpati	מִשׁפָּטִי
esperto (m) legale	oreχ din	עוֹרֵך דִּין (ז)

106. Attività produttiva. Lavori

stabilimento (m)	mif'al	מִפעָל (ז)
fabbrica (f)	beit χa'roʃet	בֵּית חָרוֹשֶׁת (ז)
officina (f) di produzione	agaf	אֲגַף (ז)
stabilimento (m)	mif'al	מִפעָל (ז)

industria (f)	ta'asiya	תַעֲשִׂיָּיה (נ)
industriale (agg)	ta'asiyati	תַעֲשִׂיָּיתִי
industria (f) pesante	ta'asiya kveda	תַעֲשִׂיָּיה בְּבֵדָה (נ)
industria (f) leggera	ta'asiya kala	תַעֲשִׂיָּיה קַלָּה (נ)

prodotti (m pl)	to'tseret	תוֹצֶרֶת (נ)
produrre (vt)	leyatser	לְיַיצֵר
materia (f) prima	'χomer 'gelem	חוֹמֶר גֶּלֶם (ז)

caposquadra (m)	menahel avoda	מְנַהֵל עֲבוֹדָה (ז)
squadra (f)	'tsevet ovdim	צֶוֶת עוֹבדִים (ז)
operaio (m)	po'el	פּוֹעֵל (ז)

giorno (m) lavorativo	yom avoda	יוֹם עֲבוֹדָה (ז)
pausa (f)	hafsaka	הַפסָקָה (נ)
riunione (f)	yeʃiva	יְשִׁיבָה (נ)
discutere (~ di un problema)	ladun	לָדוּן

piano (m)	toχnit	תוֹכנִית (נ)
eseguire il piano	leva'tse'a et hatoχnit	לְבַצֵע אֶת הַתוֹכנִית
tasso (m) di produzione	'ketsev tfuka	קֶצֶב תפוּקה (ז)
qualità (f)	eiχut	אֵיכוּת (נ)
controllo (m)	bakara	בַּקָרָה (נ)
controllo (m) di qualità	bakarat eiχut	בַּקָרַת אֵיכוּת (נ)

sicurezza (f) sul lavoro	betiχut beavoda	בְּטִיחוּת בָּעֲבוֹדָה (נ)
disciplina (f)	miʃ'ma'at	מִשׁמַעַת (נ)

| infrazione (f) | hafara | הֲפָרָה (נ) |
| violare (~ le regole) | lehafer | לְהָפֵר |

sciopero (m)	ʃvita	שְׁבִיתָה (נ)
scioperante (m)	ʃovet	שׁוֹבֵת (ז)
fare sciopero	liʃbot	לִשְׁבּוֹת
sindacato (m)	igud ovdim	אִיגוּד עוֹבְדִים (ז)

inventare (vt)	lehamtsi	לְהַמְצִיא
invenzione (f)	hamtsa'a	הַמְצָאָה (נ)
ricerca (f)	meχkar	מֶחְקָר (ז)
migliorare (vt)	leʃaper	לְשַׁפֵּר
tecnologia (f)	teχno'logya	טֶכְנוֹלוֹגְיָה (נ)
disegno (m) tecnico	sirtut	שִׂרְטוּט (ז)

carico (m)	mit'an	מִטְעָן (ז)
caricatore (m)	sabal	סַבָּל (ז)
caricare (~ un camion)	leha'amis	לְהַעֲמִיס
caricamento (m)	ha'amasa	הַעֲמָסָה (נ)
scaricare (vt)	lifrok mit'an	לִפְרוֹק מִטְעָן
scarico (m)	prika	פְּרִיקָה (נ)

trasporto (m)	hovala	הוֹבָלָה (נ)
società (f) di trasporti	χevrat hovala	חֶבְרַת הוֹבָלָה (נ)
trasportare (vt)	lehovil	לְהוֹבִיל

vagone (m) merci	karon	קָרוֹן (ז)
cisterna (f)	meχalit	מֵיכָלִית (נ)
camion (m)	masa'it	מַשָּׂאִית (נ)

| macchina (f) utensile | meχonat ibud | מְכוֹנַת עִיבּוּד (נ) |
| meccanismo (m) | manganon | מַנְגָּנוֹן (ז) |

rifiuti (m pl) industriali	'psolet ta'asiyatit	פְּסוֹלֶת תַּעֲשִׂיָּיתִית (נ)
imballaggio (m)	ariza	אֲרִיזָה (נ)
imballare (vt)	le'eroz	לֶאֱרוֹז

107. Contratto. Accordo

contratto (m)	χoze	חוֹזֶה (ז)
accordo (m)	heskem	הֶסְכֵּם (ז)
allegato (m)	'sefaχ	סְפָח (ז)

firmare un contratto	la'aroχ heskem	לַעֲרוֹךְ הֶסְכֵּם
firma (f)	χatima	חֲתִימָה (נ)
firmare (vt)	laχtom	לַחְתּוֹם
timbro (m) (su documenti)	χo'temet	חוֹתֶמֶת (נ)

oggetto (m) del contratto	nose haχoze	נוֹשֵׂא הַחוֹזֶה (ז)
clausola (f)	se'if	סָעִיף (ז)
parti (f pl) (in un contratto)	tsdadim	צְדָדִים (ז"ר)
sede (f) legale	'ktovet miʃpatit	כְּתוֹבֶת מִשְׁפָּטִית (נ)
sciogliere un contratto	lehafer χoze	לְהָפֵר חוֹזֶה
obbligo (m)	hitχaivut	הִתְחַייְבוּת (נ)

responsabilità (f)	aχrayut	אַחְרָיוּת (נ)
forza (f) maggiore	'koaχ elyon	כּוֹח עֶלְיוֹן (ז)
discussione (f)	vi'kuaχ	וִיכּוּחַ (ז)
sanzioni (f pl)	itsumim	עִיצוּמִים (ז"ר)

108. Import-export

importazione (f)	ye'vu'a	יְבוּא (ז)
importatore (m)	yevu'an	יְבוּאָן (ז)
importare (vt)	leyabe	לְיַבֵּא
d'importazione (agg)	meyuba	מְיוּבָּא

esportazione (f)	yitsu	יִיצוּא (ז)
esportatore (m)	yetsu'an	יְצוּאָן (ז)
esportare (vt)	leyatse	לְיַצֵּא
d'esportazione (agg)	ʃel yitsu	שֶׁל יִיצוּא

| merce (f) | sχora | סְחוֹרָה (נ) |
| carico (m) | miʃ'loaχ | מִשְׁלוֹחַ (ז) |

peso (m)	miʃkal	מִשְׁקָל (ז)
volume (m)	'nefaχ	נֶפַח (ז)
metro (m) cubo	'meter me'ukav	מֶטֶר מְעוּקָב (ז)

produttore (m)	yatsran	יַצְרָן (ז)
società (f) di trasporti	χevrat hovala	חֶבְרַת הוֹבָלָה (נ)
container (m)	meχula	מְכוּלָה (נ)

frontiera (f)	gvul	גְבוּל (ז)
dogana (f)	'meχes	מֶכֶס (ז)
dazio (m) doganale	mas 'meχes	מַס מֶכֶס (ז)
doganiere (m)	pakid 'meχes	פָּקִיד מֶכֶס (ז)
contrabbando (m)	havraχa	הַבְרָחָה (נ)
merci (f pl) contrabbandate	sχora muv'reχet	סְחוֹרָה מוּבְרַחַת (נ)

109. Mezzi finanziari

azione (f)	menaya	מְנָיָה (נ)
obbligazione (f)	i'geret χov	אִיגֶּרֶת חוֹב (נ)
cambiale (f)	ʃtar χalifin	שְׁטַר חֲלִיפִין (ז)

| borsa (f) | 'bursa | בּוּרְסָה (נ) |
| quotazione (f) | meχir hamenaya | מְחִיר הַמְּנָיָה (ז) |

| diminuire di prezzo | la'redet bemeχir | לָרֶדֶת בְּמָחִיר |
| aumentare di prezzo | lehityaker | לְהִתְייַקֵּר |

| quota (f) | menaya | מְנָיָה (נ) |
| pacchetto (m) di maggioranza | ʃlita | שְׁלִיטָה (נ) |

| investimento (m) | haʃka'ot | הַשְׁקָעוֹת (נ"ר) |
| investire (vt) | lehaʃki'a | לְהַשְׁקִיעַ |

| percento (m) | aχuz | אָחוּז (ז) |
| interessi (m pl) (su investimenti) | ribit | רִיבִּית (נ) |

profitto (m)	'revaχ	רֶווַח (ז)
redditizio (agg)	rivχi	רִווחִי
imposta (f)	mas	מַס (ז)

valuta (f) (~ estera)	mat'be'a	מַטבֵּעַ (ז)
nazionale (agg)	le'umi	לְאוּמִי
cambio (m) (~ valuta)	hamara	הָמָרָה (נ)

| contabile (m) | ro'e χeʃbon | רוֹאֵה חֶשבּוֹן (ז) |
| ufficio (m) contabilità | hanhalat χeʃbonot | הַנהָלַת חֶשבּוֹנוֹת (נ) |

bancarotta (f)	pʃitat 'regel	פּשִיטַת רֶגֶל (נ)
fallimento (m)	krisa	קרִיסָה (נ)
rovina (f)	pʃitat 'regel	פּשִיטַת רֶגֶל (נ)
andare in rovina	liʃʃot 'regel	לִפשוֹט רֶגֶל
inflazione (f)	inf'latsya	אִינפלַצ'יָה (נ)
svalutazione (f)	piχut	פִּיחוּת (ז)

capitale (m)	hon	הוֹן (ז)
reddito (m)	haχnasa	הַכנָסָה (נ)
giro (m) di affari	maχzor	מַחזוֹר (ז)
risorse (f pl)	maʃ'abim	מַשאַבִּים (ז"ר)
mezzi (m pl) finanziari	emtsa'im kaspiyim	אֶמצָעִים כַּספִּיִים (ז"ר)
spese (f pl) generali	hotsa'ot	הוֹצָאוֹת (נ"ר)
ridurre (~ le spese)	letsamtsem	לְצַמצֵם

110. Marketing

marketing (m)	ʃivuk	שִיווּק (ז)
mercato (m)	ʃuk	שוּק (ז)
segmento (m) di mercato	'pelaχ ʃuk	פֶּלַח שוּק (ז)
prodotto (m)	mutsar	מוּצָר (ז)
merce (f)	sχora	סחוֹרָה (נ)

marca (f)	mutag	מוּתָג (ז)
marchio (m) di fabbrica	'semel misχari	סֶמֶל מִסחָרִי (ז)
logotipo (m)	'semel haχevra	סֶמֶל הַחֶברָה (ז)
logo (m)	'logo	לוֹגוֹ (ז)
domanda (f)	bikuʃ	בִּיקוּש (ז)
offerta (f)	he'tse'a	הֶיצֵעַ (ז)
bisogno (m)	'tsoreχ	צוֹרֶך (ז)
consumatore (m)	tsarχan	צַרכָן (ז)

analisi (f)	ni'tuaχ	נִיתוּחַ (ז)
analizzare (vt)	lena'teaχ	לְנַתֵחַ
posizionamento (m)	mitsuv	מִיצוּב (ז)
posizionare (vt)	lematsev	לְמַצֵב
prezzo (m)	meχir	מְחִיר (ז)
politica (f) dei prezzi	mediniyut timχur	מְדִינִיוּת תַמחוּר (נ)
determinazione (f) dei prezzi	hamχara	הַמחָרָה (נ)

111. Pubblicità

pubblicità (f)	pirsum	פְּרְסוֹם (ז)
pubblicizzare (vt)	lefarsem	לְפַרְסֵם
bilancio (m) (budget)	taktsiv	תַּקְצִיב (ז)
annuncio (m)	pir'somet	פִּרְסוֹמֶת (נ)
pubblicità (f) televisiva	pir'somet tele'vizya	פִּרְסוֹמֶת טֶלֶוִיזְיָה (נ)
pubblicità (f) radiofonica	pir'somet 'radyo	פִּרְסוֹמֶת רַדְיוֹ (נ)
pubblicità (f) esterna	pirsum xutsot	פְּרְסוֹם חוּצוֹת (ז)
mass media (m pl)	emtsa'ei tik'joret hamonim	אֶמְצָעֵי תִּקְשׁוֹרֶת הַמוֹנִים (ז"ר)
periodico (m)	ktav et	כְּתַב עֵת (ז)
immagine (f)	tadmit	תַּדְמִית (נ)
slogan (m)	sisma	סִיסְמָה (נ)
motto (m)	'moto	מוֹטוֹ (ז)
campagna (f)	masa	מַסָע (ז)
campagna (f) pubblicitaria	masa pirsum	מַסָע פְּרְסוֹם (ז)
gruppo (m) di riferimento	oxlusiyat 'ya'ad	אוֹכְלוֹסִיַת יַעַד (נ)
biglietto (m) da visita	kartis bikur	כַּרְטִיס בִּיקוּר (ז)
volantino (m)	alon	עָלוֹן (ז)
opuscolo (m)	xo'veret	חוֹבֶרֶת (נ)
pieghevole (m)	alon	עָלוֹן (ז)
bollettino (m)	alon meida	עָלוֹן מֵידָע (ז)
insegna (f) (di negozi, ecc.)	'jelet	שֶׁלֶט (ז)
cartellone (m)	'poster	פּוֹסְטֶר (ז)
tabellone (m) pubblicitario	'luax pirsum	לוּחַ פְּרְסוֹם (ז)

112. Attività bancaria

banca (f)	bank	בַּנְק (ז)
filiale (f)	snif	סְנִיף (ז)
consulente (m)	yo'ets	יוֹעֵץ (ז)
direttore (m)	menahel	מְנַהֵל (ז)
conto (m) bancario	xejbon	חֶשְׁבּוֹן (ז)
numero (m) del conto	mispar xejbon	מִסְפַּר חֶשְׁבּוֹן (ז)
conto (m) corrente	xejbon over vajav	חֶשְׁבּוֹן עוֹבֵר וָשָׁב (ז)
conto (m) di risparmio	xejbon xisaxon	חֶשְׁבּוֹן חִסָכוֹן (ז)
aprire un conto	lif'toax xejbon	לִפְתּוֹחַ חֶשְׁבּוֹן
chiudere il conto	lisgor xejbon	לִסְגוֹר חֶשְׁבּוֹן
versare sul conto	lehafkid lexejbon	לְהַפְקִיד לְחֶשְׁבּוֹן
prelevare dal conto	limjox mexejbon	לִמְשׁוֹךְ מֵחֶשְׁבּוֹן
deposito (m)	pikadon	פִּיקָדוֹן (ז)
depositare (vt)	lehafkid	לְהַפְקִיד
trasferimento (m) telegrafico	ha'avara banka'it	הַעֲבָרָה בַּנְקָאִית (נ)

rimettere i soldi	leha'avir 'kesef	לְהַעֲבִיר כֶּסֶף
somma (f)	sχum	סְכוּם (ז)
Quanto?	'kama?	כַּמָה?

firma (f)	χatima	חֲתִימָה (נ)
firmare (vt)	laχtom	לַחְתוֹם

carta (f) di credito	kartis aʃrai	כַּרְטִיס אַשְׁרַאי (ז)
codice (m)	kod	קוֹד (ז)
numero (m) della carta di credito	mispar kartis aʃrai	מִסְפָּר כַּרְטִיס אַשְׁרַאי (ז)
bancomat (m)	kaspomat	כַּסְפּוֹמָט (ז)

assegno (m)	tʃek	צֶ'ק (ז)
emettere un assegno	liχtov tʃek	לִכְתוֹב צֶ'ק
libretto (m) di assegni	pinkas 'tʃekim	פִּנְקַס צֶ'קִים (ז)

prestito (m)	halva'a	הַלְוָאָה (נ)
fare domanda per un prestito	levakeʃ halva'a	לְבַקֵּשׁ הַלְוָאָה
ottenere un prestito	lekabel halva'a	לְקַבֵּל הַלְוָאָה
concedere un prestito	lehalvot	לְהַלְווֹת
garanzia (f)	arvut	עַרְבוּת (נ)

113. Telefono. Conversazione telefonica

telefono (m)	'telefon	טֶלֶפוֹן (ז)
telefonino (m)	'telefon nayad	טֶלֶפוֹן נַיָּד (ז)
segreteria (f) telefonica	meʃivon	מְשִׁיבוֹן (ז)

telefonare (vi, vt)	letsaltsel	לְצַלְצֵל
chiamata (f)	siχat 'telefon	שִׂיחַת טֶלֶפוֹן (נ)

comporre un numero	leχayeg mispar	לְחַיֵּיג מִסְפָּר
Pronto!	'halo!	הָלוֹ!
chiedere (domandare)	liʃol	לִשְׁאוֹל
rispondere (vi, vt)	la'anot	לַעֲנוֹת

udire (vt)	liʃmo'a	לִשְׁמוֹעַ
bene	tov	טוֹב
male	lo tov	לֹא טוֹב
disturbi (m pl)	hafra'ot	הַפְרָעוֹת (נ"ר)

cornetta (f)	ʃfo'feret	שְׁפוֹפֶרֶת (נ)
alzare la cornetta	leharim ʃfo'feret	לְהָרִים שְׁפוֹפֶרֶת
riattaccare la cornetta	leha'niaχ ʃfo'feret	לְהָנִיחַ שְׁפוֹפֶרֶת

occupato (agg)	tafus	תָּפוּס
squillare (del telefono)	letsaltsel	לְצַלְצֵל
elenco (m) telefonico	'sefer tele'fonim	סֵפֶר טֶלֶפוֹנִים (ז)

locale (agg)	mekomi	מְקוֹמִי
telefonata (f) urbana	siχa mekomit	שִׂיחָה מְקוֹמִית (נ)
interurbano (agg)	bein ironi	בֵּין עִירוֹנִי
telefonata (f) interurbana	siχa bein ironit	שִׂיחָה בֵּין עִירוֹנִית (נ)

| internazionale (agg) | benle'umi | בֵּינְלְאוּמִי |
| telefonata (f) internazionale | siχa benle'umit | שִׂיחָה בֵּינְלְאוּמִית (נ) |

114. Telefono cellulare

| telefonino (m) | 'telefon nayad | טֶלֶפוֹן נַיָּיד (ז) |
| schermo (m) | masaχ | מָסָךְ (ז) |

| tasto (m) | kaftor | כַּפְתּוֹר (ז) |
| scheda SIM (f) | kartis sim | כַּרְטִיס סִים (ז) |

pila (f)	solela	סוֹלְלָה (נ)
essere scarico	lehitroken	לְהִתְרוֹקֵן
caricabatteria (m)	mit'an	מִטְעָן (ז)

menù (m)	tafrit	תַּפְרִיט (ז)
impostazioni (f pl)	hagdarot	הַגְדָּרוֹת (נ״ר)
melodia (f)	mangina	מַנְגִּינָה (נ)
scegliere (vt)	livχor	לִבְחוֹר

calcolatrice (f)	maxʃevon	מַחְשְׁבוֹן (ז)
segreteria (f) telefonica	ta koli	תָּא קוֹלִי (ז)
sveglia (f)	ʃa'on me'orer	שְׁעוֹן מְעוֹרֵר (ז)
contatti (m pl)	anʃei 'keʃer	אַנְשֵׁי קֶשֶׁר (ז״ר)

| messaggio (m) SMS | misron | מִסְרוֹן (ז) |
| abbonato (m) | manui | מָנוּי (ז) |

115. Articoli di cancelleria

| penna (f) a sfera | et kaduri | עֵט כַּדּוּרִי (ז) |
| penna (f) stilografica | et no've'a | עֵט נוֹבֵעַ (ז) |

matita (f)	iparon	עִיפָּרוֹן (ז)
evidenziatore (m)	'marker	מַרְקֵר (ז)
pennarello (m)	tuʃ	טוּשׁ (ז)

| taccuino (m) | pinkas | פִּנְקָס (ז) |
| agenda (f) | yoman | יוֹמָן (ז) |

righello (m)	sargel	סַרְגֵּל (ז)
calcolatrice (f)	maxʃevon	מַחְשְׁבוֹן (ז)
gomma (f) per cancellare	'maχak	מַחַק (ז)

| puntina (f) | 'na'ats | נַעַץ (ז) |
| graffetta (f) | mehadek | מְהַדֵּק (ז) |

| colla (f) | 'devek | דֶּבֶק (ז) |
| pinzatrice (f) | ʃadχan | שַׁדְכָן (ז) |

| perforatrice (f) | menakev | מְנַקֵּב (ז) |
| temperamatite (m) | maχded | מַחְדֵּד (ז) |

116. Diversi tipi di documenti

Italiano	Traslitterazione	Ebraico
resoconto (m)	doχ	דּוֹחַ (ז)
accordo (m)	heskem	הֶסְכֵּם (ז)
modulo (m) di richiesta	'tofes bakaʃa	טוֹפֶס בַּקָשָׁה (ז)
autentico (agg)	mekori	מְקוֹרִי
tesserino (m)	tag	תָּג (ז)
biglietto (m) da visita	kartis bikur	כַּרְטִיס בִּיקוּר (ז)
certificato (m)	teʻuda	תְּעוּדָה (נ)
assegno (m) (fare un ~)	tʃek	צֶ׳ק (ז)
conto (m) (in un ristorante)	χeʃbon	חֶשְׁבּוֹן (ז)
costituzione (f)	χuka	חוּקָה (נ)
contratto (m)	χoze	חוֹזֶה (ז)
copia (f)	'otek	עוֹתֶק (ז)
copia (f) (~ di un contratto)	'otek	עוֹתֶק (ז)
dichiarazione (f)	hatʃsharat meχes	הַצְהָרַת מֶכֶס (נ)
documento (m)	mismaχ	מִסְמָךְ (ז)
patente (f) di guida	riʃyon nehiga	רִשְׁיוֹן נְהִיגָה (ז)
allegato (m)	to'sefet	תּוֹסֶפֶת (נ)
modulo (m)	'tofes	טוֹפֶס (ז)
carta (f) d'identità	teʻuda mezaha	תְּעוּדָה מְזַהָה (נ)
richiesta (f) di informazioni	χakira	חֲקִירָה (נ)
biglietto (m) d'invito	kartis hazmana	כַּרְטִיס הַזְמָנָה (ז)
fattura (f)	χeʃbonit	חֶשְׁבּוֹנִית (נ)
legge (f)	χok	חוֹק (ז)
lettera (f) (missiva)	miχtav	מִכְתָּב (ז)
carta (f) intestata	neyar 'logo	נְיָיר לוֹגוֹ (ז)
lista (f) (~ di nomi, ecc.)	reʃima	רְשִׁימָה (נ)
manoscritto (m)	ktav yad	כְּתָב יָד (ז)
bollettino (m)	alon meida	עֲלוֹן מֵידָע (ז)
appunto (m), nota (f)	'petek	פֶּתֶק (ז)
lasciapassare (m)	iʃur knisa	אִישׁוּר כְּנִיסָה (ז)
passaporto (m)	darkon	דַּרְכּוֹן (ז)
permesso (m)	riʃayon	רִישָׁיוֹן (ז)
curriculum vitae (f)	korot χayim	קוֹרוֹת חַיִּים (נ"ר)
nota (f) di addebito	ʃtar χov	שְׁטַר חוֹב (ז)
ricevuta (f)	kabala	קַבָּלָה (נ)
scontrino (m)	tʃek	צֶ׳ק (ז)
rapporto (m)	doχ	דּוֹחַ (ז)
mostrare (vt)	lehatʃsig	לְהַצִּיג
firmare (vt)	laχtom	לַחְתּוֹם
firma (f)	χatima	חֲתִימָה (נ)
timbro (m) (su documenti)	χo'temet	חוֹתֶמֶת (נ)
testo (m)	tekst	טֶקְסְט (ז)
biglietto (m)	kartis	כַּרְטִיס (ז)
cancellare (~ dalla lista)	limχok	לִמְחוֹק
riempire (~ un modulo)	lemale	לְמַלֵּא

| bolla (f) di consegna | ʃtar mitʻan | שְׁטַר מִטְעָן (ז) |
| testamento (m) | tsavaʻa | צַוָּואָה (נ) |

117. Generi di attività commerciali

servizi (m pl) di contabilità	ʃerutei hanhalat χeʃbonot	שֵׁירוּתֵי הַנהָלַת חָשׁבּוֹנוֹת (ז״ר)
pubblicità (f)	pirsum	פִּרסוּם (ז)
agenzia (f) pubblicitaria	soχnut pirsum	סוֹכנוּת פִּרסוּם (נ)
condizionatori (m pl) d'aria	mazganim	מַזּגָנִים (ז״ר)
compagnia (f) aerea	χevrat teʻufa	חֶברַת תְּעוּפָה (נ)

bevande (f pl) alcoliche	maʃkaʼot χarifim	מַשׁקָאוֹת חָרִיפִים (נ״ר)
antiquariato (m)	atikot	עַתִיקוֹת (נ״ר)
galleria (f) d'arte	gaʻlerya leʼamanut	גָּלֶריָה לְאָמָנוּת (נ)
società (f) di revisione contabile	ʃerutei biʼkoret χeʃbonot	שֵׁירוּתֵי בִּיקוֹרֶת חָשׁבּוֹנוֹת (ז״ר)

imprese (f pl) bancarie	bankaʼut	בַּנקָאוּת (נ)
bar (m)	bar	בָּר (ז)
salone (m) di bellezza	meχon 'yofi	מְכוֹן יוֹפִי (ז)
libreria (f)	χanut sfarim	חָנוּת סְפָרִים (נ)
birreria (f)	miv'ʃelet 'bira	מִבשֶׁלֶת בִּירָה (נ)
business centre (m)	merkaz asakim	מֶרכַּז עֲסָקִים (ז)
scuola (f) di commercio	beit 'sefer leʻasakim	בֵּית סֵפֶר לַעֲסָקִים (ז)

casinò (m)	ka'zino	קָזִינוֹ (ז)
edilizia (f)	bniya	בּנִייָה (נ)
consulenza (f)	yiʻuts	יִיעוּץ (ז)

odontoiatria (f)	mirpaʼat ʃi'nayim	מִרפָּאַת שִׁינַיִים (נ)
design (m)	itsuv	עִיצוּב (ז)
farmacia (f)	beit mir'kaχat	בֵּית מִרקַחַת (ז)
lavanderia (f) a secco	nikui yaveʃ	נִיקוּי יָבֵשׁ (ז)
agenzia (f) di collocamento	soχnut 'koaχ adam	סוֹכנוּת כּוֹחַ אָדָם (נ)

servizi (m pl) finanziari	ʃerutim fi'nansim	שֵׁירוּתִים פִינַנסִיים (ז״ר)
industria (f) alimentare	mutsrei mazon	מוּצרֵי מָזוֹן (ז״ר)
agenzia (f) di pompe funebri	beit levayot	בֵּית לְוָויוֹת (ז)
mobili (m pl)	rehitim	רָהִיטִים (ז״ר)
abbigliamento (m)	bgadim	בּגָדִים (ז״ר)
albergo, hotel (m)	beit malon	בֵּית מָלוֹן (ז)

gelato (m)	'glida	גּלִידָה (נ)
industria (f)	taʻasiya	תַעֲשִׂייָה (נ)
assicurazione (f)	bi'tuaχ	בִּיטוּחַ (ז)
internet (f)	'internet	אִינטֶרנֶט (ז)
investimenti (m pl)	haʃkaʼot	הַשׁקָעוֹת (נ״ר)

gioielliere (m)	tsoref	צוֹרֵף (ז)
gioielli (m pl)	taχʃitim	תַכשִׁיטִים (ז״ר)
lavanderia (f)	miχbasa	מִכבָּסָה (נ)
consulente (m) legale	yoʻets miʃpati	יוֹעֵץ מִשׁפָּטִי (ז)
industria (f) leggera	taʻasiya kala	תַעֲשִׂייָה קַלָה (נ)
rivista (f)	ʒurnal	ז'וּרנָל (ז)

vendite (f pl) per corrispondenza	meχira be'do'ar	מְכִירָה בְּדוֹאַר (נ)
medicina (f)	refu'a	רְפוּאָה (נ)
cinema (m)	kol'no'a	קוֹלְנוֹעַ (ז)
museo (m)	muze'on	מוֹזֵיאוֹן (ז)
agenzia (f) di stampa	soχnut yedi'ot	סוֹכְנוּת יְדִיעוֹת (נ)
giornale (m)	iton	עִיתוֹן (ז)
locale notturno (m)	mo'adon 'laila	מוֹעֲדוֹן לַיְלָה (ז)
petrolio (m)	neft	נֵפְט (ז)
corriere (m) espresso	ʃirut ʃliχim	שֵׁירוּת שְׁלִיחִים (ז)
farmaci (m pl)	rokχut	רוֹקְחוּת (נ)
stampa (f) (~ di libri)	beit dfus	בֵּית דְפוּס (ז)
casa (f) editrice	hotsa'a la'or	הוֹצָאָה לָאוֹר (נ)
radio (f)	'radyo	רַדִיוֹ (ז)
beni (m pl) immobili	nadlan	נַדְלָ"ן (ז)
ristorante (m)	mis'ada	מִסְעָדָה (נ)
agenzia (f) di sicurezza	χevrat ʃmira	חֶבְרַת שְׁמִירָה (נ)
sport (m)	sport	סְפּוֹרְט (ז)
borsa (f)	'bursa	בּוּרְסָה (נ)
negozio (m)	χanut	חֲנוּת (נ)
supermercato (m)	super'market	סוּפֶּרְמַרְקֶט (ז)
piscina (f)	breχat sχiya	בְּרֵיכַת שְׂחִיָה (נ)
sartoria (f)	mitpara	מִתְפָּרָה (נ)
televisione (f)	tele'vizya	טֶלֶוִויזְיָה (נ)
teatro (m)	te'atron	תֵיאַטְרוֹן (ז)
commercio (m)	misχar	מִסְחָר (ז)
mezzi (m pl) di trasporto	hovalot	הוֹבָלוֹת (נ"ר)
viaggio (m)	tayarut	תַיָירוּת (נ)
veterinario (m)	veterinar	וֶטֶרִינָר (ז)
deposito, magazzino (m)	maχsan	מַחְסָן (ז)
trattamento (m) dei rifiuti	isuf 'zevel	אִיסוּף זֶבֶל (ז)

Lavoro. Affari. Parte 2

118. Spettacolo. Mostra

fiera (f)	ta'aruχa	תַּעֲרוּכָה (נ)
fiera (f) campionaria	ta'aruχa misχarit	תַּעֲרוּכָה מִסְחָרִית (נ)
partecipazione (f)	hiʃtatfut	הִשְׁתַּתְּפוּת (נ)
partecipare (vi)	lehiʃtatef	לְהִשְׁתַּתֵּף
partecipante (m)	miʃtatef	מִשְׁתַּתֵּף (ז)
direttore (m)	menahel	מְנַהֵל (ז)
ufficio (m) organizzativo	misrad hame'argenim	מִשְׂרַד הַמְאַרְגְּנִים (ז)
organizzatore (m)	me'argen	מְאַרְגֵּן (ז)
organizzare (vt)	le'argen	לְאַרְגֵּן
domanda (f) di partecipazione	'tofes hiʃtatfut	טוֹפֶס הִשְׁתַּתְּפוּת (ז)
riempire (vt)	lemale	לְמַלֵּא
dettagli (m pl)	pratim	פְּרָטִים (ז"ר)
informazione (f)	meida	מֵידָע (ז)
prezzo (m)	meχir	מְחִיר (ז)
incluso (agg)	kolel	כּוֹלֵל
includere (vt)	liχlol	לִכְלוֹל
pagare (vi, vt)	leʃalem	לְשַׁלֵּם
quota (f) d'iscrizione	dmei riʃum	דְּמֵי רִישׁוּם (ז"ר)
entrata (f)	knisa	כְּנִיסָה (נ)
padiglione (m)	bitan	בִּיתָן (ז)
registrare (vt)	lirʃom	לִרְשׁוֹם
tesserino (m)	tag	תָּג (ז)
stand (m)	duχan	דּוּכָן (ז)
prenotare (riservare)	liʃmor	לִשְׁמוֹר
vetrina (f)	madaf tetsuga	מַדָּף תְּצוּגָה (ז)
faretto (m)	menorat spot	מְנוֹרַת סְפּוֹט (נ)
design (m)	itsuv	עִיצוּב (ז)
collocare (vt)	la'aroχ	לַעֲרוֹךְ
collocarsi (vr)	lehimatse	לְהִימָצֵא
distributore (m)	mefits	מֵפִיץ (ז)
fornitore (m)	sapak	סַפָּק (ז)
fornire (vt)	lesapek	לְסַפֵּק
paese (m)	medina	מְדִינָה (נ)
straniero (agg)	meχul	מְחוּ"ל
prodotto (m)	mutsar	מוּצָר (ז)
associazione (f)	amuta	עֲמוּתָה (נ)
sala (f) conferenze	ulam knasim	אוּלָם כְּנָסִים (ז)

| congresso (m) | kongres | קוֹנגְרֶס (ז) |
| concorso (m) | taxarut | תַחֲרוּת (נ) |

visitatore (m)	mevaker	מְבַקֵר (ז)
visitare (vt)	levaker	לְבַקֵר
cliente (m)	la'koax	לָקוֹחַ (ז)

119. Mezzi di comunicazione di massa

giornale (m)	iton	עִיתוֹן (ז)
rivista (f)	ʒurnal	ז'וּרנָל (ז)
stampa (f) (giornali, ecc.)	itonut	עִיתוֹנוּת (נ)
radio (f)	'radyo	רַדיוֹ (ז)
stazione (f) radio	taxanat 'radyo	תַחֲנַת רַדיוֹ (נ)
televisione (f)	tele'vizya	טֶלֶוִוִיזיָה (נ)

presentatore (m)	manxe	מַנחֶה (ז)
annunciatore (m)	karyan	קַריָין (ז)
commentatore (m)	parʃan	פַרשָן (ז)

giornalista (m)	itonai	עִיתוֹנַאי (ז)
corrispondente (m)	katav	כַּתָב (ז)
fotocronista (m)	tsalam itonut	צַלָם עִיתוֹנוּת (ז)
cronista (m)	katav	כַּתָב (ז)

| redattore (m) | orex | עוֹרֵך (ז) |
| redattore capo (m) | orex raʃi | עוֹרֵך רָאשִי (ז) |

abbonarsi a ...	lehasdir manui	לְהַסדִיר מָנוּי
abbonamento (m)	minui	מָנוּי (ז)
abbonato (m)	manui	מָנוּי (ז)
leggere (vi, vt)	likro	לִקרוֹא
lettore (m)	kore	קוֹרֵא (ז)

tiratura (f)	tfutsa	תְפוּצָה (נ)
mensile (agg)	xodʃi	חוֹדשִי
settimanale (agg)	ʃvu'i	שבוּעִי
numero (m)	gilayon	גִילָיוֹן (ז)
fresco (agg)	tari	טָרִי

testata (f)	ko'teret	כּוֹתֶרֶת (נ)
trafiletto (m)	katava ktsara	כַּתָבָה קְצָרָה (נ)
rubrica (f)	tur	טוּר (ז)
articolo (m)	ma'amar	מַאֲמָר (ז)
pagina (f)	amud	עַמוּד (ז)

servizio (m), reportage (m)	katava	כַּתָבָה (נ)
evento (m)	ei'ru'a	אֵירוּעַ (ז)
sensazione (f)	sen'satsya	סֶנסַציָה (נ)
scandalo (m)	ʃa'aruriya	שַעֲרוּרִייָה (נ)
scandaloso (agg)	meviʃ	מֵבִיש
enorme (un ~ scandalo)	gadol	גָדוֹל
trasmissione (f)	toxnit	תוֹכנִית (נ)
intervista (f)	ra'ayon	רַאֲיוֹן (ז)

| trasmissione (f) in diretta | ʃidur χai | שִׁידוּר חַי (ז) |
| canale (m) | aruts | עָרוּץ (ז) |

120. Agricoltura

agricoltura (f)	χakla'ut	חַקְלָאוּת (נ)
contadino (m)	ikar	אִיכָּר (ז)
contadina (f)	χakla'ut	חַקְלָאִית (נ)
fattore (m)	χavai	חַוַּאי (ז)

| trattore (m) | 'traktor | טְרַקְטוֹר (ז) |
| mietitrebbia (f) | kombain | קוֹמְבַּיִין (ז) |

aratro (m)	maχreʃa	מַחְרֵשָׁה (נ)
arare (vt)	laχaroʃ	לַחֲרֹשׁ
terreno (m) coltivato	sade χaruʃ	שָׂדֶה חָרוּשׁ (ז)
solco (m)	'telem	תֶּלֶם (ז)

seminare (vt)	liz'ro'a	לִזְרֹעַ
seminatrice (f)	mazre'a	מַזְרֵעָה (נ)
semina (f)	zri'a	זְרִיעָה (נ)

| falce (f) | χermeʃ | חֶרְמֵשׁ (ז) |
| falciare (vt) | liktsor | לִקְצֹר |

| pala (f) | et | אֵת (ז) |
| scavare (vt) | leta'teaχ | לְתַתֵּחַ |

zappa (f)	ma'ader	מַעְדֵּר (ז)
zappare (vt)	lenakeʃ	לְנַכֵּשׁ
erbaccia (f)	'esev ʃote	עֵשֶׂב שׁוֹטֶה (ז)

innaffiatoio (m)	maʃpeχ	מַשְׁפֵּךְ (ז)
innaffiare (vt)	lehaʃkot	לְהַשְׁקוֹת
innaffiamento (m)	haʃkaya	הַשְׁקָיָה (נ)

| forca (f) | kilʃon | קִלְשׁוֹן (ז) |
| rastrello (m) | magrefa | מַגְרֵפָה (נ) |

concime (m)	'deʃen	דֶּשֶׁן (ז)
concimare (vt)	ledaʃen	לְדַשֵּׁן
letame (m)	'zevel	זֶבֶל (ז)

campo (m)	sade	שָׂדֶה (ז)
prato (m)	aχu	אָחוּ (ז)
orto (m)	gan yarak	גַּן יָרָק (ז)
frutteto (m)	bustan	בּוּסְתָּן (ז)

pascolare (vt)	lir'ot	לִרְעוֹת
pastore (m)	ro'e tson	רוֹעֵה צֹאן (ז)
pascolo (m)	mir'e	מִרְעֶה (ז)

| allevamento (m) di bestiame | gidul bakar | גִּידּוּל בָּקָר (ז) |
| allevamento (m) di pecore | gidul kvasim | גִּידּוּל כְּבָשִׂים (ז) |

piantagione (f)	mata	מַטָּע (ז)
filare (m) (un ~ di alberi)	aruga	עֲרוּגָה (נ)
serra (f) da orto	χamama	חֲמָמָה (נ)

siccità (f)	ba'tsoret	בַּצֹּרֶת (נ)
secco, arido (un'estate ~a)	yaveʃ	יָבֵשׁ

grano (m)	tvu'a	תְּבוּאָה (נ)
cereali (m pl)	gidulei dagan	גִּידוּלֵי דָּגָן (ז"ר)
raccogliere (vt)	liktof	לִקְטוֹף

mugnaio (m)	toχen	טוֹחֵן (ז)
mulino (m)	taχanat 'kemaχ	טַחֲנַת קֶמַח (נ)
macinare (~ il grano)	litχon	לִטְחוֹן
farina (f)	'kemaχ	קֶמַח (ז)
paglia (f)	kaʃ	קַשׁ (ז)

121. Edificio. Attività di costruzione

cantiere (m) edile	atar bniya	אֲתַר בְּנִיָּה (ז)
costruire (vt)	livnot	לִבְנוֹת
operaio (m) edile	banai	בַּנַּאי (ז)

progetto (m)	proyekt	פְּרוֹיֶּקְט (ז)
architetto (m)	adriχal	אַדְרִיכָל (ז)
operaio (m)	po'el	פּוֹעֵל (ז)

fondamenta (f pl)	yesodot	יְסוֹדוֹת (ז"ר)
tetto (m)	gag	גַּג (ז)
palo (m) di fondazione	amud yesod	עַמּוּד יְסוֹד (ז)
muro (m)	kir	קִיר (ז)

barre (f pl) di rinforzo	mot χizuk	מוֹט חִיזּוּק (ז)
impalcatura (f)	pigumim	פִּיגוּמִים (ז"ר)

beton (m)	beton	בֶּטוֹן (ז)
granito (m)	granit	גְּרָנִיט (ז)
pietra (f)	'even	אֶבֶן (נ)
mattone (m)	levena	לְבֵנָה (נ)

sabbia (f)	χol	חוֹל (ז)
cemento (m)	'melet	מֶלֶט (ז)
intonaco (m)	'tiaχ	טִיחַ (ז)
intonacare (vt)	leta'yeaχ	לְטַיֵּחַ
pittura (f)	'tseva	צֶבַע (ז)
pitturare (vt)	lits'bo'a	לִצְבּוֹעַ
botte (f)	χavit	חָבִית (נ)

gru (f)	aguran	עֲגוּרָן (ז)
sollevare (vt)	lehanif	לְהָנִיף
abbassare (vt)	lehorid	לְהוֹרִיד

bulldozer (m)	daχpor	דַּחְפּוֹר (ז)
scavatrice (f)	maχper	מַחְפֵּר (ז)

cucchiaia (f)	ʃa'ov	שָׁאוֹב (ז)
scavare (vt)	laχpor	לַחְפּוֹר
casco (m) (~ di sicurezza)	kasda	קַסְדָּה (נ)

122. Scienza. Ricerca. Scienziati

scienza (f)	mada	מַדָע (ז)
scientifico (agg)	mada'i	מַדָעִי
scienziato (m)	mad‘an	מַדְעָן (ז)
teoria (f)	te''orya	תֵּיאוֹרְיָה (נ)
assioma (m)	aks'yoma	אַקְסִיוֹמָה (נ)
analisi (f)	ni'tuaχ	נִיתוּחַ (ז)
analizzare (vt)	lena'teaχ	לְנַתֵּחַ
argomento (m)	nimuk	נִימוּק (ז)
sostanza, materia (f)	'χomer	חוֹמֶר (ז)
ipotesi (f)	hipo'teza	הִיפּוֹתֶזָה (נ)
dilemma (m)	di'lema	דִילֶמָה (נ)
tesi (f)	diser'tatsya	דִיסֶרְטַצְיָה (נ)
dogma (m)	'dogma	דּוֹגְמָה (נ)
dottrina (f)	dok'trina	דּוֹקְטְרִינָה (נ)
ricerca (f)	meχkar	מֶחְקָר (ז)
fare ricerche	laχkor	לַחְקוֹר
prova (f)	nuisuyim	נִיסוּיִים (ז"ר)
laboratorio (m)	ma‘abada	מַעְבָּדָה (נ)
metodo (m)	ʃita	שִׁיטָה (נ)
molecola (f)	mo'lekula	מוֹלֶקוּלָה (נ)
monitoraggio (m)	nitur	נִיטוּר (ז)
scoperta (f)	gilui	גִילוּי (ז)
postulato (m)	aks'yoma	אַקְסִיוֹמָה (נ)
principio (m)	ikaron	עִיקָרוֹן (ז)
previsione (f)	taχazit	תַּחֲזִית (נ)
fare previsioni	laχazot	לַחֲזוֹת
sintesi (f)	sin'teza	סִינְתֶזָה (נ)
tendenza (f)	megama	מְגַמָה (נ)
teorema (m)	miʃpat	מִשְׁפָּט (ז)
insegnamento (m)	tora	תּוֹרָה (נ)
fatto (m)	uvda	עוּבְדָה (נ)
spedizione (f)	miʃ'laχat	מִשְׁלַחַת (נ)
esperimento (m)	nisui	נִיסוּי (ז)
accademico (m)	akademai	אָקָדֵמַאי (ז)
laureato (m)	'to'ar riʃon	תּוֹאַר רִאשׁוֹן (ז)
dottore (m)	'doktor	דּוֹקְטוֹר (ז)
professore (m) associato	martse baχir	מַרְצֶה בָּכִיר (ז)
Master (m)	musmaχ	מוּסְמָך (ז)
professore (m)	pro'fesor	פְּרוֹפֶסוֹר (ז)

Professioni e occupazioni

123. Ricerca di un lavoro. Licenziamento

lavoro (m)	avoda	עֲבוֹדָה (נ)
organico (m)	'segel	סֶגֶל (ז)
personale (m)	'segel	סֶגֶל (ז)
carriera (f)	kar'yera	קַרְיֶרָה (נ)
prospettiva (f)	efʃaruyot	אֶפְשָׁרוּיוֹת (נ"ר)
abilità (f pl)	meyumanut	מְיוּמָנוּת (נ)
selezione (f) (~ del personale)	sinun	סִינוּן (ז)
agenzia (f) di collocamento	soχnut 'koaχ adam	סוֹכְנוּת כּוֹחַ אָדָם (נ)
curriculum vitae (f)	korot χayim	קוֹרוֹת חַיִּים (נ"ר)
colloquio (m)	ra'ayon avoda	רַאֲיוֹן עֲבוֹדָה (ז)
posto (m) vacante	misra pnuya	מִשְׂרָה פְּנוּיָה (נ)
salario (m)	mas'koret	מַשְׂכּוֹרֶת (נ)
stipendio (m) fisso	mas'koret kvu'a	מַשְׂכּוֹרֶת קְבוּעָה (נ)
compenso (m)	taʃlum	תַּשְׁלוּם (ז)
carica (f), funzione (f)	tafkid	תַּפְקִיד (ז)
mansione (f)	χova	חוֹבָה (נ)
mansioni (f pl) di lavoro	tχum aχrayut	תְּחוּם אַחֲרָיוּת (ז)
occupato (agg)	asuk	עָסוּק
licenziare (vt)	lefater	לְפַטֵּר
licenziamento (m)	pitur	פִּיטוּר (ז)
disoccupazione (f)	avtala	אַבְטָלָה (נ)
disoccupato (m)	muvtal	מוּבְטָל (ז)
pensionamento (m)	'pensya	פֶּנְסְיָה (נ)
andare in pensione	laʦet legimla'ot	לָצֵאת לְגִימְלָאוֹת

124. Gente d'affari

direttore (m)	menahel	מְנַהֵל (ז)
dirigente (m)	menahel	מְנַהֵל (ז)
capo (m)	bos	בּוֹס (ז)
superiore (m)	memune	מְמוּנֶּה (ז)
capi (m pl)	memunim	מְמוּנִּים (ז"ר)
presidente (m)	nasi	נָשִׂיא (ז)
presidente (m) (impresa)	yoʃev roʃ	יוֹשֵׁב רֹאשׁ (ז)
vice (m)	sgan	סְגָן (ז)
assistente (m)	ozer	עוֹזֵר (ז)

| segretario (m) | mazkir | מַזְכִּיר (ז) |
| assistente (m) personale | mazkir iʃi | מַזְכִּיר אִישִׁי (ז) |

uomo (m) d'affari	iʃ asakim	אִישׁ עֲסָקִים (ז)
imprenditore (m)	yazam	יַזָּם (ז)
fondatore (m)	meyased	מְיַסֵּד (ז)
fondare (vt)	leyased	לְיַסֵּד

socio (m)	meχonen	מְכוֹנֵן (ז)
partner (m)	ʃutaf	שׁוּתָף (ז)
azionista (m)	'ba'al menayot	בַּעַל מְנָיוֹת (ז)

milionario (m)	milyoner	מִילְיוֹנֵר (ז)
miliardario (m)	milyarder	מִילְיַארְדֶּר (ז)
proprietario (m)	be'alim	בְּעָלִים (ז)
latifondista (m)	'ba'al adamot	בַּעַל אֲדָמוֹת (ז)

cliente (m) (di professionista)	la'koaχ	לָקוֹחַ (ז)
cliente (m) abituale	la'koaχ ka'vu'a	לָקוֹחַ קָבוּעַ (ז)
compratore (m)	kone	קוֹנֶה (ז)
visitatore (m)	mevaker	מְבַקֵּר (ז)

professionista (m)	miktso'an	מִקְצוֹעָן (ז)
esperto (m)	mumχe	מוּמְחֶה (ז)
specialista (m)	mumχe	מוּמְחֶה (ז)

| banchiere (m) | bankai | בַּנְקַאי (ז) |
| broker (m) | soχen | סוֹכֵן (ז) |

cassiere (m)	kupai	קוּפַּאי (ז)
contabile (m)	menahel χeʃbonot	מְנַהֵל חֶשְׁבּוֹנוֹת (ז)
guardia (f) giurata	ʃomer	שׁוֹמֵר (ז)

investitore (m)	maʃki'a	מַשְׁקִיעַ (ז)
debitore (m)	'ba'al χov	בַּעַל חוֹב (ז)
creditore (m)	malve	מַלְוֶה (ז)
mutuatario (m)	love	לוֹוֶה (ז)

| importatore (m) | yevu'an | יְבוּאָן (ז) |
| esportatore (m) | yetsu'an | יְצוּאָן (ז) |

produttore (m)	yatsran	יַצְרָן (ז)
distributore (m)	mefits	מֵפִיץ (ז)
intermediario (m)	metaveχ	מְתַוֵּוֹךְ (ז)

consulente (m)	yo'ets	יוֹעֵץ (ז)
rappresentante (m)	natsig meχirot	נָצִיג מְכִירוֹת (ז)
agente (m)	soχen	סוֹכֵן (ז)
assicuratore (m)	soχen bi'tuaχ	סוֹכֵן בִּיטוּחַ (ז)

125. Professioni amministrative

| cuoco (m) | tabaχ | טַבָּח (ז) |
| capocuoco (m) | ʃef | שֶׁף (ז) |

fornaio (m)	ofe	אוֹפֶה (ז)
barista (m)	'barmen	בַּרְמֶן (ז)
cameriere (m)	meltsar	מֶלְצָר (ז)
cameriera (f)	meltsarit	מֶלְצָרִית (נ)

avvocato (m)	orex din	עוֹרֵךְ דִּין (ז)
esperto (m) legale	orex din	עוֹרֵךְ דִּין (ז)
notaio (m)	notaryon	נוֹטַרְיוֹן (ז)

elettricista (m)	xaʃmalai	חַשְׁמַלַאי (ז)
idraulico (m)	ʃravrav	שְׁרַבְרַב (ז)
falegname (m)	nagar	נַגָּר (ז)

massaggiatore (m)	ma'ase	מְעַסֶּה (ז)
massaggiatrice (f)	masa'ʒistit	מַסָז'יסְטִית (נ)
medico (m)	rofe	רוֹפֵא (ז)

taxista (m)	nahag monit	נַהַג מוֹנִית (ז)
autista (m)	nahag	נַהָג (ז)
fattorino (m)	ʃa'liax	שָׁלִיחַ (ז)

cameriera (f)	xadranit	חַדְרָנִית (נ)
guardia (f) giurata	ʃomer	שׁוֹמֵר (ז)
hostess (f)	da'yelet	דַּיֶּלֶת (נ)

insegnante (m, f)	more	מוֹרֶה (ז)
bibliotecario (m)	safran	סַפְרָן (ז)
traduttore (m)	metargem	מְתַרְגֵּם (ז)
interprete (m)	meturgeman	מְתוּרְגְּמָן (ז)
guida (f)	madrix tiyulim	מַדְרִיךְ טִיּוּלִים (ז)

parrucchiere (m)	sapar	סַפָּר (ז)
postino (m)	davar	דַּוָּר (ז)
commesso (m)	moxer	מוֹכֵר (ז)

giardiniere (m)	ganan	גַּנָּן (ז)
domestico (m)	meʃaret	מְשָׁרֵת (ז)
domestica (f)	meʃa'retet	מְשָׁרֶתֶת (נ)
donna (f) delle pulizie	menaka	מְנַקָּה (נ)

126. Professioni militari e gradi

soldato (m) semplice	turai	טוּרַאי (ז)
sergente (m)	samal	סַמָּל (ז)
tenente (m)	'segen	סֶגֶן (ז)
capitano (m)	'seren	סֶרֶן (ז)

maggiore (m)	rav 'seren	רַב־סֶרֶן (ז)
colonnello (m)	aluf miʃne	אַלּוּף מִשְׁנֶה (ז)
generale (m)	aluf	אַלּוּף (ז)
maresciallo (m)	'marʃal	מַרְשָׁל (ז)
ammiraglio (m)	admiral	אַדְמִירָל (ז)
militare (m)	iʃ tsava	אִישׁ צָבָא (ז)
soldato (m)	xayal	חַיָּל (ז)

ufficiale (m)	katsin	קָצִין (ז)
comandante (m)	mefaked	מְפַקֵד (ז)
guardia (f) di frontiera	ʃomer gvul	שׁוֹמֵר גְבוּל (ז)
marconista (m)	alχutai	אַלחוּטַאי (ז)
esploratore (m)	iʃ modi'in kravi	אִישׁ מוֹדִיעִין קְרָבִי (ז)
geniere (m)	χablan	חַבְּלָן (ז)
tiratore (m)	tsalaf	צַלָף (ז)
navigatore (m)	navat	נַוָוט (ז)

127. Funzionari. Sacerdoti

re (m)	'meleχ	מֶלֶךְ (ז)
regina (f)	malka	מַלכָּה (נ)
principe (m)	nasiχ	נָסִיךְ (ז)
principessa (f)	nesiχa	נְסִיכָה (נ)
zar (m)	tsar	צָאר (ז)
zarina (f)	tsa'rina	צָאֲרִינָה (נ)
presidente (m)	nasi	נָשִׂיא (ז)
ministro (m)	sar	שַׂר (ז)
primo ministro (m)	roʃ memʃala	רֹאשׁ מֶמשָׁלָה (ז)
senatore (m)	se'nator	סֶנָאטוֹר (ז)
diplomatico (m)	diplomat	דִיפּלוֹמָט (ז)
console (m)	'konsul	קוֹנסוּל (ז)
ambasciatore (m)	ʃagrir	שַׁגרִיר (ז)
consigliere (m)	yo'ets	יוֹעֵץ (ז)
funzionario (m)	pakid	פָּקִיד (ז)
prefetto (m)	prefekt	פְּרֶפֶקט (ז)
sindaco (m)	roʃ ha'ir	רֹאשׁ הָעִיר (ז)
giudice (m)	ʃofet	שׁוֹפֵט (ז)
procuratore (m)	to'veʼa	תוֹבֵעַ (ז)
missionario (m)	misyoner	מִיסיוֹנֶר (ז)
monaco (m)	nazir	נָזִיר (ז)
abate (m)	roʃ minzar ka'toli	רֹאשׁ מִנזָר קָתוֹלִי (ז)
rabbino (m)	rav	רַב (ז)
visir (m)	vazir	וָזִיר (ז)
scià (m)	ʃaχ	שָׁאח (ז)
sceicco (m)	ʃeiχ	שֵׁיח (ז)

128. Professioni agricole

apicoltore (m)	kavran	כַּוָורָן (ז)
pastore (m)	ro'e tson	רוֹעֶה צֹאן (ז)
agronomo (m)	agronom	אַגרוֹנוֹם (ז)

allevatore (m) di bestiame	megadel bakar	מְגַדֵל בָּקָר (ז)
veterinario (m)	veterinar	וֶטֶרִינָר (ז)

fattore (m)	χavai	חַוַּאי (ז)
vinificatore (m)	yeinan	יֵינָן (ז)
zoologo (m)	zo'olog	זוֹאוֹלוֹג (ז)
cowboy (m)	'ka'uboi	קָאוּבּוֹי (ז)

129. Professioni artistiche

attore (m)	saχkan	שַׂחְקָן (ז)
attrice (f)	saχkanit	שַׂחְקָנִית (נ)

cantante (m)	zamar	זַמָּר (ז)
cantante (f)	za'meret	זַמֶּרֶת (נ)

danzatore (m)	rakdan	רַקְדָן (ז)
ballerina (f)	rakdanit	רַקְדָנִית (נ)

artista (m)	saχkan	שַׂחְקָן (ז)
artista (f)	saχkanit	שַׂחְקָנִית (נ)

musicista (m)	muzikai	מוּזִיקַאי (ז)
pianista (m)	psantran	פְּסַנְתְּרָן (ז)
chitarrista (m)	nagan gi'tara	נַגָּן גִּיטָרָה (ז)

direttore (m) d'orchestra	mena'tseaχ	מְנַצֵּחַ (ז)
compositore (m)	malχin	מַלְחִין (ז)
impresario (m)	amargan	אָמַרְגָן (ז)

regista (m)	bamai	בַּמַאי (ז)
produttore (m)	mefik	מֵפִיק (ז)
sceneggiatore (m)	tasritai	תַסְרִיטַאי (ז)
critico (m)	mevaker	מְבַקֵר (ז)

scrittore (m)	sofer	סוֹפֵר (ז)
poeta (m)	meʃorer	מְשׁוֹרֵר (ז)
scultore (m)	pasal	פַּסָל (ז)
pittore (m)	tsayar	צַיָּר (ז)

giocoliere (m)	lahatutan	לַהֲטוּטָן (ז)
pagliaccio (m)	leitsan	לֵיצָן (ז)
acrobata (m)	akrobat	אַקְרוֹבָּט (ז)
prestigiatore (m)	kosem	קוֹסֵם (ז)

130. Professioni varie

medico (m)	rofe	רוֹפֵא (ז)
infermiera (f)	aχot	אָחוֹת (נ)
psichiatra (m)	psiχi''ater	פְּסִיכִיאָטֶר (ז)
dentista (m)	rofe ʃi'nayim	רוֹפֵא שִׁנַּיִים (ז)
chirurgo (m)	kirurg	כִּירוּרג (ז)

astronauta (m)	astro'na'ut	אַסטרוֹנָאוּט (ז)
astronomo (m)	astronom	אַסטרוֹנוֹם (ז)
pilota (m)	tayas	טַיָּס (ז)

autista (m)	nahag	נֶהָג (ז)
macchinista (m)	nahag ra'kevet	נֶהָג רַכֶּבֶת (ז)
meccanico (m)	meχonai	מְכוֹנַאי (ז)

minatore (m)	kore	כּוֹרֶה (ז)
operaio (m)	po'el	פּוֹעֵל (ז)
operaio (m) metallurgico	misgad	מַסגֵּד (ז)
falegname (m)	nagar	נַגָּר (ז)
tornitore (m)	χarat	חָרָט (ז)
operaio (m) edile	banai	בַּנַאי (ז)
saldatore (m)	rataχ	רַתָּך (ז)

professore (m)	pro'fesor	פּרוֹפֶסוֹר (ז)
architetto (m)	adriχal	אַדרִיכָל (ז)
storico (m)	historyon	הִיסטוֹריוֹן (ז)
scienziato (m)	mad'an	מַדעָן (ז)
fisico (m)	fizikai	פִיזִיקַאי (ז)
chimico (m)	χimai	כִימַאי (ז)

archeologo (m)	arχe'olog	אַרכֵיאוֹלוֹג (ז)
geologo (m)	ge'olog	גֵיאוֹלוֹג (ז)
ricercatore (m)	χoker	חוֹקֵר (ז)

baby-sitter (m, f)	ʃmartaf	שׁמַרטַף (ז)
insegnante (m, f)	more, meχaneχ	מוֹרֶה, מְחַנֵּך (ז)

redattore (m)	oreχ	עוֹרֵך (ז)
redattore capo (m)	oreχ raʃi	עוֹרֵך רָאשִׁי (ז)
corrispondente (m)	katav	כַּתָּב (ז)
dattilografa (f)	kaldanit	קַלדָנִית (נ)

designer (m)	me'atsev	מְעַצֵּב (ז)
esperto (m) informatico	mumχe maχʃevim	מוּמחֶה מַחשְׁבִים (ז)
programmatore (m)	metaχnet	מְתַכנֵת (ז)
ingegnere (m)	mehandes	מְהַנדֵס (ז)

marittimo (m)	yamai	יַמַאי (ז)
marinaio (m)	malaχ	מַלָּח (ז)
soccorritore (m)	matsil	מַצִּיל (ז)

pompiere (m)	kabai	כַּבַּאי (ז)
poliziotto (m)	ʃoter	שׁוֹטֵר (ז)
guardiano (m)	ʃomer	שׁוֹמֵר (ז)
detective (m)	balaʃ	בַּלָּשׁ (ז)

doganiere (m)	pakid 'meχes	פָּקִיד מֶכֶס (ז)
guardia (f) del corpo	ʃomer roʃ	שׁוֹמֵר רֹאשׁ (ז)
guardia (f) carceraria	soher	סוֹהֵר (ז)
ispettore (m)	mefa'keaχ	מְפַקֵּח (ז)

sportivo (m)	sportai	ספּוֹרטַאי (ז)
allenatore (m)	me'amen	מְאַמֵּן (ז)

macellaio (m)	katsav	קַצָּב (ז)
calzolaio (m)	sandlar	סַנְדְּלָר (ז)
uomo (m) d'affari	soχer	סוֹחֵר (ז)
caricatore (m)	sabal	סַבָּל (ז)
stilista (m)	me'atsev ofna	מְעַצֵּב אוֹפְנָה (ז)
modella (f)	dugmanit	דוּגְמָנִית (נ)

131. Attività lavorative. Condizione sociale

scolaro (m)	talmid	תַּלְמִיד (ז)
studente (m)	student	סְטוּדֶנְט (ז)
filosofo (m)	filosof	פִילוֹסוֹף (ז)
economista (m)	kalkelan	כַּלְכְּלָן (ז)
inventore (m)	mamtsi	מַמְצִיא (ז)
disoccupato (m)	muvtal	מוּבְטָל (ז)
pensionato (m)	pensyoner	פֶּנְסִיוֹנֵר (ז)
spia (f)	meragel	מְרַגֵּל (ז)
detenuto (m)	asir	אָסִיר (ז)
scioperante (m)	ʃovet	שוֹבֵת (ז)
burocrate (m)	birokrat	בִּירוֹקְרָט (ז)
viaggiatore (m)	metayel	מְטַיֵּל (ז)
omosessuale (m)	'lesbit, 'homo	לֶסְבִּית (נ), הוֹמוֹ (ז)
hacker (m)	'haker	הָאקֶר (ז)
hippy (m, f)	'hipi	הִיפִּי (ז)
bandito (m)	ʃoded	שוֹדֵד (ז)
sicario (m)	ro'tseaχ saχir	רוֹצֵחַ שָׂכִיר (ז)
drogato (m)	narkoman	נַרְקוֹמָן (ז)
trafficante (m) di droga	soχer samim	סוֹחֵר סַמִּים (ז)
prostituta (f)	zona	זוֹנָה (נ)
magnaccia (m)	sarsur	סַרְסוּר (ז)
stregone (m)	meχaʃef	מְכַשֵּׁף (ז)
strega (f)	maχʃefa	מְכַשֵּׁפָה (נ)
pirata (m)	ʃoded yam	שוֹדֵד יָם (ז)
schiavo (m)	ʃifχa, 'eved	שִׁפְחָה (נ), עֶבֶד (ז)
samurai (m)	samurai	סָמוּרַאי (ז)
selvaggio (m)	'pere adam	פֶּרֶא אָדָם (ז)

Sport

132. Tipi di sport. Sportivi

sportivo (m)	sportai	סְפּוֹרְטַאי (ז)
sport (m)	anaf sport	עָנָף סְפּוֹרְט (ז)
pallacanestro (m)	kadursal	כַּדּוּרְסַל (ז)
cestista (m)	kadursalan	כַּדּוּרְסַלָן (ז)
baseball (m)	'beisbol	בֵּייסְבּוֹל (ז)
giocatore (m) di baseball	saχkan 'beisbol	שַׂחְקָן בֵּייסְבּוֹל (ז)
calcio (m)	kadu'regel	כַּדּוּרֶגֶל (ז)
calciatore (m)	kaduraglan	כַּדּוּרַגְלָן (ז)
portiere (m)	ʃo'er	שׁוֹעֵר (ז)
hockey (m)	'hoki	הוֹקִי (ז)
hockeista (m)	saχkan 'hoki	שַׂחְקָן הוֹקִי (ז)
pallavolo (m)	kadur'af	כַּדּוּרְעָף (ז)
pallavolista (m)	saχkan kadur'af	שַׂחְקָן כַּדּוּרְעָף (ז)
pugilato (m)	igruf	אִיגְרוּף (ז)
pugile (m)	mit'agref	מִתְאַגְרֵף (ז)
lotta (f)	he'avkut	הֵיאָבְקוּת (נ)
lottatore (m)	mit'abek	מִתְאַבֵּק (ז)
karate (m)	karate	קָרָטֶה (ז)
karateka (m)	karatist	קָרָטִיסְט (ז)
judo (m)	'dʒudo	ג׳וּדוֹ (ז)
judoista (m)	dʒudai	ג׳וּדָאי (ז)
tennis (m)	'tenis	טֶנִיס (ז)
tennista (m)	tenisai	טֶנִיסַאי (ז)
nuoto (m)	sχiya	שְׂחִייָה (נ)
nuotatore (m)	saχyan	שַׂחְייָן (ז)
scherma (f)	'sayif	סַיִף (ז)
schermitore (m)	sayaf	סַייָף (ז)
scacchi (m pl)	ʃaχmat	שַׁחְמָט (ז)
scacchista (m)	ʃaχmetai	שַׁחְמְטַאי (ז)
alpinismo (m)	tipus harim	טִיפּוּס הָרִים (ז)
alpinista (m)	metapes harim	מְטַפֵּס הָרִים (ז)
corsa (f)	ritsa	רִיצָה (נ)

corridore (m)	atsan	אָצָן (ז)
atletica (f) leggera	at'letika kala	אַתְלֵטִיקָה קָלָה (נ)
atleta (m)	atlet	אַתְלֵט (ז)
ippica (f)	rexiva al sus	רְכִיבָה עַל סוס (נ)
fantino (m)	paraʃ	פָּרָשׁ (ז)
pattinaggio (m) artistico	haxlaka omanutit	הַחְלָקָה אוֹמָנוּתִית (נ)
pattinatore (m)	maxlik amanuti	מַחְלִיק אָמָנוּתִי (ז)
pattinatrice (f)	maxlika amanutit	מַחְלִיקָה אָמָנוּתִית (נ)
pesistica (f)	haramat miʃkolot	הֲרָמַת מִשְׁקוֹלוֹת (נ)
pesista (m)	miʃkolan	מִשְׁקוֹלָן (ז)
automobilismo (m)	merots mexoniyot	מֵירוֹץ מְכוֹנִיוֹת (ז)
pilota (m)	nahag merotsim	נָהַג מֵרוֹצִים (ז)
ciclismo (m)	rexiva al ofa'nayim	רְכִיבָה עַל אוֹפַנַּיִם (נ)
ciclista (m)	roxev ofa'nayim	רוֹכֵב אוֹפַנַּיִם (ז)
salto (m) in lungo	kfitsa la'roxav	קְפִיצָה לָרוֹחַק (נ)
salto (m) con l'asta	kfitsa bemot	קְפִיצָה בָּמוֹט (נ)
saltatore (m)	kofets	קוֹפֵץ (ז)

133. Tipi di sport. Varie

football (m) americano	'futbol	פוטבּוֹל (ז)
badminton (m)	notsit	נוֹצִית (ז)
biathlon (m)	bi'atlon	בִּיאַתְלוֹן (ז)
biliardo (m)	bilyard	בִּילְיַאַרְד (ז)
bob (m)	miz'xelet	מִזְחֶלֶת (נ)
culturismo (m)	pi'tuax guf	פִּיתוּחַ גוּף (ז)
pallanuoto (m)	polo 'mayim	פּוֹלוֹ מַיִם (ז)
pallamano (m)	kadur yad	כַּדּוּר-יָד (ז)
golf (m)	golf	גּוֹלְף (ז)
canottaggio (m)	xatira	חָתִירָה (נ)
immersione (f) subacquea	tslila	צְלִילָה (נ)
sci (m) di fondo	ski bemiʃor	סְקִי בַּמִישׁוֹר (ז)
tennis (m) da tavolo	'tenis ʃulxan	טֶנִיס שׁוּלְחָן (ז)
vela (f)	'ʃayit	שַׁיִט (ז)
rally (m)	'rali	רָאלִי (ז)
rugby (m)	'rogbi	רוֹגְבִּי (ז)
snowboard (m)	gliʃat 'ʃeleg	גְלִישַׁת שֶׁלֶג (נ)
tiro (m) con l'arco	kaʃatut	קַשָׁתוּת (נ)

134. Palestra

bilanciere (m)	miʃ'kolet	מִשְׁקוֹלֶת (נ)
manubri (m pl)	miʃkolot	מִשְׁקוֹלוֹת (נ"ר)

attrezzo (m) sportivo	maxʃir 'koʃer	מַכְשִׁיר כּוֹשֶׁר (ז)
cyclette (f)	ofanei 'koʃer	אוֹפְנֵי כּוֹשֶׁר (ז"ר)
tapis roulant (m)	halixon	הָלִיכוֹן (ז)
sbarra (f)	'metax	מָתַח (ז)
parallele (f pl)	makbilim	מַקְבִּילִים (ז"ר)
cavallo (m)	sus	סוּס (ז)
materassino (m)	mizron	מִזְרוֹן (ז)
corda (f) per saltare	dalgit	דַּלְגִּית (נ)
aerobica (f)	ei'robika	אֵירוֹבִּיקָה (ז)
yoga (m)	'yoga	יוֹגָה (נ)

135. Hockey

hockey (m)	'hoki	הוֹקִי (ז)
hockeista (m)	saxkan 'hoki	שַׂחְקָן הוֹקִי (ז)
giocare a hockey	lesaxek 'hoki	לְשַׂחֵק הוֹקִי
ghiaccio (m)	'kerax	קֶרַח (ז)
disco (m)	diskit	דִּיסְקִית (נ)
bastone (m) da hockey	makel 'hoki	מַקֵּל הוֹקִי (ז)
pattini (m pl)	maxli'kayim	מַחְלִיקַיִם (ז"ר)
bordo (m)	'dofen	דּוֹפֶן (ז)
tiro (m)	kli'a	קְלִיעָה (נ)
portiere (m)	ʃo'er	שׁוֹעֵר (ז)
gol (m)	'ʃa'ar	שַׁעַר (ז)
segnare un gol	lehav'ki'a 'ʃa'ar	לְהַבְקִיעַ שַׁעַר
tempo (m)	ʃliʃ	שְׁלִישׁ (ז)
secondo tempo (m)	ʃliʃ ʃeni	שְׁלִישׁ שֵׁנִי (ז)
panchina (f)	safsal maxlifim	סַפְסַל מַחְלִיפִים (ז)

136. Calcio

calcio (m)	kadu'regel	כַּדּוּרֶגֶל (ז)
calciatore (m)	kaduraglan	כַּדּוּרַגְלָן (ז)
giocare a calcio	lesaxek kadu'regel	לְשַׂחֵק כַּדּוּרֶגֶל
La Prima Divisione	'liga elyona	לִיגָה עֶלְיוֹנָה (נ)
società (f) calcistica	mo'adon kadu'regel	מוֹעֲדוֹן כַּדּוּרֶגֶל (ז)
allenatore (m)	me'amen	מְאַמֵּן (ז)
proprietario (m)	be'alim	בְּעָלִים (ז)
squadra (f)	kvutsa, niv'xeret	קְבוּצָה, נִבְחֶרֶת (נ)
capitano (m) di squadra	'kepten	קַפְּטָן (ז)
giocatore (m)	saxkan	שַׂחְקָן (ז)
riserva (f)	saxkan maxlif	שַׂחְקָן מַחְלִיף (ז)
attaccante (m)	xaluts	חָלוּץ (ז)
centrocampista (m)	xaluts merkazi	חָלוּץ מֶרְכָּזִי (ז)

bomber (m)	mavki	מַבְקִיעַ (ז)
terzino (m)	balam, megen	בַּלָם, מָגֵן (ז)
mediano (m)	mekaʃer	מְקַשֵׁר (ז)
partita (f)	misχak	מִשְׂחָק (ז)
incontrarsi (vr)	lehipageʃ	לְהִיפָּגֵשׁ
finale (m)	gmar	גְמָר (ז)
semifinale (m)	χatsi gmar	חֲצִי גְמָר (ז)
campionato (m)	alifut	אֲלִיפוּת (נ)
tempo (m)	maχatsit	מַחֲצִית (נ)
primo tempo (m)	maχatsit riʃona	מַחֲצִית רִאשׁוֹנָה (נ)
intervallo (m)	hafsaka	הַפְסָקָה (נ)
porta (f)	'ʃaʿar	שַׁעַר (ז)
portiere (m)	ʃoʿer	שׁוֹעֵר (ז)
palo (m)	amud ha'ʃaʿar	עַמוּד הַשַּׁעַר (ז)
traversa (f)	maʃkof	מַשְׁקוֹף (ז)
rete (f)	'reʃet	רֶשֶׁת (נ)
subire un gol	lispog 'ʃaʿar	לִסְפּוֹג שַׁעַר
pallone (m)	kadur	כַּדוּר (ז)
passaggio (m)	mesira	מְסִירָה (נ)
calcio (m), tiro (m)	beʿita	בְּעִיטָה (נ)
tirare un calcio	livʿot	לִבְעוֹט
calcio (m) di punizione	beʿitat onʃin	בְּעִיטַת עוֹנְשִׁין (נ)
calcio (m) d'angolo	beʿitat 'keren	בְּעִיטַת קֶרֶן (נ)
attacco (m)	hatkafa	הַתְקָפָה (נ)
contrattacco (m)	hatkafat 'neged	הַתְקָפַת נֶגֶד (נ)
combinazione (f)	ʃiluv	שִׁילוּב (ז)
arbitro (m)	ʃofet	שׁוֹפֵט (ז)
fischiare (vi)	liʃrok	לִשְׁרוֹק
fischio (m)	ʃrika	שְׁרִיקָה (נ)
fallo (m)	avira	עֲבִירָה (נ)
fare un fallo	leva'tseʿa avira	לְבַצֵּעַ עֲבִירָה
espellere dal campo	leharχik	לְהַרְחִיק
cartellino (m) giallo	kartis tsahov	כַּרְטִיס צָהוֹב (ז)
cartellino (m) rosso	kartis adom	כַּרְטִיס אָדוֹם (ז)
squalifica (f)	psila, ʃlila	פְּסִילָה, שְׁלִילָה (נ)
squalificare (vt)	lefsol	לִפְסוֹל
rigore (m)	'pendel	פֶּנְדֶל (ז)
barriera (f)	χoma	חוֹמָה (נ)
segnare (~ un gol)	lehav'kiʿa	לְהַבְקִיעַ
gol (m)	'ʃaʿar	שַׁעַר (ז)
segnare un gol	lehav'kiʿa 'ʃaʿar	לְהַבְקִיעַ שַׁעַר
sostituzione (f)	haχlata	הַחְלָטָה (נ)
sostituire (vt)	lehaχlif	לְהַחְלִיף
regole (f pl)	klalim	כְּלָלִים (ז"ר)
tattica (f)	'taktika	טַקְטִיקָה (נ)
stadio (m)	itstadyon	אִצְטַדְיוֹן (ז)
tribuna (f)	bama	בָּמָה (נ)

| tifoso, fan (m) | ohed | אוֹהֵד (ז) |
| gridare (vi) | lits'ok | לִצְעוֹק |

| tabellone (m) segnapunti | 'luaχ totsa'ot | לוּחַ תּוֹצָאוֹת (ז) |
| punteggio (m) | totsa'a | תּוֹצָאָה (נ) |

| sconfitta (f) | tvusa | תְּבוּסָה (נ) |
| subire una sconfitta | lehafsid | לְהַפְסִיד |

| pareggio (m) | 'teku | תֵּיקוּ (ז) |
| pareggiare (vi) | lesayem be'teku | לְסַיֵּם בְּתֵיקוּ |

vittoria (f)	nitsaχon	נִיצָּחוֹן (ז)
vincere (vi)	lena'tseaχ	לְנַצֵּחַ
campione (m)	aluf	אֲלוּף (ז)
migliore (agg)	hatov beyoter	הַטּוֹב בְּיוֹתֵר
congratularsi (con qn per qc)	levareχ	לְבָרֵךְ

commentatore (m)	parʃan	פַּרְשָׁן (ז)
commentare (vt)	lefarʃen	לְפַרְשֵׁן
trasmissione (f)	ʃidur	שִׁידּוּר (ז)

137. Sci alpino

sci (m pl)	migla'ʃayim	מִגְלָשַׁיִים (ז"ר)
sciare (vi)	la'asot ski	לַעֲשׂוֹת סְקִי
stazione (f) sciistica	atar ski	אֲתַר סְקִי (ז)
sciovia (f)	ma'alit ski	מַעֲלִית סְקִי (נ)

bastoni (m pl) da sci	maklot ski	מַקְלוֹת סְקִי (ז"ר)
pendio (m)	midron	מִדְרוֹן (ז)
slalom (m)	merots akalaton	מֵירוֹץ עֲקַלָּתוֹן (ז)

138. Tennis. Golf

golf (m)	golf	גוֹלְף (ז)
golf club (m)	mo'adon golf	מוֹעֲדוֹן גוֹלְף (ז)
golfista (m)	saχkan golf	שַׂחְקָן גוֹלְף (ז)

buca (f)	guma	גּוּמָה (נ)
mazza (f) da golf	makel golf	מַקֵּל גוֹלְף (ז)
carrello (m) da golf	eglat golf	עֲגְלַת גוֹלְף (נ)

| tennis (m) | 'tenis | טֶנִיס (ז) |
| campo (m) da tennis | migraʃ 'tenis | מִגְרָשׁ טֶנִיס (ז) |

| battuta (f) | χavatat hagaʃa | חֲבָטַת הַגָּשָׁה (נ) |
| servire (vt) | lehagiʃ | לְהַגִּישׁ |

racchetta (f)	maχbet 'tenis	מַחְבֵּט טֶנִיס (ז)
rete (f)	'reʃet	רֶשֶׁת (נ)
palla (f)	kadur	כַּדּוּר (ז)

139. Scacchi

scacchi (m pl)	'ʃaχmat	שַׁחְמָט (ז)
pezzi (m pl) degli scacchi	klei 'ʃaχmat	כְּלֵי שַׁחְמָט (ז"ר)
scacchista (m)	ʃaχmetai	שַׁחְמְטַאי (ז)
scacchiera (f)	'luaχ 'ʃaχmat	לוּחַ שַׁחְמָט (ז)
pezzo (m)	kli	כְּלִי (ז)

| Bianchi (m pl) | levanim | לְבָנִים (ז) |
| Neri (m pl) | ʃχorim | שְׁחוֹרִים (ז) |

pedina (f)	χayal	חַיָּל (ז)
alfiere (m)	rats	רָץ (ז)
cavallo (m)	paraʃ	פָּרָשׁ (ז)
torre (f)	'tsriaχ	צְרִיחַ (ז)
regina (f)	malka	מַלְכָּה (נ)
re (m)	'meleχ	מֶלֶךְ (ז)

mossa (m)	'tsa'ad	צַעַד (ז)
muovere (vt)	la'nu'a	לָנוּעַ
sacrificare (vt)	lehakriv	לְהַקְרִיב
arrocco (m)	hatsraχa	הַצְרָחָה (נ)
scacco (m)	ʃaχ	שָׁח (ז)
scacco matto (m)	mat	מָט (ז)

torneo (m) di scacchi	taχarut 'ʃaχmat	תַּחֲרוּת שַׁחְמָט (נ)
gran maestro (m)	rav oman	רַב־אוֹמָן (ז)
combinazione (f)	ʃiluv	שִׁילוּב (ז)
partita (f) (~ a scacchi)	misχak	מִשְׂחָק (ז)
dama (f)	'damka	דַּמְקָה (נ)

140. Pugilato

pugilato (m), boxe (f)	igruf	אִיגְרוּף (ז)
incontro (m)	krav	קְרָב (ז)
incontro (m) di boxe	du krav	דּוּ־קְרָב (ז)
round (m)	sivuv	סִיבוּב (ז)

| ring (m) | zira | זִירָה (נ) |
| gong (m) | gong | גּוֹנג (ז) |

| pugno (m) | mahaluma | מַהֲלוּמָה (נ) |
| knock down (m) | nefila lekraʃim | נְפִילָה לִקְרָשִׁים (נ) |

| knock-out (m) | 'nok'a'ut | נוֹקְאָאוּט (ז) |
| mettere knock-out | liʃ'loaχ le'nok'a'ut | לִשְׁלוֹחַ לְנוֹקְאָאוּט |

| guantone (m) da pugile | kfafat igruf | כְּפָפַת אִיגְרוּף (נ) |
| arbitro (m) | ʃofet | שׁוֹפֵט (ז) |

peso (m) leggero	miʃkal notsa	מִשְׁקָל נוֹצָה (ז)
peso (m) medio	miʃkal beinoni	מִשְׁקָל בֵּינוֹנִי (ז)
peso (m) massimo	miʃkal kaved	מִשְׁקָל כָּבֵד (ז)

141. Sport. Varie

Italiano	Traslitterazione	Ebraico
Giochi (m pl) Olimpici	hamisχakim ha'o'limpiyim	הַמִּשְׂחָקִים הָאוֹלִימְפִּיִּים (ז"ר)
vincitore (m)	mena'tseaχ	מְנַצֵּחַ (ז)
ottenere la vittoria	lena'tseaχ	לְנַצֵּחַ
vincere (vi)	lena'tseaχ	לְנַצֵּחַ
leader (m), capo (m)	manhig	מַנְהִיג (ז)
essere alla guida	lehovil	לְהוֹבִיל
primo posto (m)	makom riʃon	מָקוֹם רִאשׁוֹן (ז)
secondo posto (m)	makom ʃeni	מָקוֹם שֵׁנִי (ז)
terzo posto (m)	makom ʃliʃi	מָקוֹם שְׁלִישִׁי (ז)
medaglia (f)	me'dalya	מֶדַלְיָה (נ)
trofeo (m)	pras	פְּרָס (ז)
coppa (f) (trofeo)	ga'vi'a nitsaχon	גָּבִיעַ נִיצָּחוֹן (ז)
premio (m)	pras	פְּרָס (ז)
primo premio (m)	pras riʃon	פְּרָס רִאשׁוֹן (ז)
record (m)	si	שִׂיא (ז)
stabilire un record	lik'bo'a si	לִקְבּוֹעַ שִׂיא
finale (m)	gmar	גְּמָר (ז)
finale (agg)	ʃel hagmar	שֶׁל הַגְּמָר
campione (m)	aluf	אַלּוּף (ז)
campionato (m)	alifut	אַלִּיפוּת (נ)
stadio (m)	itstadyon	אִצְטַדְיוֹן (ז)
tribuna (f)	bama	בָּמָה (נ)
tifoso, fan (m)	ohed	אוֹהֵד (ז)
avversario (m)	yariv	יָרִיב (ז)
partenza (f)	kav zinuk	קַו זִינוּק (ז)
traguardo (m)	kav hagmar	קַו הַגְּמָר (ז)
sconfitta (f)	tvusa	תְּבוּסָה (נ)
perdere (vt)	lehafsid	לְהַפְסִיד
arbitro (m)	ʃofet	שׁוֹפֵט (ז)
giuria (f)	χaver ʃoftim	חֶבֶר שׁוֹפְטִים (ז)
punteggio (m)	totsa'a	תּוֹצָאָה (נ)
pareggio (m)	'teku	תֵּיקוּ (ז)
pareggiare (vi)	lesayem be'teku	לְסַיֵּם בְּתֵיקוּ
punto (m)	nekuda	נְקוּדָה (נ)
risultato (m)	totsa'a	תּוֹצָאָה (נ)
tempo (primo ~)	sivuv	סִיבוּב (ז)
intervallo (m)	hafsaka	הַפְסָקָה (נ)
doping (m)	sam	סַם (ז)
penalizzare (vt)	leha'aniʃ	לְהַעֲנִישׁ
squalificare (vt)	lefsol	לִפְסוֹל
attrezzatura (f)	maχʃir	מַכְשִׁיר (ז)
giavellotto (m)	kidon	כִּידוֹן (ז)

peso (m) (sfera metallica)	kadur barzel	כַּדּוּר בַּרְזֶל (ז)
biglia (f) (palla)	kadur	כַּדּוּר (ז)
obiettivo (m)	matara	מַטָּרָה (נ)
bersaglio (m)	matara	מַטָּרָה (נ)
sparare (vi)	lirot	לִירוֹת
preciso (agg)	meduyak	מְדֻיָּק
allenatore (m)	me'amen	מְאַמֵּן (ז)
allenare (vt)	le'amen	לְאַמֵּן
allenarsi (vr)	lehit'amen	לְהִתְאַמֵּן
allenamento (m)	imun	אִימוּן (ז)
palestra (f)	'χeder 'koʃer	חֲדַר כּוֹשֶׁר (ז)
esercizio (m)	imun	אִימוּן (ז)
riscaldamento (m)	χimum	חִימּוּם (ז)

Istruzione

142. Scuola

scuola (f)	beit 'sefer	בֵּית סֵפֶר (ז)
direttore (m) di scuola	menahel beit 'sefer	מְנַהֵל בֵּית סֵפֶר (ז)
allievo (m)	talmid	תַּלְמִיד (ז)
allieva (f)	talmida	תַּלְמִידָה (נ)
scolaro (m)	talmid	תַּלְמִיד (ז)
scolara (f)	talmida	תַּלְמִידָה (נ)
insegnare (qn)	lelamed	לְלַמֵּד
imparare (una lingua)	lilmod	לִלְמוֹד
imparare a memoria	lilmod be'al pe	לִלְמוֹד בְּעַל פֶּה
studiare (vi)	lilmod	לִלְמוֹד
frequentare la scuola	lilmod	לִלְמוֹד
andare a scuola	la'leχet le'beit 'sefer	לָלֶכֶת לְבֵית סֵפֶר
alfabeto (m)	alefbeit	אָלֶפְבֵּית (ז)
materia (f)	mik'tso'a	מִקְצוֹעַ (ז)
classe (f)	kita	כִּיתָה (נ)
lezione (f)	ʃi'ur	שִׁיעוּר (ז)
ricreazione (f)	hafsaka	הַפְסָקָה (נ)
campanella (f)	pa'amon	פַּעֲמוֹן (ז)
banco (m)	ʃulχan limudim	שׁוּלְחַן לִימוּדִים (ז)
lavagna (f)	'luaχ	לוּחַ (ז)
voto (m)	tsiyun	צִיּוּן (ז)
voto (m) alto	tsiyun tov	צִיּוּן טוֹב (ז)
voto (m) basso	tsiyun ga'ru'a	צִיּוּן גָּרוּעַ (ז)
dare un voto	latet tsiyun	לָתֵת צִיּוּן
errore (m)	ta'ut	טָעוּת (נ)
fare errori	la'asot ta'uyot	לַעֲשׂוֹת טָעוּיוֹת
correggere (vt)	letaken	לְתַקֵּן
bigliettino (m)	ʃif	שְׁלִיף (ז)
compiti (m pl)	ʃi'urei 'bayit	שִׁיעוּרֵי בַּיִת (ז"ר)
esercizio (m)	targil	תַּרְגִּיל (ז)
essere presente	lihyot no'χeaχ	לִהְיוֹת נוֹכֵחַ
essere assente	lehe'ader	לְהֵיעָדֵר
mancare le lezioni	lehaχsir	לְהַחְסִיר
punire (vt)	leha'aniʃ	לְהַעֲנִישׁ
punizione (f)	'oneʃ	עוֹנֶשׁ (ז)
comportamento (m)	hitnahagut	הִתְנַהֲגוּת (נ)

pagella (f)	yoman beit 'sefer	יוֹמָן בֵּית סֵפֶר (ז)
matita (f)	iparon	עִיפָרוֹן (ז)
gomma (f) per cancellare	'maxak	מַחַק (ז)
gesso (m)	gir	גִיר (ז)
astuccio (m) portamatite	kalmar	קַלְמָר (ז)

cartella (f)	yalkut	יַלְקוּט (ז)
penna (f)	et	עֵט (ז)
quaderno (m)	max'beret	מַחְבֶּרֶת (נ)
manuale (m)	'sefer limud	סֵפֶר לִימוּד (ז)
compasso (m)	mexuga	מְחוּגָה (נ)

disegnare (tracciare)	lesartet	לְשַׂרְטֵט
disegno (m) tecnico	sirtut	שִׂרְטוּט (ז)

poesia (f)	ʃir	שִׁיר (ז)
a memoria	be'al pe	בְּעַל פֶּה
imparare a memoria	lilmod be'al pe	לִלְמוֹד בְּעַל פֶּה

vacanze (f pl) scolastiche	xuffa	חוּפְשָׁה (נ)
essere in vacanza	lihyot bexuffa	לִהְיוֹת בְּחוּפְשָׁה
passare le vacanze	leha'avir 'xofeʃ	לְהַעֲבִיר חוֹפֶשׁ

prova (f) scritta	mivxan	מִבְחָן (ז)
composizione (f)	xibur	חִיבּוּר (ז)
dettato (m)	haxtava	הַכְתָּבָה (נ)
esame (m)	bxina	בְּחִינָה (נ)
sostenere un esame	lehibaxen	לְהִיבָּחֵן
esperimento (m)	nisui	נִיסוּי (ז)

143. Istituto superiore. Università

accademia (f)	aka'demya	אָקָדֶמְיָה (נ)
università (f)	uni'versita	אוּנִיבֶרְסִיטָה (נ)
facoltà (f)	fa'kulta	פָקוּלְטָה (נ)

studente (m)	student	סְטוּדֶנְט (ז)
studentessa (f)	stu'dentit	סְטוּדֶנְטִית (נ)
docente (m, f)	martse	מַרְצֶה (ז)

aula (f)	ulam hartsa'ot	אוּלַם הַרְצָאוֹת (ז)
diplomato (m)	boger	בּוֹגֵר (ז)

diploma (m)	di'ploma	דִיפְלוֹמָה (נ)
tesi (f)	diser'tatsya	דִיסֶרְטַצְיָה (נ)

ricerca (f)	mexkar	מֶחְקָר (ז)
laboratorio (m)	ma'abada	מַעֲבָּדָה (נ)

lezione (f)	hartsa'a	הַרְצָאָה (נ)
compagno (m) di corso	xaver lelimudim	חָבֵר לְלִימוּדִים (ז)

borsa (f) di studio	milga	מִלְגָה (נ)
titolo (m) accademico	'to'ar aka'demi	תּוֹאַר אָקָדֶמִי (ז)

144. Scienze. Discipline

matematica (f)	mate'matika	מָתֶמָטִיקָה (נ)
algebra (f)	'algebra	אַלְגֶּבְּרָה (נ)
geometria (f)	ge'o'metriya	גֵּיאוֹמֶטְרְיָה (נ)

astronomia (f)	astro'nomya	אַסְטְרוֹנוֹמְיָה (נ)
biologia (f)	bio'logya	בִּיוֹלוֹגְיָה (נ)
geografia (f)	ge'o'grafya	גֵּיאוֹגְרַפְיָה (נ)
geologia (f)	ge'o'logya	גֵּיאוֹלוֹגְיָה (נ)
storia (f)	his'torya	הִיסְטוֹרְיָה (נ)

medicina (f)	refu'a	רְפוּאָה (נ)
pedagogia (f)	χinuχ	חִינוּךְ (ז)
diritto (m)	miʃpatim	מִשְׁפָּטִים (ז"ר)

fisica (f)	'fizika	פִיזִיקָה (נ)
chimica (f)	'χimya	כִימְיָה (נ)
filosofia (f)	filo'sofya	פִילוֹסוֹפְיָה (נ)
psicologia (f)	psiχo'logya	פְּסִיכוֹלוֹגְיָה (נ)

145. Sistema di scrittura. Ortografia

grammatica (f)	dikduk	דִקְדוּק (ז)
lessico (m)	otsar milim	אוֹצַר מִילִים (ז)
fonetica (f)	torat ha'hege	תּוֹרַת הַהֶגֶה (נ)

sostantivo (m)	ʃem 'etsem	שֵׁם עֶצֶם (ז)
aggettivo (m)	ʃem 'to'ar	שֵׁם תּוֹאַר (ז)
verbo (m)	po'el	פּוֹעַל (ז)
avverbio (m)	'to'ar 'po'al	תּוֹאַר פּוֹעַל (ז)

pronome (m)	ʃem guf	שֵׁם גּוּף (ז)
interiezione (f)	milat kri'a	מִילַת קְרִיאָה (נ)
preposizione (f)	milat 'yaχas	מִילַת יַחַס (נ)

radice (f)	'ʃoreʃ	שׁוֹרֶשׁ (ז)
desinenza (f)	si'yomet	סִיוֹמֶת (נ)
prefisso (m)	tχilit	תְּחִילִית (נ)
sillaba (f)	havara	הֲבָרָה (נ)
suffisso (m)	si'yomet	סִיוֹמֶת (נ)

accento (m)	'ta'am	טַעַם (ז)
apostrofo (m)	'gereʃ	גֶּרֶשׁ (ז)

punto (m)	nekuda	נְקוּדָה (נ)
virgola (f)	psik	פְּסִיק (ז)
punto (m) e virgola	nekuda ufsik	נְקוּדָה וּפְסִיק (נ)
due punti	nekudo'tayim	נְקוּדוֹתַיִים (נ"ר)
puntini di sospensione	ʃaloʃ nekudot	שָׁלוֹשׁ נְקוּדוֹת (נ"ר)

punto (m) interrogativo	siman ʃe'ela	סִימָן שְׁאֵלָה (ז)
punto (m) esclamativo	siman kri'a	סִימָן קְרִיאָה (ז)

virgolette (f pl)	merχa'ot	מֵרְכָאוֹת (ז"ר)
tra virgolette	bemerχa'ot	בְּמֵרְכָאוֹת
parentesi (f pl)	sog'rayim	סוֹגְרַיִים (ז"ר)
tra parentesi	besog'rayim	בְּסוֹגְרַיִים
trattino (m)	makaf	מַקָף (ז)
lineetta (f)	kav mafrid	קַו מַפְרִיד (ז)
spazio (m) (tra due parole)	'revaχ	רֶוַוח (ז)
lettera (f)	ot	אוֹת (נ)
lettera (f) maiuscola	ot gdola	אוֹת גְדוֹלָה (נ)
vocale (f)	tnu'a	תְנוּעָה (נ)
consonante (f)	itsur	עִיצוּר (ז)
proposizione (f)	miʃpat	מִשְׁפָּט (ז)
soggetto (m)	nose	נוֹשֵׂא (ז)
predicato (m)	nasu	נָשׂוּא (ז)
riga (f)	ʃura	שׁוּרָה (נ)
a capo	beʃura χadaʃa	בְּשׁוּרָה חֲדָשָׁה
capoverso (m)	piska	פִּסְקָה (נ)
parola (f)	mila	מִילָה (נ)
gruppo (m) di parole	tsiruf milim	צֵירוּף מִילִים (ז)
espressione (f)	bitui	בִּיטוּי (ז)
sinonimo (m)	mila nir'defet	מִילָה נִרְדֶפֶת (נ)
antonimo (m)	'hefeχ	הֵפֶךְ (ז)
regola (f)	klal	כְּלָל (ז)
eccezione (f)	yotse min haklal	יוֹצֵא מִן הַכְּלָל (ז)
giusto (corretto)	naχon	נָכוֹן
coniugazione (f)	hataya	הַטָיָיה (נ)
declinazione (f)	hataya	הַטָיָיה (נ)
caso (m) nominativo	yaχasa	יַחֲסָה (נ)
domanda (f)	ʃe'ela	שְׁאֵלָה (נ)
sottolineare (vt)	lehadgiʃ	לְהַדְגִישׁ
linea (f) tratteggiata	kav nakud	קַו נָקוּד (ז)

146. Lingue straniere

lingua (f)	safa	שָׂפָה (נ)
straniero (agg)	zar	זָר
lingua (f) straniera	safa zara	שָׂפָה זָרָה (נ)
studiare (vt)	lilmod	לִלְמוֹד
imparare (una lingua)	lilmod	לִלְמוֹד
leggere (vi, vt)	likro	לִקְרוֹא
parlare (vi, vt)	ledaber	לְדַבֵּר
capire (vt)	lehavin	לְהָבִין
scrivere (vi, vt)	liχtov	לִכְתוֹב
rapidamente	maher	מַהֵר
lentamente	le'at	לְאַט

correntemente	χοfʃi	חוֹפְשִׁי
regole (f pl)	klalim	כְּלָלִים (ז"ר)
grammatica (f)	dikduk	דִּקְדּוּק (ז)
lessico (m)	otsar milim	אוֹצַר מִילִים (ז)
fonetica (f)	torat ha'hege	תּוֹרַת הַהֶגָה (נ)

manuale (m)	'sefer limud	סֵפֶר לִימוּד (ז)
dizionario (m)	milon	מִילוֹן (ז)
manuale (m) autodidattico	'sefer lelimud atsmi	סֵפֶר לְלִימוּד עַצְמִי (ז)
frasario (m)	siχon	שִׂיחוֹן (ז)

cassetta (f)	ka'letet	קַלֶּטֶת (נ)
videocassetta (f)	ka'letet 'vide'o	קַלֶּטֶת וִידֵיאוֹ (נ)
CD (m)	taklitor	תַּקְלִיטוֹר (ז)
DVD (m)	di vi di	דִּי. וִי. דִּי. (ז)

alfabeto (m)	alefbeit	אָלֶפְבֵּית (ז)
compitare (vt)	le'ayet	לְאַיֵּת
pronuncia (f)	hagiya	הֲגִיָּה (נ)

accento (m)	mivta	מִבְטָא (ז)
con un accento	im mivta	עִם מִבְטָא
senza accento	bli mivta	בְּלִי מִבְטָא

vocabolo (m)	mila	מִילָה (נ)
significato (m)	maʃma'ut	מַשְׁמָעוּת (נ)

corso (m) (~ di francese)	kurs	קוּרְס (ז)
iscriversi (vr)	leheraʃem lekurs	לְהֵירָשֵׁם לְקוּרְס
insegnante (m, f)	more	מוֹרֶה (ז)

traduzione (f) (fare una ~)	tirgum	תַּרְגּוּם (ז)
traduzione (f) (un testo)	tirgum	תַּרְגּוּם (ז)
traduttore (m)	metargem	מְתַרְגֵּם (ז)
interprete (m)	meturgeman	מְתוּרְגְּמָן (ז)

poliglotta (m)	poliglot	פּוֹלִיגְלוֹט (ז)
memoria (f)	zikaron	זִיכָּרוֹן (ז)

147. Personaggi delle fiabe

Babbo Natale (m)	'santa 'kla'us	סַנְטָה קְלָאוּס (ז)
Cenerentola (f)	sinde'rela	סִינְדֶּרֶלָה
sirena (f)	bat yam, betulat hayam	בַּת יָם, בְּתוּלַת הַיָם (נ)
Nettuno (m)	neptun	נֶפְטוּן (ז)

mago (m)	kosem	קוֹסֵם (ז)
fata (f)	'feya	פֵיָה (נ)
magico (agg)	kasum	קָסוּם
bacchetta (f) magica	ʃarvit 'kesem	שַׁרְבִיט קֶסֶם (ז)

fiaba (f), favola (f)	agada	אַגָדָה (נ)
miracolo (m)	nes	נֵס (ז)
nano (m)	gamad	גַּמָד (ז)

trasformarsi in ...	lahafoχ le...	...לַ לַהֲפוֹךְ
fantasma (m)	'ruaχ refa''im	רוּחַ רְפָאִים (ז)
spettro (m)	'ruaχ refa''im	רוּחַ רְפָאִים (ז)
mostro (m)	mif'letset	מִפְלֶצֶת (נ)
drago (m)	drakon	דְּרָקוֹן (ז)
gigante (m)	anak	עֲנָק (ז)

148. Segni zodiacali

Ariete (m)	tale	טָלֶה (ז)
Toro (m)	ʃor	שׁוֹר (ז)
Gemelli (m pl)	te'omim	תְּאוֹמִים (ז"ר)
Cancro (m)	sartan	סַרְטָן (ז)
Leone (m)	arye	אַרְיֵה (ז)
Vergine (f)	betula	בְּתוּלָה (נ)

Bilancia (f)	moz'nayim	מֹאזְנַיִים (ז"ר)
Scorpione (m)	akrav	עַקְרָב (ז)
Sagittario (m)	kaʃat	קַשָּׁת (ז)
Capricorno (m)	gdi	גְּדִי (ז)
Acquario (m)	dli	דְּלִי (ז)
Pesci (m pl)	dagim	דָּגִים (ז"ר)

carattere (m)	'ofi	אוֹפִי (ז)
tratti (m pl) del carattere	tχunot 'ofi	תְּכוּנוֹת אוֹפִי (נ"ר)
comportamento (m)	hitnahagut	הִתְנַהֲגוּת (נ)
predire il futuro	lenabe et ha'atid	לְנַבֵּא אֶת הֶעָתִיד
cartomante (f)	ma'gedet atidot	מַגֶּדֶת עֲתִידוֹת (נ)
oroscopo (m)	horoskop	הוֹרוֹסְקוֹפּ (ז)

Arte

149. Teatro

teatro (m)	te'atron	תֵּיאַטְרוֹן (ז)
opera (f)	'opera	אוֹפֵּרָה (נ)
operetta (f)	ope'reta	אוֹפֵּרֶטָּה (נ)
balletto (m)	balet	בָּלֵט (ז)

cartellone (m)	kraza	כְּרָזָה (נ)
compagnia (f) teatrale	lahaka	לַהֲקָה (נ)
tournée (f)	masa hofa'ot	מַסַע הוֹפָעוֹת (ז)
andare in tourn?e	latset lemasa hofa'ot	לָצֵאת לְמַסַע הוֹפָעוֹת
fare le prove	la'aroχ χazara	לַעֲרוֹך חֲזָרָה
prova (f)	χazara	חֲזָרָה (נ)
repertorio (m)	repertu'ar	רֶפֶּרְטוּאָר (ז)

rappresentazione (f)	hofa'a	הוֹפָעָה (נ)
spettacolo (m)	hatsaga	הַצָּגָה (נ)
opera (f) teatrale	maχaze	מַחֲזֶה (ז)

biglietto (m)	kartis	כַּרְטִיס (ז)
botteghino (m)	kupa	קוּפָּה (נ)
hall (f)	'lobi	לוֹבִּי (ז)
guardaroba (f)	meltaχa	מֶלְתָּחָה (נ)
cartellino (m) del guardaroba	mispar meltaχa	מִסְפַּר מֶלְתָּחָה (ז)
binocolo (m)	miʃ'kefet	מִשְׁקֶפֶת (נ)
maschera (f)	sadran	סַדְרָן (ז)

platea (f)	parter	פַּרְטֶר (ז)
balconata (f)	mir'peset	מִרְפֶּסֶת (נ)
prima galleria (f)	ya'tsi'a	יָצִיעַ (ז)
palco (m)	ta	תָּא (ז)
fila (f)	ʃura	שׁוּרָה (נ)
posto (m)	moʃav	מוֹשָׁב (ז)

pubblico (m)	'kahal	קָהָל (ז)
spettatore (m)	tsofe	צוֹפֶה (ז)
battere le mani	limχo ka'payim	לִמְחוֹא כַּפַּיִם
applauso (m)	meχi'ot ka'payim	מְחִיאוֹת כַּפַּיִם (נ"ר)
ovazione (f)	tʃu'ot	תְּשׁוּאוֹת (נ"ר)

palcoscenico (m)	bama	בָּמָה (נ)
sipario (m)	masaχ	מָסָך (ז)
scenografia (f)	taf'ura	תַּפְאוּרָה (נ)
quinte (f pl)	klayim	קְלָעִים

scena (f) (l'ultima ~)	'stsena	סְצֵינָה (נ)
atto (m)	ma'araχa	מַעֲרָכָה (נ)
intervallo (m)	hafsaka	הַפְסָקָה (נ)

150. Cinema

attore (m)	saχkan	שַׂחְקָן (ז)
attrice (f)	saχkanit	שַׂחְקָנִית (נ)
cinema (m) (industria)	kol'no'a	קוֹלְנוֹעַ (ז)
film (m)	'seret	סֶרֶט (ז)
puntata (f)	epi'zoda	אֶפִּיזוֹדָה (נ)
film (m) giallo	'seret balaſi	סֶרֶט בַּלָשִׁי (ז)
film (m) d'azione	ma'arvon	מַעֲרבוֹן (ז)
film (m) d'avventure	'seret harpatka'ot	סֶרֶט הַרְפַּתְקָאוֹת (ז)
film (m) di fantascienza	'seret mada bidyoni	סֶרֶט מַדָע בִּדְיוֹנִי (ז)
film (m) d'orrore	'seret eima	סֶרֶט אֵימָה (ז)
film (m) comico	ko'medya	קוֹמֶדְיָה (נ)
melodramma (m)	melo'drama	מֶלוֹדְרָמָה (נ)
dramma (m)	'drama	דְרָמָה (נ)
film (m) a soggetto	'seret alilati	סֶרֶט עֲלִילָתִי (ז)
documentario (m)	'seret ti'udi	סֶרֶט תִיעוּדִי (ז)
cartoni (m pl) animati	'seret ani'matsya	סֶרֶט אֲנִימַצְיָה (ז)
cinema (m) muto	sratim ilmim	סְרָטִים אִילְמִים (ז"ר)
parte (f)	tafkid	תַפְקִיד (ז)
parte (f) principale	tafkid raſi	תַפְקִיד רָאשִׁי (ז)
recitare (vi, vt)	lesaχek	לְשַׂחֵק
star (f), stella (f)	koχav kol'no'a	כּוֹכָב קוֹלְנוֹעַ (ז)
noto (agg)	mefursam	מְפוּרְסָם
famoso (agg)	mefursam	מְפוּרְסָם
popolare (agg)	popu'lari	פּוֹפּוּלָרִי
sceneggiatura (m)	tasrit	תַסְרִיט (ז)
sceneggiatore (m)	tasritai	תַסְרִיטַאי (ז)
regista (m)	bamai	בַּמַאי (ז)
produttore (m)	mefik	מֵפִיק (ז)
assistente (m)	ozer	עוֹזֵר (ז)
cameraman (m)	tsalam	צַלָם (ז)
cascatore (m)	pa'alulan	פַּעֲלוּלָן (ז)
controfigura (f)	saχkan maχlif	שַׂחְקָן מַחֲלִיף (ז)
girare un film	letsalem 'seret	לְצַלֵם סֶרֶט
provino (m)	mivdak	מִבְדָק (ז)
ripresa (f)	hasrata	הַסְרָטָה (נ)
troupe (f) cinematografica	'tsevet ha'seret	צֶוֶת הַסֶרֶט (ז)
set (m)	atar hatsilum	אֲתַר הַצִילוּם (ז)
cinepresa (f)	matslema	מַצְלֵמָה (נ)
cinema (m) (~ all'aperto)	beit kol'no'a	בֵּית קוֹלְנוֹעַ (ז)
schermo (m)	masaχ	מָסָך (ז)
proiettare un film	lehar'ot 'seret	לְהַרְאוֹת סֶרֶט
colonna (f) sonora	paskol	פַּסְקוֹל (ז)
effetti (m pl) speciali	e'fektim meyuχadim	אֶפֶקְטִים מְיוּחָדִים (ז"ר)

sottotitoli (m pl)	ktuviyot	כְּתוּבִיוֹת (נ״ר)
titoli (m pl) di coda	ktuviyot	כְּתוּבִיוֹת (נ״ר)
traduzione (f)	tirgum	תִּרְגּוּם (ז)

151. Pittura

arte (f)	amanut	אָמָנוּת (נ)
belle arti (f pl)	omanuyot yafot	אוֹמָנוּיוֹת יָפוֹת (נ״ר)
galleria (f) d'arte	ga'lerya le'amanut	גָּלֶרְיָה לְאָמָנוּת (נ)
mostra (f)	ta'aruxat amanut	תַּעֲרוּכַת אָמָנוּת (נ)
pittura (f)	tsiyur	צִיּוּר (ז)
grafica (f)	'grafika	גְּרָפִיקָה (נ)
astrattismo (m)	amanut muf'fetet	אָמָנוּת מוּפְשֶׁטֶת (נ)
impressionismo (m)	impresyonizm	אִימְפְּרֶסְיוֹנִיזְם (ז)
quadro (m)	tmuna	תְּמוּנָה (נ)
disegno (m)	tsiyur	צִיּוּר (ז)
cartellone, poster (m)	'poster	פּוֹסְטֶר (ז)
illustrazione (f)	iyur	אִיּוּר (ז)
miniatura (f)	minya'tura	מִינְיָאטוּרָה (נ)
copia (f)	he'etek	הֶעְתֵּק (ז)
riproduzione (f)	fi'atuk	שִׁיעָתוּק (ז)
mosaico (m)	psefas	פְּסֵיפָס (ז)
vetrata (f)	vitraჳ	וִיטְרָאז' (ז)
affresco (m)	fresko	פְרֶסְקוֹ (ז)
incisione (f)	taxrit	תַּחְרִיט (ז)
busto (m)	pro'toma	פְּרוֹטוֹמָה (נ)
scultura (f)	'pesel	פֶּסֶל (ז)
statua (f)	'pesel	פֶּסֶל (ז)
gesso (m)	'geves	גֶּבֶס (ז)
in gesso	mi'geves	מִגֶּבֶס
ritratto (m)	dyukan	דְּיוֹקָן (ז)
autoritratto (m)	dyukan atsmi	דְּיוֹקָן עַצְמִי (ז)
paesaggio (m)	tsiyur nof	צִיּוּר נוֹף (ז)
natura (f) morta	'teva domem	טֶבַע דּוֹמֵם (ז)
caricatura (f)	karika'tura	קָרִיקָטוּרָה (נ)
abbozzo (m)	tarfim	תַּרְשִׁים (ז)
colore (m)	'tseva	צֶבַע (ז)
acquerello (m)	'tseva 'mayim	צֶבַע מַיִם (ז)
olio (m)	'femen	שֶׁמֶן (ז)
matita (f)	iparon	עִיפָּרוֹן (ז)
inchiostro (m) di china	tuf	טוּשׁ (ז)
carbone (m)	pexam	פֶּחָם (ז)
disegnare (a matita)	letsayer	לְצַיֵּיר
dipingere (un quadro)	letsayer	לְצַיֵּיר
posare (vi)	ledagmen	לְדַגְמֵן
modello (m)	dugman eirom	דּוּגְמָן עֵירוֹם (ז)

modella (f)	dugmanit erom	דּוּגְמָנִית עֵירוֹם (נ)
pittore (m)	tsayar	צַיָּר (ז)
opera (f) d'arte	yetsirat amanut	יְצִירַת אָמָנוּת (נ)
capolavoro (m)	yetsirat mofet	יְצִירַת מוֹפֵת (נ)
laboratorio (m) (di artigiano)	'studyo	סְטוּדְיוֹ (ז)

tela (f)	bad piʃtan	בַּד פִּשְׁתָּן (ז)
cavalletto (m)	kan tsiyur	כַּן צִיּוּר (ז)
tavolozza (f)	'plata	פַּלֶטָה (נ)

cornice (f) (~ di un quadro)	mis'geret	מִסְגֶּרֶת (נ)
restauro (m)	ʃixzur	שִׁחְזוּר (ז)
restaurare (vt)	leʃaxzer	לְשַׁחְזֵר

152. Letteratura e poesia

letteratura (f)	sifrut	סִפְרוּת (נ)
autore (m)	sofer	סוֹפֵר (ז)
pseudonimo (m)	ʃem badui	שֵׁם בָּדוּי (ז)

libro (m)	'sefer	סֵפֶר (ז)
volume (m)	'kerex	כֶּרֶךְ (ז)
sommario (m), indice (m)	'toxen inyanim	תּוֹכֶן עִנְיָינִים (ז)
pagina (f)	amud	עַמּוּד (ז)
protagonista (m)	hagibor haraʃi	הַגִּיבּוֹר הָרָאשִׁי (ז)
autografo (m)	xatima	חֲתִימָה (נ)

racconto (m)	sipur katsar	סִיפּוּר קָצָר (ז)
romanzo (m) breve	sipur	סִיפּוּר (ז)
romanzo (m)	roman	רוֹמָן (ז)
opera (f) (~ letteraria)	xibur	חִיבּוּר (ז)
favola (f)	maʃal	מָשָׁל (ז)
giallo (m)	roman balaʃi	רוֹמָן בַּלָּשִׁי (ז)

verso (m)	ʃir	שִׁיר (ז)
poesia (f) (~ lirica)	ʃira	שִׁירָה (נ)
poema (m)	po''ema	פּוֹאֶמָה (נ)
poeta (m)	meʃorer	מְשׁוֹרֵר (ז)

narrativa (f)	sifrut yafa	סִפְרוּת יָפָה (נ)
fantascienza (f)	mada bidyoni	מַדָּע בִּדְיוֹנִי (ז)
avventure (f pl)	harpatka'ot	הַרְפַּתְקָאוֹת (נ"ר)
letteratura (f) formativa	sifrut limudit	סִפְרוּת לִימוּדִית (נ)
libri (m pl) per l'infanzia	sifrut yeladim	סִפְרוּת יְלָדִים (נ)

153. Circo

circo (m)	kirkas	קִרְקָס (ז)
tendone (m) del circo	kirkas nayad	קִרְקָס נַיָּיד (ז)
programma (m)	toxnit	תּוֹכְנִית (נ)
spettacolo (m)	hofa'a	הוֹפָעָה (נ)
numero (m)	hofa'a	הוֹפָעָה (נ)

arena (f)	zira	זִירָה (נ)
pantomima (m)	panto'mima	פַּנטוֹמִימָה (נ)
pagliaccio (m)	leitsan	לֵיצָן (ז)

acrobata (m)	akrobat	אַקרוֹבָּט (ז)
acrobatica (f)	akro'batika	אַקרוֹבָּטִיקָה (נ)
ginnasta (m)	mit'amel	מִתעַמֵל (ז)
ginnastica (m)	hit'amlut	הִתעַמלוּת (נ)
salto (m) mortale	'salta	סַלטָה (נ)

forzuto (m)	atlet	אַתלֵט (ז)
domatore (m)	me'alef	מְאַלֵף (ז)
cavallerizzo (m)	roxev	רוֹכֵב (ז)
assistente (m)	ozer	עוֹזֵר (ז)

acrobazia (f)	pa'alul	פַּעֲלוּל (ז)
gioco (m) di prestigio	'kesem	קֶסֶם (ז)
prestigiatore (m)	kosem	קוֹסֵם (ז)

giocoliere (m)	lahatutan	לַהֲטוּטָן (ז)
giocolare (vi)	lelahtet	לְלַהֲטֵט
ammaestratore (m)	me'alef hayot	מְאַלֵף חַיוֹת (ז)
ammaestramento (m)	iluf xayot	אִילוּף חַיוֹת (ז)
ammaestrare (vt)	le'alef	לְאַלֵף

154. Musica. Musica pop

musica (f)	'muzika	מוּזִיקָה (נ)
musicista (m)	muzikai	מוּזִיקָאי (ז)
strumento (m) musicale	kli negina	כּלִי נְגִינָה (ז)
suonare …	lenagen be…	לְנַגֵן בְּ...

chitarra (f)	gi'tara	גִיטָרָה (נ)
violino (m)	kinor	כִּינוֹר (ז)
violoncello (m)	'tʃelo	צֶ'לוֹ (ז)
contrabbasso (m)	kontrabas	קוֹנטרַבָּס (ז)
arpa (f)	'nevel	נֵבֶל (ז)

pianoforte (m)	psanter	פּסַנתֵר (ז)
pianoforte (m) a coda	psanter kanaf	פּסַנתֵר כָּנָף (ז)
organo (m)	ugav	עוּגָב (ז)

strumenti (m pl) a fiato	klei neʃifa	כּלִי נְשִׁיפָה (ז"ר)
oboe (m)	abuv	אַבּוּב (ז)
sassofono (m)	saksofon	סַקסוֹפוֹן (ז)
clarinetto (m)	klarinet	קלָרִינֶט (ז)
flauto (m)	xalil	חָלִיל (ז)
tromba (f)	xatsotsra	חֲצוֹצרָה (נ)

| fisarmonica (f) | akordyon | אָקוֹרדִיוֹן (ז) |
| tamburo (m) | tof | תוֹף (ז) |

| duetto (m) | 'du'o | דוּאוֹ (ז) |
| trio (m) | ʃliʃiya | שׁלִישִׁיָה (נ) |

quartetto (m)	revi'iya	רְבִיעִיָה (נ)
coro (m)	makhela	מַקְהֵלָה (נ)
orchestra (f)	tiz'moret	תִּזְמוֹרֶת (נ)

musica (f) pop	'muzikat pop	מוּזִיקַת פּוֹפ (נ)
musica (f) rock	'muzikat rok	מוּזִיקַת רוֹק (נ)
gruppo (m) rock	lehakat rok	לַהֲקַת רוֹק (נ)
jazz (m)	ʤez	גֶ'ז (ז)

| idolo (m) | koχav | כּוֹכָב (ז) |
| ammiratore (m) | ohed | אוֹהֵד (ז) |

concerto (m)	kontsert	קוֹנְצֶרְט (ז)
sinfonia (f)	si'fonya	סִימְפוֹנִיָה (נ)
composizione (f)	yetsira	יְצִירָה (נ)
comporre (vt), scrivere (vt)	leχaber	לְחַבֵּר

canto (m)	ʃira	שִׁירָה (נ)
canzone (f)	ʃir	שִׁיר (ז)
melodia (f)	mangina	מַנְגִּינָה (נ)
ritmo (m)	'ketsev	קֶצֶב (ז)
blues (m)	bluz	בְּלוּז (ז)

note (f pl)	tavim	תָּוִים (ז"ר)
bacchetta (f)	ʃarvit ni'tsuaχ	שַׁרְבִיט נִיצּוּחַ (ז)
arco (m)	'keʃet	קֶשֶׁת (נ)
corda (f)	meitar	מֵיתָר (ז)
custodia (f) (~ della chitarra)	nartik	נַרְתִּיק (ז)

Ristorante. Intrattenimento. Viaggi

155. Escursione. Viaggio

turismo (m)	tayarut	תַּיָּירוּת (נ)
turista (m)	tayar	תַּיָּיר (ז)
viaggio (m) (all'estero)	tiyul	טִיוּל (ז)
avventura (f)	harpatka	הַרְפַּתְקָה (נ)
viaggio (m) (corto)	nesi'a	נְסִיעָה (נ)
vacanza (f)	χuffa	חוּפְשָׁה (נ)
essere in vacanza	lihyot beχuffa	לִהְיוֹת בְּחוּפְשָׁה
riposo (m)	menuχa	מְנוּחָה (נ)
treno (m)	ra'kevet	רַכֶּבֶת (נ)
in treno	bera'kevet	בְּרַכֶּבֶת
aereo (m)	matos	מָטוֹס (ז)
in aereo	bematos	בְּמָטוֹס
in macchina	bemeχonit	בִּמְכוֹנִית
in nave	be'oniya	בָּאוֹנִיָּיה
bagaglio (m)	mit'an	מִטְעָן (ז)
valigia (f)	mizvada	מִזְוָודָה (נ)
carrello (m)	eglat mit'an	עֲגְלַת מִטְעָן (נ)
passaporto (m)	darkon	דַּרְכּוֹן (ז)
visto (m)	'viza, aʃra	וִיזָה, אַשְׁרָה (נ)
biglietto (m)	kartis	כַּרְטִיס (ז)
biglietto (m) aereo	kartis tisa	כַּרְטִיס טִיסָה (ז)
guida (f)	madriχ	מַדְרִיךְ (ז)
carta (f) geografica	mapa	מַפָּה (נ)
località (f)	ezor	אֵזוֹר (ז)
luogo (m)	makom	מָקוֹם (ז)
ogetti (m pl) esotici	ek'zotika	אֶקְזוֹטִיקָה (נ)
esotico (agg)	ek'zoti	אֶקְזוֹטִי
sorprendente (agg)	nifla	נִפְלָא
gruppo (m)	kvutsa	קְבוּצָה (נ)
escursione (f)	tiyul	טִיוּל (ז)
guida (f) (cicerone)	madriχ tiyulim	מַדְרִיךְ טִיוּלִים (ז)

156. Hotel

albergo (m)	beit malon	בֵּית מָלוֹן (ז)
hotel (m)	malon	מָלוֹן (ז)
motel (m)	motel	מוֹטֶל (ז)

tre stelle	ʃloʃa koχavim	שְׁלוֹשָׁה כּוֹכָבִים
cinque stelle	χamiʃa koχavim	חֲמִישָׁה כּוֹכָבִים
alloggiare (vi)	lehit'aχsen	לְהִתְאַכְסֵן
camera (f)	'χeder	חֶדֶר (ז)
camera (f) singola	'χeder yaχid	חֶדֶר יָחִיד (ז)
camera (f) doppia	'χeder zugi	חֶדֶר זוּגִי (ז)
prenotare una camera	lehazmin 'χeder	לְהַזְמִין חֶדֶר
mezza pensione (f)	χaʦi pensiyon	חֲצִי פֶּנְסִיוֹן (ז)
pensione (f) completa	pensyon male	פֶּנְסִיוֹן מָלֵא (ז)
con bagno	im am'batya	עִם אַמְבַּטְיָה
con doccia	im mik'laχat	עִם מִקְלַחַת
televisione (f) satellitare	tele'vizya bekvalim	טֶלֶוִיזְיָה בְּכְבָלִים (נ)
condizionatore (m)	mazgan	מַזְגָן (ז)
asciugamano (m)	ma'gevet	מַגֶּבֶת (נ)
chiave (f)	maf'teaχ	מַפְתֵּחַ (ז)
amministratore (m)	amarkal	אֲמַרְכָּל (ז)
cameriera (f)	χadranit	חַדְרָנִית (נ)
portabagagli (m)	sabal	סַבָּל (ז)
portiere (m)	pakid kabala	פְּקִיד קַבָּלָה (ז)
ristorante (m)	mis'ada	מִסְעָדָה (נ)
bar (m)	bar	בָּר (ז)
colazione (f)	aruχat 'boker	אֲרוּחַת בּוֹקֶר (נ)
cena (f)	aruχat 'erev	אֲרוּחַת עֶרֶב (נ)
buffet (m)	miznon	מִזְנוֹן (ז)
hall (f) (atrio d'ingresso)	'lobi	לוֹבִּי (ז)
ascensore (m)	ma'alit	מַעֲלִית (נ)
NON DISTURBARE	lo lehafri'a	לֹא לְהַפְרִיעַ
VIETATO FUMARE!	asur le'aʃen!	אָסוּר לְעַשֵׁן!

157. Libri. Lettura

libro (m)	'sefer	סֵפֶר (ז)
autore (m)	sofer	סוֹפֵר (ז)
scrittore (m)	sofer	סוֹפֵר (ז)
scrivere (vi, vt)	liχtov	לִכְתּוֹב
lettore (m)	kore	קוֹרֵא (ז)
leggere (vi, vt)	likro	לִקְרוֹא
lettura (f) (sala di ~)	kri'a	קְרִיאָה (נ)
in silenzio (leggere ~)	belev, be'ʃeket	בְּלֵב, בְּשֶׁקֶט
ad alta voce	bekol ram	בְּקוֹל רָם
pubblicare (vt)	lehotsi la'or	לְהוֹצִיא לָאוֹר
pubblicazione (f)	hotsa'a la'or	הוֹצָאָה לָאוֹר (נ)
editore (m)	motsi le'or	מוֹצִיא לָאוֹר (ז)
casa (f) editrice	hotsa'a la'or	הוֹצָאָה לָאוֹר (נ)

uscire (vi)	latset le'or	לָצֵאת לְאוֹר
uscita (f)	hafatsa	הָפָצָה (נ)
tiratura (f)	tfutsa	תפוּצָה (נ)
libreria (f)	χanut sfarim	חָנוּת ספָרִים (נ)
biblioteca (f)	sifriya	ספרִיָיה (נ)
romanzo (m) breve	sipur	סִיפּוּר (ז)
racconto (m)	sipur katsar	סִיפּוּר קָצָר (ז)
romanzo (m)	roman	רוֹמָן (ז)
giallo (m)	roman balaſi	רוֹמָן בַּלָשִי (ז)
memorie (f pl)	ziχronot	זִיכרוֹנוֹת (ז"ר)
leggenda (f)	agada	אַגָדָה (נ)
mito (m)	'mitos	מִיתוֹס (ז)
poesia (f), versi (m pl)	ſirim	שִירִים (ז"ר)
autobiografia (f)	otobio'grafya	אוֹטוֹבִּיוֹגרַפיָה (נ)
opere (f pl) scelte	mivχar ktavim	מִבחָר כּתָבִים (ז)
fantascienza (f)	mada bidyoni	מַדָע בִּדיוֹנִי (ז)
titolo (m)	kotar	כּוֹתָר (ז)
introduzione (f)	mavo	מָבוֹא (ז)
frontespizio (m)	amud ha'ſa'ar	עָמוּד הַשַעַר (ז)
capitolo (m)	'perek	פֶּרֶק (ז)
frammento (m)	'keta	קֶטַע (ז)
episodio (m)	epi'zoda	אָפִּיזוֹדָה (נ)
soggetto (m)	alila	עֲלִילָה (נ)
contenuto (m)	'toχen	תוֹכֶן (ז)
sommario (m)	'toχen inyanim	תוֹכֶן עְנִייָנִים (ז)
protagonista (m)	hagibor haraſi	הַגִיבּוֹר הָרָאשִי (ז)
volume (m)	'kereχ	כֶּרֶך (ז)
copertina (f)	kriχa	כּרִיכָה (נ)
rilegatura (f)	kriχa	כּרִיכָה (נ)
segnalibro (m)	simaniya	סִימָנִייָה (נ)
pagina (f)	amud	עָמוּד (ז)
sfogliare (~ le pagine)	ledafdef	לְדַפדֵף
margini (m pl)	ſu'layim	שוּלַיִים (ז"ר)
annotazione (f)	he'ara	הֶעָרָה (נ)
nota (f) (a fondo pagina)	he'arat ſu'layim	הֶעָרַת שוּלַיִים (נ)
testo (m)	tekst	טֶקסט (ז)
carattere (m)	gufan	גוּפָן (ז)
refuso (m)	ta'ut dfus	טָעוּת דפוּס (נ)
traduzione (f)	tirgum	תַרגוּם (ז)
tradurre (vt)	letargem	לְתַרגֵם
originale (m) (leggere l'~)	makor	מָקוֹר (ז)
famoso (agg)	mefursam	מְפוּרסָם
sconosciuto (agg)	lo ya'du'a	לֹא יָדוּעַ
interessante (agg)	me'anyen	מְעַנייֵן

best seller (m)	rav 'meχer	רַב־מֶכֶר (ז)
dizionario (m)	milon	מִילוֹן (ז)
manuale (m)	'sefer limud	סֵפֶר לִימוּד (ז)
enciclopedia (f)	entsiklo'pedya	אֶנְצִיקְלוֹפֶּדְיָה (נ)

158. Caccia. Pesca

caccia (f)	'tsayid	צַיִד (ז)
cacciare (vt)	latsud	לָצוּד
cacciatore (m)	tsayad	צַיָּיד (ז)
sparare (vi)	lirot	לִירוֹת
fucile (m)	rove	רוֹבֶה (ז)
cartuccia (f)	kadur	כַּדוּר (ז)
pallini (m pl) da caccia	kaduriyot	כַּדוּרִיּוֹת (נ"ר)
tagliola (f) (~ per orsi)	mal'kodet	מַלְכּוֹדֶת (נ)
trappola (f) (~ per uccelli)	mal'kodet	מַלְכּוֹדֶת (נ)
cadere in trappola	lehilaχed bemal'kodet	לְהִילָכֵד בְּמַלְכּוֹדֶת
tendere una trappola	leha'niaχ mal'kodet	לְהָנִים מַלְכּוֹדֶת
bracconiere (m)	tsayad lelo reʃut	צַיָּיד לְלֹא רְשׁוּת (ז)
cacciagione (m)	χayot bar	חַיּוֹת בַּר (נ"ר)
cane (m) da caccia	'kelev 'tsayid	כֶּלֶב צַיִד (ז)
safari (m)	sa'fari	סַפָארִי (ז)
animale (m) impagliato	puχlats	פּוּחְלָץ (ז)
pescatore (m)	dayag	דַּיָּיג (ז)
pesca (f)	'dayig	דַּיִג (ז)
pescare (vi)	ladug	לָדוּג
canna (f) da pesca	χaka	חַכָּה (נ)
lenza (f)	χut haχaka	חוּט הַחַכָּה (ז)
amo (m)	'keres	קֶרֶס (ז)
galleggiante (m)	matsof	מָצוֹף (ז)
esca (f)	pitayon	פִּיתָיוֹן (ז)
lanciare la canna	lizrok et haχaka	לִזְרוֹק אֶת הַחַכָּה
abboccare (pesce)	liv'lo'a pitayon	לִבְלוֹעַ פִּיתָיוֹן
pescato (m)	ʃlal 'dayig	שְׁלַל דַּיִג (ז)
buco (m) nel ghiaccio	mivka 'keraχ	מִבְקַע קֶרַח (ז)
rete (f)	'reʃet dayagim	רֶשֶׁת דַּיָּיגִים (נ)
barca (f)	sira	סִירָה (נ)
prendere con la rete	ladug be'reʃet	לָדוּג בְּרֶשֶׁת
gettare la rete	lizrok 'reʃet	לִזְרוֹק רֶשֶׁת
tirare le reti	ligror 'reʃet	לִגְרוֹר רֶשֶׁת
cadere nella rete	lehilaχed be'reʃet	לְהִילָכֵד בְּרֶשֶׁת
baleniere (m)	tsayad livyatanim	צַיָּיד לְווִייָתָנִים (ז)
baleniera (f) (nave)	sfinat tseid livyetanim	סְפִינַת צַיד לְווִייָתָנִית (נ)
rampone (m)	tsiltsal	צִלְצָל (ז)

159. Ciochi. Biliardo

biliardo (m)	bilyard	בִּילְיַארְד (ז)
sala (f) da biliardo	'xeder bilyard	חֶדֶר בִּילְיַארְד (ז)
bilia (f)	kadur bilyard	כַּדּוּר בִּילְיַארְד (ז)

imbucare (vt)	lehaxnis kadur lekis	לְהַכְנִיס כַּדּוּר לְכִּיס
stecca (f) da biliardo	makel bilyard	מַקֵּל בִּילְיַארְד (ז)
buca (f)	kis	כִּיס (ז)

160. Giochi. Carte da gioco

quadri (m pl)	yahalom	יַהֲלוֹם (ז)
picche (f pl)	ale	עָלֶה (ז)
cuori (m pl)	lev	לֵב (ז)
fiori (m pl)	tiltan	תִּלְתָּן (ז)

asso (m)	as	אָס (ז)
re (m)	'melex	מֶלֶךְ (ז)
donna (f)	malka	מַלְכָּה (נ)
fante (m)	nasix	נָסִיךְ (ז)

carta (f) da gioco	klaf	קְלָף (ז)
carte (f pl)	klafim	קְלָפִים (ז"ר)
briscola (f)	klaf nitsaxon	קְלָף נִיצָחוֹן (ז)
mazzo (m) di carte	xafisat klafim	חֲפִיסַת קְלָפִים (נ)

punto (m)	nekuda	נְקוּדָה (נ)
dare le carte	lexalek klafim	לְחַלֵּק קְלָפִים
mescolare (~ le carte)	litrof	לִטְרוֹף
turno (m)	tor	תּוֹר (ז)
baro (m)	noxel klafim	נוֹכֵל קְלָפִים (ז)

161. Casinò. Roulette

casinò (m)	ka'zino	קָזִינוֹ (ז)
roulette (f)	ru'leta	רוּלֶטָה (נ)
puntata (f)	menat misxak	מְנָת מִשְׂחָק (נ)
puntare su ...	leha'niax menat misxak	לְהָנִיחַ מְנָת מִשְׂחָק

rosso (m)	adom	אָדוֹם
nero (m)	faxor	שָׁחוֹר
puntare sul rosso	lehamer al adom	לְהַמֵּר עַל אָדוֹם
puntare sul nero	lehamer al faxor	לְהַמֵּר עַל שָׁחוֹר

croupier (m)	'diler	דִּילֵר (ז)
far girare la ruota	lesovev et hagalgal	לְסוֹבֵב אֶת הַגַּלְגַּל
regole (f pl) del gioco	klalei hamisxak	כְּלָלֵי הַמִּשְׂחָק (ז"ר)
fiche (f)	asimon	אָסִימוֹן (ז)
vincere (vi, vt)	lizkot	לִזְכּוֹת
vincita (f)	zxiya	זְכִיָּה (נ)

| perdere (vt) | lehafsid | לְהַפְסִיד |
| perdita (f) | hefsed | הֶפְסֵד (ז) |

giocatore (m)	saχkan	שַׂחְקָן (ז)
black jack (m)	esrim ve'eχad	עֶשְׂרִים וְאֶחָד (ז)
gioco (m) dei dadi	misχak kubiyot	מִשְׂחַק קוּבִּיּוֹת (ז)
dadi (m pl)	kubiyot	קוּבִּיּוֹת (נ"ר)
slot machine (f)	meχonat misχak	מְכוֹנַת מִשְׂחָק (נ)

162. Riposo. Giochi. Varie

passeggiare (vi)	letayel ba'regel	לְטַיֵּל בָּרֶגֶל
passeggiata (f)	tiyul ragli	טִיּוּל רַגְלִי (ז)
gita (f)	nesi'a bameχonit	נְסִיעָה בַּמְכוֹנִית (נ)
avventura (f)	harpatka	הַרְפַּתְקָה (נ)
picnic (m)	'piknik	פִּיקְנִיק (ז)

gioco (m)	misχak	מִשְׂחָק (ז)
giocatore (m)	saχkan	שַׂחְקָן (ז)
partita (f) (~ a scacchi)	misχak	מִשְׂחָק (ז)

collezionista (m)	asfan	אַסְפָן (ז)
collezionare (vt)	le'esof	לֶאֱסוֹף
collezione (f)	'osef	אוֹסֶף (ז)

cruciverba (m)	taʃbets	תַשְׁבֵּץ (ז)
ippodromo (m)	hipodrom	הִיפּוֹדְרוֹם (ז)
discoteca (f)	diskotek	דִּיסְקוֹטֶק (ז)

| sauna (f) | 'sa'una | סָאוּנָה (נ) |
| lotteria (f) | 'loto | לוֹטוֹ (ז) |

campeggio (m)	tiyul maχana'ut	טִיּוּל מַחֲנָאוּת (ז)
campo (m)	maχane	מַחֲנֶה (ז)
tenda (f) da campeggio	'ohel	אוֹהֶל (ז)
bussola (f)	matspen	מַצְפֵּן (ז)
campeggiatore (m)	maχnai	מַחְנַאי (ז)

guardare (~ un film)	lir'ot	לִרְאוֹת
telespettatore (m)	tsofe	צוֹפֶה (ז)
trasmissione (f)	toχnit tele'vizya	תּוֹכְנִית טֶלֶוִיזְיָה (נ)

163. Fotografia

| macchina (f) fotografica | matslema | מַצְלֵמָה (נ) |
| fotografia (f) | tmuna | תְמוּנָה (נ) |

fotografo (m)	tsalam	צַלָּם (ז)
studio (m) fotografico	'studyo letsilum	סְטוּדִיוֹ לְצִילוּם (ז)
album (m) di fotografie	albom tmunot	אַלְבּוֹם תְמוּנוֹת (ז)
obiettivo (m)	adaʃa	עֲדָשָׁה (נ)
teleobiettivo (m)	a'deʃet teleskop	עֲדֶשֶׁת טֶלֶסְקוֹפּ (נ)

filtro (m)	masnen	מַסְנֵן (ז)
lente (f)	adaʃa	עֲדָשָׁה (נ)

ottica (f)	'optika	אוֹפְּטִיקָה (נ)
diaframma (m)	tsamtsam	צַמְצָם (ז)
tempo (m) di esposizione	zman hahe'ara,	זְמַן הַהֶאָרָה (ז)
mirino (m)	einit	עֵינִית (נ)

fotocamera (f) digitale	matslema digi'talit	מַצְלֵמָה דִּיגִיטָלִית (נ)
cavalletto (m)	χatsuva	חֲצוּבָה (נ)
flash (m)	mavzek	מַבְזֵק (ז)

fotografare (vt)	letsalem	לְצַלֵם
fare foto	letsalem	לְצַלֵם
fotografarsi	lehitstalem	לְהִצְטַלֵם

fuoco (m)	moked	מוֹקֵד (ז)
mettere a fuoco	lemaked	לְמַקֵד
nitido (agg)	χad, memukad	חַד, מְמוּקָד
nitidezza (f)	χadut	חַדּוּת (נ)

contrasto (m)	nigud	נִיגוּד (ז)
contrastato (agg)	menugad	מְנוּגָּד

foto (f)	tmuna	תְּמוּנָה (נ)
negativa (f)	taʃlil	תַּשְׁלִיל (ז)
pellicola (f) fotografica	'seret	סֶרֶט (ז)
fotogramma (m)	freim	פְרֵיים (ז)
stampare (~ le foto)	lehadpis	לְהַדְפִּיס

164. Spiaggia. Nuoto

spiaggia (f)	χof yam	חוֹף יָם (ז)
sabbia (f)	χol	חוֹל (ז)
deserto (agg)	ʃomem	שׁוֹמֵם

abbronzatura (f)	ʃizuf	שִׁיזוּף (ז)
abbronzarsi (vr)	lehiʃtazef	לְהִשְׁתַּזֵּף
abbronzato (agg)	ʃazuf	שָׁזוּף
crema (f) solare	krem hagana	קְרֶם הֲגָנָה (ז)

bikini (m)	bi'kini	בִּיקִינִי (ז)
costume (m) da bagno	'beged yam	בֶּגֶד יָם (ז)
slip (m) da bagno	'beged yam	בֶּגֶד יָם (ז)

piscina (f)	breχa	בְּרֵיכָה (נ)
nuotare (vi)	lisχot	לִשְׂחוֹת
doccia (f)	mik'laχat	מִקְלַחַת (נ)
cambiarsi (~ i vestiti)	lehaχlif bgadim	לְהַחְלִיף בְּגָדִים
asciugamano (m)	ma'gevet	מַגֶּבֶת (נ)

barca (f)	sira	סִירָה (נ)
motoscafo (m)	sirat ma'no'a	סִירַת מָנוֹעַ (נ)
sci (m) nautico	ski 'mayim	סְקִי מַיִם (ז)

pedalò (m)	sirat pe'dalim	סִירַת פְּדָלִים (נ)
surf (m)	gliʃat galim	גְלִישַׁת גַלִים
surfista (m)	goleʃ	גוֹלֵשׁ (ז)

autorespiratore (m)	'skuba	סְקוּבָּה (נ)
pinne (f pl)	snapirim	סְנַפִּירִים (ז"ר)
maschera (f)	maseχa	מַסֵכָה (נ)
subacqueo (m)	tsolelan	צוֹלְלָן (ז)
tuffarsi (vr)	litslol	לִצְלוֹל
sott'acqua	mi'taχat lifnei ha'mayim	מִתַחַת לִפְנֵי הַמַיִם

ombrellone (m)	ʃimʃiya	שִׁמְשִׁיָה (נ)
sdraio (f)	kise 'noaχ	כִּיסֵא נוֹחַ (ז)
occhiali (m pl) da sole	miʃkefei 'ʃemeʃ	מִשְׁקְפֵי שֶׁמֶשׁ (ז"ר)
materasso (m) ad aria	mizron mitna'peaχ	מִזְרוֹן מִתְנַפֵּחַ (ז)

giocare (vi)	lesaχek	לְשַׂחֵק
fare il bagno	lehitraχets	לְהִתְרַחֵץ

pallone (m)	kadur yam	כַּדוּר יָם (ז)
gonfiare (vt)	lena'peaχ	לְנַפֵּחַ
gonfiabile (agg)	menupaχ	מְנוּפָּח

onda (f)	gal	גַל (ז)
boa (f)	matsof	מָצוֹף (ז)
annegare (vi)	lit'bo'a	לִטְבּוֹעַ

salvare (vt)	lehatsil	לְהַצִיל
giubbotto (m) di salvataggio	χagorat hatsala	חֲגוֹרַת הַצָלָה (נ)
osservare (vt)	litspot, lehaʃkif	לִצְפוֹת, לְהַשְׁקִיף
bagnino (m)	matsil	מַצִיל (ז)

ATTREZZATURA TECNICA. MEZZI DI TRASPORTO

Attrezzatura tecnica

165. Computer

computer (m)	maxʃev	מַחְשֵׁב (ז)
computer (m) portatile	maxʃev nayad	מַחְשֵׁב נַיָּד (ז)
accendere (vt)	lehadlik	לְהַדְלִיק
spegnere (vt)	lexabot	לְכַבּוֹת
tastiera (f)	mik'ledet	מִקְלֶדֶת (נ)
tasto (m)	makaʃ	מַקָּשׁ (ז)
mouse (m)	axbar	עַכְבָּר (ז)
tappetino (m) del mouse	ʃa'tiax le'axbar	שָׁטִיחַ לְעַכְבָּר (ז)
tasto (m)	kaftor	כַּפְתּוֹר (ז)
cursore (m)	saman	סַמָּן (ז)
monitor (m)	masax	מָסָךְ (ז)
schermo (m)	tsag	צַג (ז)
disco (m) rigido	disk ka'ʃiax	דִּיסְק קָשִׁיחַ (ז)
spazio (m) sul disco rigido	'nefax disk ka'ʃiax	נֶפַח דִּיסְק קָשִׁיחַ (ז)
memoria (f)	zikaron	זִיכָּרוֹן (ז)
memoria (f) operativa	zikaron giʃa akra'it	זִיכָּרוֹן גִּישָׁה אַקְרָאִית (ז)
file (m)	'kovets	קוֹבֶץ (ז)
cartella (f)	tikiya	תִּיקִייָה (נ)
aprire (vt)	lif'toax	לִפְתּוֹחַ
chiudere (vt)	lisgor	לִסְגּוֹר
salvare (vt)	liʃmor	לִשְׁמוֹר
eliminare (vt)	limxok	לִמְחוֹק
copiare (vt)	leha'atik	לְהַעְתִּיק
ordinare (vt)	lemayen	לְמַיֵּן
trasferire (vt)	leha'avir	לְהַעֲבִיר
programma (m)	toxna	תּוֹכְנָה (נ)
software (m)	toxna	תּוֹכְנָה (נ)
programmatore (m)	metaxnet	מְתַכְנֵת (ז)
programmare (vt)	letaxnet	לְתַכְנֵת
hacker (m)	'haker	הָאקֶר (ז)
password (f)	sisma	סִיסְמָה (נ)
virus (m)	'virus	וִירוּס (ז)
trovare (un virus, ecc.)	limtso, le'ater	לְמצוֹא, לְאַתֵּר
byte (m)	bait	בַּייְט (ז)

megabyte (m)	megabait	מֶגַבַּייט (ז)
dati (m pl)	netunim	נְתוּנִים (ז"ר)
database (m)	bsis netunim	בְּסִיס נְתוּנִים (ז)

cavo (m)	'kevel	כֶּבֶל (ז)
sconnettere (vt)	lenatek	לְנַתֵק
collegare (vt)	leχaber	לְחַבֵּר

166. Internet. Posta elettronica

internet (f)	'internet	אִינטֶרנֶט (ז)
navigatore (m)	dafdefan	דַפדְפָן (ז)
motore (m) di ricerca	ma'no'a χipus	מָנוֹע חִיפּוּשׂ (ז)
provider (m)	sapak	סַפָּק (ז)

webmaster (m)	menahel ha'atar	מְנַהֵל הָאֲתָר (ז)
sito web (m)	atar	אֲתָר (ז)
pagina web (f)	daf 'internet	דַף אִינטֶרנֶט (ז)

indirizzo (m)	'ktovet	כְּתוֹבֶת (נ)
rubrica (f) indirizzi	'sefer ktovot	סֵפֶר כְּתוֹבוֹת (ז)

casella (f) di posta	teivat 'do'ar	תֵיבַת דוֹאַר (נ)
posta (f)	'do'ar, 'do'al	דוֹאַר (ז), דוֹא"ל (ז)
troppo piena (agg)	gaduʃ	גָדוּשׂ

messaggio (m)	hoda'a	הוֹדָעָה (נ)
messaggi (m pl) in arrivo	hoda'ot niχnasot	הוֹדָעוֹת נִכנָסוֹת (נ"ר)
messaggi (m pl) in uscita	hoda'ot yots'ot	הוֹדָעוֹת יוֹצאוֹת (נ"ר)
mittente (m)	ʃo'leaχ	שוֹלֵחַ (ז)
inviare (vt)	liʃ'loaχ	לִשלוֹחַ
invio (m)	ʃliχa	שלִיחָה (ז)
destinatario (m)	nim'an	נִמעָן (ז)
ricevere (vt)	lekabel	לְקַבֵּל

corrispondenza (f)	hitkatvut	הִתכַּתבוּת (נ)
essere in corrispondenza	lehitkatev	לְהִתכַּתֵב

file (m)	'kovets	קוֹבֶץ (ז)
scaricare (vt)	lehorid	לְהוֹרִיד
creare (vt)	litsor	לִיצוֹר
eliminare (vt)	limχok	לִמחוֹק
eliminato (agg)	maχuk	מָחוּק

connessione (f)	χibur	חִיבּוּר (ז)
velocità (f)	mehirut	מְהִירוּת (נ)
modem (m)	'modem	מוֹדֶם (ז)
accesso (m)	giʃa	גִישָה (נ)
porta (f)	port	פּוֹרט (ז)

collegamento (m)	χibur	חִיבּוּר (ז)
collegarsi a ...	lehitχaber	לְהִתחַבֵּר
scegliere (vt)	livχor	לִבחוֹר
cercare (vt)	leχapes	לְחַפֵּשׂ

167. Elettricità

elettricità (f)	χaʃmal	חַשְׁמַל (ז)
elettrico (agg)	χaʃmali	חַשְׁמַלִי
centrale (f) elettrica	taχanat 'koaχ	תַּחֲנַת כֹּחַ (נ)
energia (f)	e'nergya	אֶנֶרְגְיָה (נ)
energia (f) elettrica	e'nergya χaʃmalit	אֶנֶרְגְיָה חַשְׁמַלִית (נ)

lampadina (f)	nura	נוּרָה (נ)
torcia (f) elettrica	panas	פָּנָס (ז)
lampione (m)	panas reχov	פָּנָס רְחוֹב (ז)

luce (f)	or	אוֹר (ז)
accendere (luce)	lehadlik	לְהַדְלִיק
spegnere (vt)	leχabot	לְכַבּוֹת
spegnere la luce	leχabot	לְכַבּוֹת

fulminarsi (vr)	lehisaref	לְהִישָׂרֵף
corto circuito (m)	'ketser	קֶצֶר (ז)
rottura (f) (~ di un cavo)	χut ka'ru'a	חוּט קָרוּעַ (ז)
contatto (m)	maga	מַגָּע (ז)

interruttore (m)	'meteg	מֶתֶג (ז)
presa (f) elettrica	'ʃeka	שֶׁקַע (ז)
spina (f)	'teka	תֶּקַע (ז)
prolunga (f)	'kabel ma'ariχ	כֶּבֶל מַאֲרִיךְ (ז)

fusibile (m)	natiχ	נָתִיךְ (ז)
filo (m)	χut	חוּט (ז)
impianto (m) elettrico	χivut	חִיווּט (ז)

ampere (m)	amper	אַמְפֶּר (ז)
intensità di corrente	'zerem χaʃmali	זֶרֶם חַשְׁמַלִי (ז)
volt (m)	volt	וֹלְט (ז)
tensione (f)	'metaχ	מֶתַח (ז)

apparecchio (m) elettrico	maχʃir χaʃmali	מַכְשִׁיר חַשְׁמַלִי (ז)
indicatore (m)	maχvan	מַחְווָן (ז)

elettricista (m)	χaʃmalai	חַשְׁמַלַאי (ז)
saldare (vt)	lehalχim	לְהַלְחִים
saldatoio (m)	malχem	מַלְחֵם (ז)
corrente (f)	'zerem	זֶרֶם (ז)

168. Utensili

utensile (m)	kli	כְּלִי (ז)
utensili (m pl)	klei avoda	כְּלֵי עֲבוֹדָה (ז"ר)
impianto (m)	tsiyud	צִיוּד (ז)

martello (m)	patiʃ	פַּטִישׁ (ז)
giravite (m)	mavreg	מַבְרֵג (ז)
ascia (f)	garzen	גַּרְזֶן (ז)

sega (f)	masor	מָסוֹר (ז)
segare (vt)	lenaser	לְנַסֵּר
pialla (f)	maktso'a	מַקְצוּעָה (נ)
piallare (vt)	lehak'tsi'a	לְהַקְצִיעַ
saldatoio (m)	malχem	מַלְחֵם (ז)
saldare (vt)	lehalχim	לְהַלְחִים
lima (f)	ptsira	פְּצִירָה (נ)
tenaglie (f pl)	tsvatot	צְבָתוֹת (נ״ר)
pinza (f) a punte piatte	mel'kaχat	מֶלְקַחַת (נ)
scalpello (m)	izmel	אִזְמֵל (ז)
punta (f) da trapano	mak'deaχ	מַקְדֵּחַ (ז)
trapano (m) elettrico	makdeχa	מַקְדֵּחָה (נ)
trapanare (vt)	lik'doaχ	לִקְדּוֹחַ
coltello (m)	sakin	סַכִּין (ז, נ)
coltello (m) da tasca	olar	אוֹלָר (ז)
lama (f)	'lahav	לַהַב (ז)
affilato (coltello ~)	χad	חַד
smussato (agg)	kehe	קֵהֶה
smussarsi (vr)	lehitkahot	לְהִתְקַהוֹת
affilare (vt)	lehaʃχiz	לְהַשְׁחִיז
bullone (m)	'boreg	בּוֹרֶג (ז)
dado (m)	om	אוֹם (ז)
filettatura (f)	tavrig	תַּבְרִיג (ז)
vite (f)	'boreg	בּוֹרֶג (ז)
chiodo (m)	masmer	מַסְמֵר (ז)
testa (f) di chiodo	roʃ hamasmer	רֹאשׁ הַמַּסְמֵר (ז)
regolo (m)	sargel	סַרְגֵּל (ז)
nastro (m) metrico	'seret meida	סֶרֶט מִידָה (ז)
livella (f)	'peles	פֶּלֶס (ז)
lente (f) d'ingradimento	zχuχit mag'delet	זְכוּכִית מַגְדֶּלֶת (נ)
strumento (m) di misurazione	maχʃir medida	מַכְשִׁיר מְדִינָה (ז)
misurare (vt)	limdod	לִמְדֹד
scala (f) graduata	'skala	סְקָאלָה (נ)
lettura, indicazione (f)	medida	מְדִינָה (נ)
compressore (m)	madχes	מַדְחֵס (ז)
microscopio (m)	mikroskop	מִיקרוֹסקוֹפּ (ז)
pompa (f) (~ dell'acqua)	maʃeva	מַשְׁאֵבָה (נ)
robot (m)	robot	רוֹבּוֹט (ז)
laser (m)	'leizer	לֵייזֶר (ז)
chiave (f)	maf'teaχ bragim	מַפְתֵּחַ בְּרָגִים (ז)
nastro (m) adesivo	neyar 'devek	נְיָיר דֶּבֶק (ז)
colla (f)	'devek	דֶּבֶק (ז)
carta (f) smerigliata	neyar zχuχit	נְיָיר זְכוּכִית (ז)
molla (f)	kfits	קְפִיץ (ז)

| magnete (m) | magnet | מַגְנֵט (ז) |
| guanti (m pl) | kfafot | כְּפָפוֹת (נ"ר) |

corda (f)	'xevel	חֶבֶל (ז)
cordone (m)	srox	שְׁרוֹךְ (ז)
filo (m) (~ del telefono)	xut	חוּט (ז)
cavo (m)	'kevel	כֶּבֶל (ז)

mazza (f)	kurnas	קוּרְנָס (ז)
palanchino (m)	lom	לוֹם (ז)
scala (f) a pioli	sulam	סוּלָם (ז)
scala (m) a libretto	sulam	סוּלָם (ז)

avvitare (stringere)	lehavrig	לְהַבְרִיג
svitare (vt)	lif'toax, lehavrig	לִפְתּוֹחַ, לְהַבְרִיג
stringere (vt)	lehadek	לְהַדֵּק
incollare (vt)	lehadbik	לְהַדְבִּיק
tagliare (vt)	laxtox	לַחְתּוֹךְ

guasto (m)	takala	תַּקָּלָה (נ)
riparazione (f)	tikun	תִּיקוּן (ז)
riparare (vt)	letaken	לְתַקֵּן
regolare (~ uno strumento)	lexavnen	לְכַוְנֵן

verificare (ispezionare)	livdok	לִבְדּוֹק
controllo (m)	bdika	בְּדִיקָה (נ)
lettura, indicazione (f)	kri'a	קְרִיאָה (נ)

| sicuro (agg) | amin | אָמִין |
| complesso (agg) | murkav | מוּרְכָּב |

arrugginire (vi)	lehaxlid	לְהַחְלִיד
arrugginito (agg)	xalud	חָלוּד
ruggine (f)	xaluda	חֲלוּדָה (נ)

Mezzi di trasporto

169. Aeroplano

aereo (m)	matos	מָטוֹס (ז)
biglietto (m) aereo	kartis tisa	כַּרְטִיס טִיסָה (ז)
compagnia (f) aerea	xevrat te'ufa	חֶבְרַת תְּעוּפָה (נ)
aeroporto (m)	nemal te'ufa	נְמַל תְּעוּפָה (ז)
supersonico (agg)	al koli	עַל קוֹלִי
comandante (m)	kabarnit	קַבַּרְנִיט (ז)
equipaggio (m)	'tsevet	צֶוֶת (ז)
pilota (m)	tayas	טַיָּס (ז)
hostess (f)	da'yelet	דַּיֶּלֶת (נ)
navigatore (m)	navat	נַוָּט (ז)
ali (f pl)	kna'fayim	כְּנָפַיִם (נ"ר)
coda (f)	zanav	זָנָב (ז)
cabina (f)	'kokpit	קוֹקְפִּיט (ז)
motore (m)	ma'no'a	מָנוֹעַ (ז)
carrello (m) d'atterraggio	kan nesi'a	כַּן נְסִיעָה (ז)
turbina (f)	tur'bina	טוּרְבִּינָה (נ)
elica (f)	madxef	מַדְחֵף (ז)
scatola (f) nera	kufsa ʃxora	קוּפְסָה שְׁחוֹרָה (נ)
barra (f) di comando	'hege	הֶגֶה (ז)
combustibile (m)	'delek	דֶּלֶק (ז)
safety card (f)	hora'ot betixut	הוֹרָאוֹת בְּטִיחוּת (נ"ר)
maschera (f) ad ossigeno	masexat xamtsan	מַסֵּיכַת חַמְצָן (נ)
uniforme (f)	madim	מַדִּים (ז"ר)
giubbotto (m) di salvataggio	xagorat hatsala	חֲגוֹרַת הַצָּלָה (נ)
paracadute (m)	mitsnax	מִצְנָח (ז)
decollo (m)	hamra'a	הַמְרָאָה (נ)
decollare (vi)	lehamri	לְהַמְרִיא
pista (f) di decollo	maslul hamra'a	מַסְלוּל הַמְרָאָה (ז)
visibilità (f)	re'ut	רְאוּת (נ)
volo (m)	tisa	טִיסָה (נ)
altitudine (f)	'gova	גוֹבַה (ז)
vuoto (m) d'aria	kis avir	כִּיס אֲוֵיר (ז)
posto (m)	moʃav	מוֹשָׁב (ז)
cuffia (f)	ozniyot	אוֹזְנִיּוֹת (נ"ר)
tavolinetto (m) pieghevole	magaʃ mitkapel	מַגָּשׁ מִתְקַפֵּל (ז)
oblò (m), finestrino (m)	tsohar	צוֹהַר (ז)
corridoio (m)	ma'avar	מַעֲבָר (ז)

170. Treno

treno (m)	ra'kevet	רַכֶּבֶת (נ)
elettrotreno (m)	ra'kevet parvarim	רַכֶּבֶת פַרְבָרִים (נ)
treno (m) rapido	ra'kevet mehira	רַכֶּבֶת מְהִירָה (נ)
locomotiva (f) diesel	katar 'dizel	קַטָר דִיזֶל (ז)
locomotiva (f) a vapore	katar	קַטָר (ז)
carrozza (f)	karon	קָרוֹן (ז)
vagone (m) ristorante	kron mis'ada	קָרוֹן מִסְעָדָה (ז)
rotaie (f pl)	mesilot	מְסִילוֹת (נ"ר)
ferrovia (f)	mesilat barzel	מְסִילַת בַּרְזֶל (נ)
traversa (f)	'eden	אֶדֶן (ז)
banchina (f) (~ ferroviaria)	ratsif	רָצִיף (ז)
binario (m) (~ 1, 2)	mesila	מְסִילָה (נ)
semaforo (m)	ramzor	רַמְזוֹר (ז)
stazione (f)	taxana	תַּחֲנָה (נ)
macchinista (m)	nahag ra'kevet	נַהַג רַכֶּבֶת (ז)
portabagagli (m)	sabal	סַבָּל (ז)
cuccettista (m, f)	sadran ra'kevet	סַדְרָן רַכֶּבֶת (ז)
passeggero (m)	no'se'a	נוֹסֵעַ (ז)
controllore (m)	bodek	בּוֹדֵק (ז)
corridoio (m)	prozdor	פְּרוֹזְדוֹר (ז)
freno (m) di emergenza	ma'atsar xirum	מַעֲצָר חֵירוּם (ז)
scompartimento (m)	ta	תָּא (ז)
cuccetta (f)	dargaʃ	דַּרְגָשׁ (ז)
cuccetta (f) superiore	dargaʃ elyon	דַּרְגָשׁ עֶלְיוֹן (ז)
cuccetta (f) inferiore	dargaʃ taxton	דַּרְגָשׁ תַּחְתּוֹן (ז)
biancheria (f) da letto	matsa'im	מַצָעִים (ז"ר)
biglietto (m)	kartis	כַּרְטִיס (ז)
orario (m)	'luax zmanim	לוּחַ זְמַנִים (ז)
tabellone (m) orari	ʃelet meida	שֶׁלֶט מֵידָע (ז)
partire (vi)	latset	לָצֵאת
partenza (f)	yetsi'a	יְצִיאָה (נ)
arrivare (di un treno)	leha'gi'a	לְהַגִיעַ
arrivo (m)	haga'a	הַגָעָה (נ)
arrivare con il treno	leha'gi'a bera'kevet	לְהַגִיעַ בְּרַכֶּבֶת
salire sul treno	la'alot lera'kevet	לַעֲלוֹת לְרַכֶּבֶת
scendere dal treno	la'redet mehara'kevet	לָרֶדֶת מֵהַרַכֶּבֶת
deragliamento (m)	hitraskut	הִתְרַסְקוּת (נ)
deragliare (vi)	la'redet mipasei ra'kevet	לָרֶדֶת מִפַּסֵי רַכֶּבֶת
locomotiva (f) a vapore	katar	קַטָר (ז)
fuochista (m)	masik	מַסִיק (ז)
forno (m)	kivʃan	כִּבְשָׁן (ז)
carbone (m)	pexam	פֶּחָם (ז)

171. Nave

nave (f)	sfina	סְפִינָה (נ)
imbarcazione (f)	sfina	סְפִינָה (נ)
piroscafo (m)	oniyat kitor	אֳנִיַּת קִיטוֹר (נ)
barca (f) fluviale	sfinat nahar	סְפִינַת נָהָר (נ)
transatlantico (m)	oniyat ta'anugot	אֳנִיַּת תַּעֲנוּגוֹת (נ)
incrociatore (m)	sa'yeret	סַיֶּרֶת (נ)
yacht (m)	'yaχta	יַכְטָה (נ)
rimorchiatore (m)	go'reret	גּוֹרֶרֶת (נ)
chiatta (f)	arba	אַרְבָּה (נ)
traghetto (m)	ma'a'boret	מַעֲבּוֹרֶת (נ)
veliero (m)	sfinat mifras	סְפִינַת מִפְרָשׂ (נ)
brigantino (m)	briganit	בְּרִיגָנִית (נ)
rompighiaccio (m)	ʃo'veret 'keraχ	שׁוֹבֶרֶת קֶרַח (נ)
sottomarino (m)	tso'lelet	צוֹלֶלֶת (נ)
barca (f)	sira	סִירָה (נ)
scialuppa (f)	sira	סִירָה (נ)
scialuppa (f) di salvataggio	sirat hatsala	סִירַת הַצָּלָה (נ)
motoscafo (m)	sirat ma'no'a	סִירַת מָנוֹעַ (נ)
capitano (m)	rav χovel	רַב־חוֹבֵל (ז)
marittimo (m)	malaχ	מַלָּח (ז)
marinaio (m)	yamai	יַמַּאי (ז)
equipaggio (m)	'tsevet	צֶוֶת (ז)
nostromo (m)	rav malaχim	רַב־מַלָּחִים (ז)
mozzo (m) di nave	'na'ar sipun	נַעַר סִיפּוּן (ז)
cuoco (m)	tabaχ	טַבָּח (ז)
medico (m) di bordo	rofe ha'oniya	רוֹפֵא הָאֳנִיָּה (ז)
ponte (m)	sipun	סִיפּוּן (ז)
albero (m)	'toren	תּוֹרֶן (ז)
vela (f)	mifras	מִפְרָשׂ (ז)
stiva (f)	'beten oniya	בֶּטֶן אֳנִיָּה (נ)
prua (f)	χartom	חַרְטוֹם (ז)
poppa (f)	yarketei hasfina	יַרְכְּתֵי הַסְּפִינָה (ז"ר)
remo (m)	maʃot	מָשׁוֹט (ז)
elica (f)	madχef	מַדְחֵף (ז)
cabina (f)	ta	תָּא (ז)
quadrato (m) degli ufficiali	mo'adon ktsinim	מוֹעֲדוֹן קְצִינִים (ז)
sala (f) macchine	χadar meχonot	חֲדַר מְכוֹנוֹת (ז)
ponte (m) di comando	'geʃer hapikud	גֶּשֶׁר הַפִּיקוּד (ז)
cabina (f) radiotelegrafica	ta alχutan	תָּא אַלְחוּטָן (ז)
onda (f)	'teder	תֶּדֶר (ז)
giornale (m) di bordo	yoman ha'oniya	יוֹמַן הָאֳנִיָּה (ז)
cannocchiale (m)	miʃ'kefet	מִשְׁקֶפֶת (נ)
campana (f)	pa'amon	פַּעֲמוֹן (ז)

bandiera (f)	'degel	דֶּגֶל (ז)
cavo (m) (~ d'ormeggio)	avot ha'oniya	עֲבוֹת הָאוֹנִיָּה (נ)
nodo (m)	'keʃer	קֶשֶׁר (ז)

| ringhiera (f) | ma'ake hasipun | מַעֲקֶה הַסִּיפּוּן (ז) |
| passerella (f) | 'keveʃ | כֶּבֶשׁ (ז) |

ancora (f)	'ogen	עוֹגֶן (ז)
levare l'ancora	leharim 'ogen	לְהָרִים עוֹגֶן
gettare l'ancora	la'agon	לַעֲגוֹן
catena (f) dell'ancora	ʃar'ʃeret ha'ogen	שַׁרְשֶׁרֶת הָעוֹגֶן (נ)

porto (m)	namal	נָמֵל (ז)
banchina (f)	'mezaχ	מֵזַח (ז)
ormeggiarsi (vr)	la'agon	לַעֲגוֹן
salpare (vi)	lehaflig	לְהַפְלִיג

viaggio (m)	masa, tiyul	מַסָּע (ז), טִיּוּל (ז)
crociera (f)	'ʃayit	שַׁיִט (ז)
rotta (f)	kivun	כִּיוּוּן (ז)
itinerario (m)	nativ	נָתִיב (ז)

tratto (m) navigabile	nativ 'ʃayit	נָתִיב שַׁיִט (ז)
secca (f)	sirton	שִׂרְטוֹן (ז)
arenarsi (vr)	la'alot al hasirton	לַעֲלוֹת עַל הַשִּׂרְטוֹן

tempesta (f)	sufa	סוּפָה (נ)
segnale (m)	ot	אוֹת (ז)
affondare (andare a fondo)	lit'bo'a	לִטְבּוֹעַ
Uomo in mare!	adam ba'mayim!	אָדָם בַּמַּיִם!
SOS	kri'at haʦala	קְרִיאַת הַצָּלָה
salvagente (m) anulare	galgal haʦala	גַּלְגַּל הַצָּלָה (ז)

172. Aeroporto

aeroporto (m)	nemal te'ufa	נְמַל תְּעוּפָה (ז)
aereo (m)	matos	מָטוֹס (ז)
compagnia (f) aerea	χevrat te'ufa	חֶבְרַת תְּעוּפָה (נ)
controllore (m) di volo	bakar tisa	בַּקָּר טִיסָה (ז)

partenza (f)	hamra'a	הַמְרָאָה (נ)
arrivo (m)	neχita	נְחִיתָה (נ)
arrivare (vi)	leha'gi'a betisa	לְהַגִּיעַ בְּטִיסָה

| ora (f) di partenza | zman hamra'a | זְמַן הַמְרָאָה (ז) |
| ora (f) di arrivo | zman neχita | זְמַן נְחִיתָה (ז) |

| essere ritardato | lehit'akev | לְהִתְעַכֵּב |
| volo (m) ritardato | ikuv hatisa | עִיכּוּב הַטִּיסָה (ז) |

tabellone (m) orari	'luaχ meida	לוּחַ מֵידָע (ז)
informazione (f)	meida	מֵידָע (ז)
annunciare (vt)	leho'dia	לְהוֹדִיעַ
volo (m)	tisa	טִיסָה (נ)

| dogana (f) | 'meҳes | מֶכֶס (ז) |
| doganiere (m) | pakid 'meҳes | פָּקִיד מֶכֶס (ז) |

dichiarazione (f)	hatsharat meҳes	הַצהָרַת מֶכֶס (נ)
riempire	lemale	לְמַלֵא
(~ una dichiarazione)		
riempire una dichiarazione	lemale 'tofes hatshara	לְמַלֵא טוֹפֶס הַצהָרָה
controllo (m) passaporti	bdikat darkonim	בּדִיקַת דַרכּוֹנִים (נ)

bagaglio (m)	kvuda	כּבוּדָה (נ)
bagaglio (m) a mano	kvudat yad	כּבוּדַת יָד (נ)
carrello (m)	eglat kvuda	עֶגלַת כּבוּדָה (נ)

atterraggio (m)	neҳita	נְחִיתָה (נ)
pista (f) di atterraggio	maslul neҳita	מַסלוּל נְחִיתָה (ז)
atterrare (vi)	linҳot	לַנחוֹת
scaletta (f) dell'aereo	'keveʃ	כֶּבֶשׁ (ז)

check-in (m)	ʧek in	צ'ק אִין (ז)
banco (m) del check-in	dalpak ʧek in	דַלפָּק צ'ק אִין (ז)
fare il check-in	leva'ʦse'a ʧek in	לְבַצֵע צ'ק אִין
carta (f) d'imbarco	kartis aliya lematos	כַּרטִיס עֲלִיָה לְמָטוֹס (ז)
porta (f) d'imbarco	'ʃa'ar yeʦsi'a	שַׁעַר יָצִיאָה (ז)

transito (m)	ma'avar	מַעֲבָר (ז)
aspettare (vt)	lehamtin	לְהַמתִין
sala (f) d'attesa	traklin tisa	טרַקלִין טִיסָה (ז)
accompagnare (vt)	lelavot	לְלַווֹת
congedarsi (vr)	lomar lehitra'ot	לוֹמַר לְהִתרָאוֹת

173. Bicicletta. Motocicletta

bicicletta (f)	ofa'nayim	אוֹפַנַיִים (ז"ר)
motorino (m)	kat'no'a	קַטנוֹעַ (ז)
motocicletta (f)	ofno'a	אוֹפנוֹעַ (ז)

andare in bicicletta	lirkov al ofa'nayim	לִרכּוֹב עַל אוֹפַנַיִים
manubrio (m)	kidon	כִּידוֹן (ז)
pedale (m)	davʃa	דַוושָׁה (נ)
freni (m pl)	blamim	בּלָמִים (ז"ר)
sellino (m)	ukaf	אוּכָּף (ז)

pompa (f)	maʃeva	מַשׁאֵבָה (נ)
portabagagli (m)	sabal	סַבָּל (ז)
fanale (m) anteriore	panas kidmi	פָּנָס קִדמִי (ז)
casco (m)	kasda	קַסדָה (נ)

ruota (f)	galgal	גַלגַל (ז)
parafango (m)	kanaf	כָּנָף (נ)
cerchione (m)	ҳiʃuk	חִישׁוּק (ז)
raggio (m)	ҳiʃur	חִישׁוּר (ז)

Automobili

174. Tipi di automobile

automobile (f)	meχonit	מְכוֹנִית (נ)
auto (f) sportiva	meχonit sport	מְכוֹנִית סְפּוֹרט (נ)
limousine (f)	limu'zina	לִימוּזִינָה (נ)
fuoristrada (m)	'reχev 'ʃetaχ	רֶכֶב שֶׁטַח (ז)
cabriolet (m)	meχonit gag niftaχ	מְכוֹנִית גַג נִפְתַּח (נ)
pulmino (m)	'minibus	מִינִיבּוּס (ז)
ambulanza (f)	'ambulans	אַמְבּוּלַנְס (ז)
spazzaneve (m)	maf'leset 'ʃeleg	מַפְלֶסֶת שֶׁלֶג (נ)
camion (m)	masa'it	מַשָּׂאִית (נ)
autocisterna (f)	meχalit 'delek	מֵיכָלִית דֶלֶק (נ)
furgone (m)	masa'it kala	מַשָּׂאִית קַלָה (נ)
motrice (f)	gorer	גוֹרֵר (ז)
rimorchio (m)	garur	גָרוּר (ז)
confortevole (agg)	'noaχ	נוֹחַ
di seconda mano	meʃumaʃ	מְשׁוּמָשׁ

175. Automobili. Carrozzeria

cofano (m)	miχse hama'no'a	מִכְסֵה הַמָנוֹעַ (ז)
parafango (m)	kanaf	כָּנָף (נ)
tetto (m)	gag	גַג (ז)
parabrezza (m)	ʃimʃa kidmit	שִׁמְשָׁה קִדְמִית (נ)
retrovisore (m)	mar'a aχorit	מַרְאָה אֲחוֹרִית (נ)
lavacristallo (m)	mataz	מַתָז (ז)
tergicristallo (m)	magev	מַגֵב (ז)
finestrino (m) laterale	ʃimʃat tsad	שִׁמְשַׁת צַד (נ)
alzacristalli (m)	χalon χaʃmali	חַלוֹן חַשְׁמַלִי (ז)
antenna (f)	an'tena	אַנְטֶנָה (נ)
tettuccio (m) apribile	χalon gag	חַלוֹן גַג (ז)
paraurti (m)	pagoʃ	פָּגוֹשׁ (ז)
bagagliaio (m)	ta mit'an	תָא מִטְעָן (ז)
portapacchi (m)	gagon	גָגוֹן (ז)
portiera (f)	'delet	דֶלֶת (נ)
maniglia (f)	yadit	יָדִית (נ)
serratura (f)	man'ul	מַנְעוּל (ז)
targa (f)	luχit riʃui	לוֹחִית רִישׁוּי (נ)
marmitta (f)	am'am	עַמְעָם (ז)

| serbatoio (m) della benzina | meiχal 'delek | מֵיכָל דֶּלֶק (ז) |
| tubo (m) di scarico | maflet | מַפְלֵט (ז) |

acceleratore (m)	gaz	גָּז (ז)
pedale (m)	davʃa	דַּוְושָׁה (נ)
pedale (m) dell'acceleratore	davʃat gaz	דַּוְושַׁת גָּז (נ)

freno (m)	'belem	בֶּלֶם (ז)
pedale (m) del freno	davʃat hablamim	דַּוְושַׁת הַבְּלָמִים (נ)
frenare (vi)	livlom	לִבְלוֹם
freno (m) a mano	'belem χaniya	בֶּלֶם חֲנָיָה (ז)

frizione (f)	matsmed	מַצְמֵד (ז)
pedale (m) della frizione	davʃat hamatsmed	דַּוְושַׁת הַמַּצְמֵד (נ)
disco (m) della frizione	luχit hamatsmed	לוּחִית הַמַּצְמֵד (נ)
ammortizzatore (m)	bolem za'a'zu'a	בּוֹלֵם זַעֲזוּעִים (ז)

ruota (f)	galgal	גַּלְגַּל (ז)
ruota (f) di scorta	galgal χilufi	גַּלְגַּל חִילוּפִי (ז)
pneumatico (m)	tsmig	צְמִיג (ז)
copriruota (m)	tsa'laχat galgal	צַלַּחַת גַּלְגַּל (נ)

ruote (f pl) motrici	galgalim meni'im	גַּלְגַּלִים מֵנִיעִים (ז"ר)
a trazione anteriore	shel hana'a kidmit	שֶׁל הֲנָעָה קִדְמִית
a trazione posteriore	shel hana'a aχorit	שֶׁל הֲנָעָה אֲחוֹרִית
a trazione integrale	shel hana'a male'a	שֶׁל הֲנָעָה מָלֵאָה

scatola (f) del cambio	teivat hiluχim	תֵּיבַת הִילוּכִים (נ)
automatico (agg)	oto'mati	אוֹטוֹמָטִי
meccanico (agg)	me'χani	מֵכָנִי
leva (f) del cambio	yadit hiluχim	יָדִית הִילוּכִים (נ)

| faro (m) | panas kidmi | פָּנָס קִדְמִי (ז) |
| luci (f pl), fari (m pl) | panasim | פָּנָסִים (ז"ר) |

luci (f pl) anabbaglianti	or namuχ	אוֹר נָמוּךְ (ז)
luci (f pl) abbaglianti	or ga'voha	אוֹר גָּבוֹהַּ (ז)
luci (f pl) di arresto	or 'belem	אוֹר בֶּלֶם (ז)

luci (f pl) di posizione	orot χanaya	אוֹרוֹת חֲנָיָה (ז"ר)
luci (f pl) di emergenza	orot χerum	אוֹרוֹת חֵירוֹם (ז"ר)
fari (m pl) antinebbia	orot arafel	אוֹרוֹת עֲרָפֶל (ז"ר)
freccia (f)	panas itut	פָּנָס אִיתוּת (ז)
luci (f pl) di retromarcia	orot revers	אוֹרוֹת רֶבֶרְס (ז"ר)

176. Automobili. Vano passeggeri

abitacolo (m)	ta hanos'im	תָּא הַנּוֹסְעִים (ז)
di pelle	asui me'or	עָשׂוּי מֵעוֹר
in velluto	ktifati	קְטִיפָתִי
rivestimento (m)	ripud	רִיפּוּד (ז)

| strumento (m) di bordo | maχven | מַכְוֵון (ז) |
| cruscotto (m) | 'luaχ maχvenim | לוּחַ מַכְוֵונִים (ז) |

tachimetro (m)	mad mehirut	מַד מְהִירוּת (ז)
lancetta (f)	'maxat	מַחַט (נ)
contachilometri (m)	mad merxak	מַד מֶרְחָק (ז)
indicatore (m)	xaiʃan	חַיְישָׁן (ז)
livello (m)	ramat mi'lui	רָמַת מִילוּי (נ)
spia (f) luminosa	nurat azhara	נוּרַת אַזְהָרָה (נ)
volante (m)	'hege	הֶגֶה (ז)
clacson (m)	tsofar	צוֹפָר (ז)
pulsante (m)	kaftor	כַּפְתּוֹר (ז)
interruttore (m)	'meteg	מֶתֶג (ז)
sedile (m)	moʃav	מוֹשָׁב (ז)
spalliera (f)	miʃ'enet	מִשְׁעֶנֶת (נ)
appoggiatesta (m)	miʃ'enet roʃ	מִשְׁעֶנֶת רֹאשׁ (נ)
cintura (f) di sicurezza	xagorat betixut	חָגוֹרַת בְּטִיחוּת (נ)
allacciare la cintura	lehadek xagora	לְהַדֵק חָגוֹרָה
regolazione (f)	kivnun	כִּיווּנוּן (ז)
airbag (m)	karit avir	כָּרִית אֲווִיר (נ)
condizionatore (m)	mazgan	מַזְגָן (ז)
radio (f)	'radyo	רַדְיוֹ (ז)
lettore (m) CD	'diskmen	דִיסְקְמֶן (ז)
accendere (vt)	lehadlik	לְהַדְלִיק
antenna (f)	an'tena	אַנְטֶנָה (נ)
vano (m) portaoggetti	ta kfafot	תָא כְּפָפוֹת (ז)
portacenere (m)	ma'afera	מַאֲפֵרָה (נ)

177. Automobili. Motore

motore (m)	ma'no‘a	מָנוֹעַ (ז)
a diesel	shel 'dizel	שֶׁל דִיזֶל
a benzina	'delek	דֶלֶק
cilindrata (f)	'nefax ma'no‘a	נֶפַח מָנוֹעַ (ז)
potenza (f)	otsma	עוֹצְמָה (נ)
cavallo vapore (m)	'koax sus	כּוֹחַ סוּס (ז)
pistone (m)	buxna	בּוּכְנָה (נ)
cilindro (m)	tsi'linder	צִילִינְדֶר (ז)
valvola (f)	ʃastom	שַׁסְתוֹם (ז)
iniettore (m)	mazrek	מַזְרֵק (ז)
generatore (m)	mexolel	מְחוֹלֵל (ז)
carburatore (m)	me'ayed	מְאַיֵיד (ז)
olio (m) motore	'ʃemen mano‘im	שֶׁמֶן מָנוֹעִים (ז)
radiatore (m)	matsnen	מַצְנֵן (ז)
liquido (m) di raffreddamento	nozel kirur	נוֹזֵל קִירוּר (ז)
ventilatore (m)	me'avrer	מְאַווְרֵר (ז)
batteria (m)	matsber	מַצְבֵּר (ז)
motorino (m) d'avviamento	mat'ne‘a	מַתְנֵעַ (ז)

accensione (f)	hatsata	הַצָּתָה (נ)
candela (f) d'accensione	matset	מַצֵּת (ז)

morsetto (m)	'hedek	הֶדֶק (ז)
più (m)	'hedek χiyuvi	הֶדֶק חִיּוּבִי (ז)
meno (m)	'hedek ʃlili	הֶדֶק שְׁלִילִי (ז)
fusibile (m)	natiχ	נָתִיךְ (ז)

filtro (m) dell'aria	masnen avir	מַסְנֵן אֲוִויר (ז)
filtro (m) dell'olio	masnen 'ʃemen	מַסְנֵן שֶׁמֶן (ז)
filtro (m) del carburante	masnen 'delek	מַסְנֵן דֶּלֶק (ז)

178. Automobili. Incidente. Riparazione

incidente (m)	te'una	תְּאוּנָה (נ)
incidente (m) stradale	te'unat draχim	תְּאוּנַת דְּרָכִים (נ)
sbattere contro …	lehitnageʃ	לְהִתְנַגֵּשׁ
avere un incidente	lehima'eχ	לְהֵימָעֵךְ
danno (m)	'nezek	נֶזֶק (ז)
illeso (agg)	ʃalem	שָׁלֵם

guasto (m), avaria (f)	takala	תַּקָּלָה (נ)
essere rotto	lehitkalkel	לְהִתְקַלְקֵל
cavo (m) di rimorchio	'χevel grar	חֶבֶל גְּרָר (ז)

foratura (f)	'teker	תֶּקֶר (ז)
essere a terra	lehitpantʃer	לְהִתְפַּנְצֵ'ר
gonfiare (vt)	lena'peaχ	לְנַפֵּחַ
pressione (f)	'laχats	לַחַץ (ז)
controllare (verificare)	livdok	לִבְדּוֹק

riparazione (f)	ʃiputs	שִׁיפּוּץ (ז)
officina (f) meccanica	musaχ	מוּסָךְ (ז)
pezzo (m) di ricambio	'χelek χiluf	חֵלֶק חִילּוּף (ז)
pezzo (m)	'χelek	חֵלֶק (ז)

bullone (m)	'boreg	בּוֹרֶג (ז)
bullone (m) a vite	'boreg	בּוֹרֶג (ז)
dado (m)	om	אוֹם (ז)
rondella (f)	diskit	דִיסְקִית (נ)
cuscinetto (m)	mesav	מֵסָב (ז)

tubo (m)	tsinorit	צִינוֹרִית (נ)
guarnizione (f)	'etem	אֶטֶם (ז)
filo (m), cavo (m)	χut	חוּט (ז)

cric (m)	dʒek	גָ'ק (ז)
chiave (f)	maf'teaχ bragim	מַפְתֵּחַ בְּרָגִים (ז)
martello (m)	patiʃ	פַּטִּישׁ (ז)
pompa (f)	maʃeva	מַשְׁאֵבָה (נ)
giravite (m)	mavreg	מַבְרֵג (ז)

estintore (m)	mataf	מַטָּף (ז)
triangolo (m) di emergenza	meʃulaʃ χirum	מְשׁוּלָשׁ חִירוּם (ז)

spegnersi (vr)	ledomem	לְדוֹמֵם
spegnimento (m) motore	hadmama	הַדְמָמָה (נ)
essere rotto	lihyot ʃavur	לִהְיוֹת שָׁבוּר

surriscaldarsi (vr)	lehitχamem yoter midai	לְהִתְחַמֵם יוֹתֵר מִדַי
intasarsi (vr)	lehisatem	לְהִיסָתֵם
ghiacciarsi (di tubi, ecc.)	likpo	לִקְפּוֹא
spaccarsi (vr)	lehitpa'ke'a	לְהִתְפַּקֵעַ

pressione (f)	'laχats	לַחַץ (ז)
livello (m)	ramat mi'lui	רָמַת מִילוּי (נ)
lento (cinghia ~a)	rafe	רָפֶה

ammaccatura (f)	dfika	דְפִיקָה (נ)
battito (m) (nel motore)	'ra'aʃ	רַעַשׁ (ז)
fessura (f)	'sedek	סֶדֶק (ז)
graffiatura (f)	srita	שְׂרִיטָה (נ)

179. Automobili. Strada

strada (f)	'dereχ	דֶרֶךְ (נ)
autostrada (f)	kviʃ mahir	כְּבִישׁ מָהִיר (ז)
superstrada (f)	kviʃ mahir	כְּבִישׁ מָהִיר (ז)
direzione (f)	kivun	כִּיווּן (ז)
distanza (f)	merχak	מֶרְחָק (ז)

ponte (m)	'geʃer	גֶשֶׁר (ז)
parcheggio (m)	χanaya	חֲנָיָה (נ)
piazza (f)	kikar	כִּיכָּר (נ)
svincolo (m)	meχlaf	מָחְלָף (ז)
galleria (f), tunnel (m)	minhara	מִנְהָרָה (נ)

distributore (m) di benzina	taχanat 'delek	תַחֲנַת דֶלֶק (נ)
parcheggio (m)	migraʃ χanaya	מִגְרַשׁ חֲנָיָה (ז)
pompa (f) di benzina	maʃevat 'delek	מַשְׁאֵבַת דֶלֶק (נ)
officina (f) meccanica	musaχ	מוּסָךְ (ז)
fare benzina	letadlek	לְתַדְלֵק
carburante (m)	'delek	דֶלֶק (ז)
tanica (f)	'dʒerikan	גֶ'רִיקָן (ז)

asfalto (m)	asfalt	אַסְפַלְט (ז)
segnaletica (f) stradale	simun	סִימוּן (ז)
cordolo (m)	sfat midraχa	שְׂפַת מִדְרָכָה (נ)
barriera (f) di sicurezza	ma'ake betiχut	מַעֲקֵה בְּטִיחוּת (ז)
fosso (m)	te'ala	תְעָלָה (נ)
ciglio (m) della strada	ʃulei ha'dereχ	שׁוּלֵי הַדֶרֶךְ (ז"ר)
lampione (m)	amud te'ura	עַמוּד תְאוּרָה (ז)

guidare (~ un veicolo)	linhog	לִנְהוֹג
girare (~ a destra)	lifnot	לִפְנוֹת
fare un'inversione a U	leva'tse'a pniyat parsa	לְבַצֵעַ פְּנִיַת פַּרְסָה
retromarcia (m)	hiluχ aχori	הִילוּךְ אֲחוֹרִי (ז)
suonare il clacson	litspor	לִצְפּוֹר
colpo (m) di clacson	tsfira	צְפִירָה (נ)

incastrarsi (vr)	lehitaka	לְהֵיתָקַע
impantanarsi (vr)	lesovev et hagalgal al rek	לְסוֹבֵב אֶת הַגַּלְגַּלִים עַל רֵיק
spegnere (~ il motore)	ledomem	לְדוֹמֵם

velocità (f)	mehirut	מְהִירוּת (נ)
superare i limiti di velocità	linhog bemehirut muf'rezet	לִנְהוֹג בִּמְהִירוּת מוּפְרֶזֶת
multare (vt)	liknos	לִקְנוֹס
semaforo (m)	ramzor	רַמְזוֹר (ז)
patente (f) di guida	riʃyon nehiga	רִשְׁיוֹן נְהִיגָה (ז)

passaggio (m) a livello	ma'avar pasei ra'kevet	מַעֲבַר פַּסֵּי רַכֶּבֶת (ז)
incrocio (m)	'tsomet	צוֹמֶת (ז)
passaggio (m) pedonale	ma'avar xatsaya	מַעֲבַר חֲצָיָה (ז)
curva (f)	pniya	פְּנִיָּה (נ)
zona (f) pedonale	midrexov	מִדְרְחוֹב (ז)

180. Segnaletica stradale

codice (m) stradale	xukei hatnu'a	חוּקֵי הַתְּנוּעָה (ז"ר)
segnale (m) stradale	tamrur	תַּמְרוּר (ז)
sorpasso (m)	akifa	עֲקִיפָה (נ)
curva (f)	pniya	פְּנִיָּה (נ)
inversione ad U	sivuv parsa	סִיבוּב פַּרְסָה (ז)
rotatoria (f)	ma'agal tnu'a	מַעֲגַל תְּנוּעָה (ז)

divieto d'accesso	ein knisa	אֵין כְּנִיסָה
divieto di transito	ein knisat rexavim	אֵין כְּנִיסַת רְכָבִים
divieto di sorpasso	akifa asura	עֲקִיפָה אֲסוּרָה
divieto di sosta	xanaya asura	חֲנָיָה אֲסוּרָה
divieto di fermata	atsira asura	עֲצִירָה אֲסוּרָה

curva (f) pericolosa	sivuv xad	סִיבוּב חַד (ז)
discesa (f) ripida	yerida tlula	יְרִידָה תְּלוּלָה (נ)
senso (m) unico	tnu'a xad sitrit	תְּנוּעָה חַד־סִטְרִית (נ)
passaggio (m) pedonale	ma'avar xatsaya	מַעֲבַר חֲצָיָה (ז)
strada (f) scivolosa	kviʃ xalaklak	כְּבִישׁ חֲלַקְלַק (ז)
dare la precedenza	zxut kdima	זְכוּת קְדִימָה

GENTE. SITUAZIONI QUOTIDIANE

Situazioni quotidiane

181. Vacanze. Evento

festa (f)	χagiga	חֲגִיגָה (נ)
festa (f) nazionale	χag le'umi	חַג לְאוּמִי (ז)
festività (f) civile	yom χag	יוֹם חַג (ז)
festeggiare (vt)	laχgog	לַחְגוֹג
avvenimento (m)	hitraχaʃut	הִתְרַחֲשׁוּת (נ)
evento (m) (organizzare un ~)	ei'ru'a	אֵירוּעַ (ז)
banchetto (m)	se'uda χagigit	סְעוּדָה חֲגִיגִית (נ)
ricevimento (m)	ei'ruaχ	אֵירוּחַ (ז)
festino (m)	miʃte	מִשְׁתָה (ז)
anniversario (m)	yom haʃana	יוֹם הַשָּׁנָה (ז)
giubileo (m)	χag hayovel	חַג הַיּוֹבֵל (ז)
festeggiare (vt)	laχgog	לַחְגוֹג
Capodanno (m)	ʃana χadaʃa	שָׁנָה חֲדָשָׁה (נ)
Buon Anno!	ʃana tova!	שָׁנָה טוֹבָה!
Babbo Natale (m)	'santa 'kla'us	סַנְטָה קלָאוס
Natale (m)	χag hamolad	חַג הַמּוֹלָד (ז)
Buon Natale!	χag hamolad sa'meaχ!	חַג הַמּוֹלָד שָׂמֵחַ!
Albero (m) di Natale	ets χag hamolad	עֵץ חַג הַמּוֹלָד (ז)
fuochi (m pl) artificiali	zikukim	זִיקוּקִים (ז"ר)
nozze (f pl)	χatuna	חֲתוּנָה (נ)
sposo (m)	χatan	חָתָן (ז)
sposa (f)	kala	כַּלָה (נ)
invitare (vt)	lehazmin	לְהַזְמִין
invito (m)	hazmana	הַזְמָנָה (נ)
ospite (m)	o'reaχ	אוֹרֵחַ (ז)
andare a trovare	levaker	לְבַקֵר
accogliere gli invitati	lekabel orχim	לְקַבֵּל אוֹרְחִים
regalo (m)	matana	מַתָּנָה (נ)
offrire (~ un regalo)	latet matana	לָתֵת מַתָּנָה
ricevere i regali	lekabel matanot	לְקַבֵּל מַתָּנוֹת
mazzo (m) di fiori	zer	זֵר (ז)
auguri (m pl)	braχa	בְּרָכָה (נ)
augurare (vt)	levareχ	לְבָרֵךְ
cartolina (f)	kartis braχa	כַּרְטִיס בְּרָכָה (ז)

| mandare una cartolina | liʃ'loax gluya | לִשְׁלוֹחַ גְּלוּיָה |
| ricevere una cartolina | lekabel gluya | לְקַבֵּל גְּלוּיָה |

brindisi (m)	leharim kosit	לְהָרִים כּוֹסִית
offrire (~ qualcosa da bere)	lexabed	לְכַבֵּד
champagne (m)	ʃam'panya	שַׁמְפַּנְיָה (נ)

divertirsi (vr)	lehanot	לֵיהָנוֹת
allegria (f)	alitsut	עֲלִיצוּת (נ)
gioia (f)	simxa	שִׂמְחָה (נ)

| danza (f), ballo (m) | rikud | רִיקוּד (ז) |
| ballare (vi, vt) | lirkod | לִרְקוֹד |

| valzer (m) | vals | וָלְס (ז) |
| tango (m) | 'tango | טַנְגוֹ (ז) |

182. Funerali. Sepoltura

cimitero (m)	beit kvarot	בֵּית קְבָרוֹת (ז)
tomba (f)	'kever	קֶבֶר (ז)
croce (f)	tslav	צְלָב (ז)
pietra (f) tombale	matseva	מַצֵּבָה (נ)
recinto (m)	gader	גָּדֵר (נ)
cappella (f)	beit tfila	בֵּית תְּפִילָה (ז)

morte (f)	'mavet	מָוֶת (ז)
morire (vi)	lamut	לָמוּת
defunto (m)	niftar	נִפְטָר (ז)
lutto (m)	'evel	אֵבֶל (ז)

seppellire (vt)	likbor	לִקְבּוֹר
sede (f) di pompe funebri	beit levayot	בֵּית לְוָיוֹת (ז)
funerale (m)	levaya	לְוָיָה (נ)

corona (f) di fiori	zer	זֵר (ז)
bara (f)	aron metim	אֲרוֹן מֵתִים (ז)
carro (m) funebre	kron hamet	קְרוֹן הַמֵּת (ז)
lenzuolo (m) funebre	taxrixim	תַּכְרִיכִים (ז"ר)

corteo (m) funebre	tahaluxat 'evel	תַּהֲלוּכַת אֵבֶל (נ)
urna (f) funeraria	kad 'efer	כַּד אֵפֶר (ז)
crematorio (m)	misrafa	מִשְׂרָפָה (נ)

necrologio (m)	moda'at 'evel	מוֹדָעַת אֵבֶל (נ)
piangere (vi)	livkot	לִבְכּוֹת
singhiozzare (vi)	lehitya'peax	לְהִתְיַיפֵּחַ

183. Guerra. Soldati

| plotone (m) | maxlaka | מַחְלָקָה (נ) |
| compagnia (f) | pluga | פְּלוּגָה (נ) |

reggimento (m)	χativa	חֲטִיבָה (נ)
esercito (m)	tsava	צָבָא (ז)
divisione (f)	ugda	אוּגְדָּה (נ)

distaccamento (m)	kita	כִּיתָה (נ)
armata (f)	'χayil	חַיִל (ז)

soldato (m)	χayal	חַיָּיל (ז)
ufficiale (m)	katsin	קָצִין (ז)

soldato (m) semplice	turai	טוּרָאי (ז)
sergente (m)	samal	סַמָּל (ז)
tenente (m)	'segen	סֶגֶן (ז)
capitano (m)	'seren	סֶרֶן (ז)
maggiore (m)	rav 'seren	רַב־סֶרֶן (ז)
colonnello (m)	aluf miʃne	אַלוּף מִשְׁנֶה (ז)
generale (m)	aluf	אַלוּף (ז)

marinaio (m)	yamai	יַמַּאי (ז)
capitano (m)	rav χovel	רַב־חוֹבֵל (ז)
nostromo (m)	rav malaχim	רַב־מַלָּחִים (ז)

artigliere (m)	totχan	תּוֹתְחָן (ז)
paracadutista (m)	tsanχan	צַנְחָן (ז)
pilota (m)	tayas	טַיָּס (ז)
navigatore (m)	navat	נַוָּט (ז)
meccanico (m)	meχonai	מְכוֹנַאי (ז)

geniere (m)	χablan	חַבְּלָן (ז)
paracadutista (m)	tsanχan	צַנְחָן (ז)
esploratore (m)	iʃ modi'in kravi	אִישׁ מוֹדִיעִין קְרָבִי (ז)
cecchino (m)	tsalaf	צַלָּף (ז)

pattuglia (f)	siyur	סִיּוּר (ז)
pattugliare (vt)	lefatrel	לְפַטְרֵל
sentinella (f)	zakif	זָקִיף (ז)

guerriero (m)	loχem	לוֹחֵם (ז)
patriota (m)	patriyot	פַּטְרִיּוֹט (ז)

eroe (m)	gibor	גִּיבּוֹר (ז)
eroina (f)	gibora	גִּיבּוֹרָה (נ)

traditore (m)	boged	בּוֹגֵד (ז)
tradire (vt)	livgod	לִבְגּוֹד

disertore (m)	arik	עָרִיק (ז)
disertare (vi)	la'arok	לַעֲרוֹק

mercenario (m)	sχir 'χerev	שְׂכִיר חֶרֶב (ז)
recluta (f)	tiron	טִירוֹן (ז)
volontario (m)	mitnadev	מִתְנַדֵּב (ז)

ucciso (m)	harug	הָרוּג (ז)
ferito (m)	pa'tsu'a	פָּצוּעַ (ז)
prigioniero (m) di guerra	ʃavui	שָׁבוּי (ז)

184. Guerra. Azioni militari. Parte 1

guerra (f)	milχama	מִלְחָמָה (נ)
essere in guerra	lehilaχem	לְהִילָחֵם
guerra (f) civile	mil'χemet ezraχim	מִלְחֶמֶת אֶזְרָחִים (נ)
perfidamente	bogdani	בּוֹגְדָנִי
dichiarazione (f) di guerra	haχrazat milχama	הַכְרָזַת מִלְחָמָה (נ)
dichiarare (~ guerra)	lehaχriz	לְהַכְרִיז
aggressione (f)	tokfanut	תּוֹקְפָנוּת (נ)
attaccare (vt)	litkof	לִתְקוֹף
invadere (vt)	liχboʃ	לִכְבּוֹשׁ
invasore (m)	koveʃ	כּוֹבֵשׁ (ז)
conquistatore (m)	koveʃ	כּוֹבֵשׁ (ז)
difesa (f)	hagana	הֲגָנָה (נ)
difendere (~ un paese)	lehagen al	לְהָגֵן עַל
difendersi (vr)	lehitgonen	לְהִתְגּוֹנֵן
nemico (m)	oyev	אוֹיֵב (ז)
avversario (m)	yariv	יָרִיב (ז)
ostile (agg)	ʃel oyev	שֶׁל אוֹיֵב
strategia (f)	astra'tegya	אַסְטְרָטֶגְיָה (נ)
tattica (f)	'taktika	טַקְטִיקָה (נ)
ordine (m)	pkuda	פְּקוּדָה (נ)
comando (m)	pkuda	פְּקוּדָה (נ)
ordinare (vt)	lifkod	לִפְקוֹד
missione (f)	mesima	מְשִׂימָה (נ)
segreto (agg)	sodi	סוֹדִי
battaglia (f)	ma'araχa	מַעֲרָכָה (נ)
combattimento (m)	krav	קְרָב (ז)
attacco (m)	hatkafa	הַתְקָפָה (נ)
assalto (m)	hista'arut	הִסְתַּעֲרוּת (נ)
assalire (vt)	lehista'er	לְהִסְתַּעֵר
assedio (m)	matsor	מָצוֹר (ז)
offensiva (f)	mitkafa	מִתְקָפָה (נ)
passare all'offensiva	latset lemitkafa	לָצֵאת לְמִתְקָפָה
ritirata (f)	nesiga	נְסִיגָה (נ)
ritirarsi (vr)	la'seget	לָסֶגֶת
accerchiamento (m)	kitur	כִּיתּוּר (ז)
accerchiare (vt)	leχater	לְכַתֵּר
bombardamento (m)	haftsatsa	הַפְצָצָה (נ)
lanciare una bomba	lehatil ptsatsa	לְהָטִיל פְּצָצָה
bombardare (vt)	lehaftsits	לְהַפְצִיץ
esplosione (f)	pitsuts	פִּיצוּץ (ז)
sparo (m)	yeriya	יְרִייָה (נ)

| sparare un colpo | lirot | לִירוֹת |
| sparatoria (f) | 'yeri | יֶרִי (ז) |

puntare su ...	leχaven 'neʃek	לְכַוֵּן נֶשֶׁק
puntare (~ una pistola)	leχaven	לְכַוֵּן
colpire (~ il bersaglio)	lik'lo'a	לִקְלוֹעַ

affondare (mandare a fondo)	lehat'bi'a	לְהַטְבִּיעַ
falla (f)	pirtsa	פִּרְצָה (נ)
affondare (andare a fondo)	lit'bo'a	לִטְבּוֹעַ

fronte (m) (~ di guerra)	χazit	חָזִית (נ)
evacuazione (f)	pinui	פִּינּוּי (ז)
evacuare (vt)	lefanot	לְפַנּוֹת

trincea (f)	te'ala	תְּעָלָה (נ)
filo (m) spinato	'tayil dokrani	חַיִל דּוֹקְרָנִי (ז)
sbarramento (m)	maχsom	מַחְסוֹם (ז)
torretta (f) di osservazione	migdal ʃmira	מִגְדָּל שְׁמִירָה (ז)

ospedale (m) militare	beit χolim tsva'i	בֵּית חוֹלִים צְבָאִי (ז)
ferire (vt)	lif'tso'a	לִפְצוֹעַ
ferita (f)	'petsa	פֶּצַע (ז)
ferito (m)	pa'tsu'a	פָּצוּעַ (ז)
rimanere ferito	lehipatsa	לְהִיפָּצַע
grave (ferita ~)	kaʃe	קָשֶׁה

185. Guerra. Azioni militari. Parte 2

prigionia (f)	'ʃevi	שְׁבִי (ז)
fare prigioniero	la'kaχat be'ʃevi	לָקַחַת בְּשֶׁבִי
essere prigioniero	lihyot be'ʃevi	לִהְיוֹת בְּשֶׁבִי
essere fatto prigioniero	lipol be'ʃevi	לִיפּוֹל בַּשֶּׁבִי

campo (m) di concentramento	maχane rikuz	מַחֲנֵה רִיכּוּז (ז)
prigioniero (m) di guerra	ʃavui	שָׁבוּי (ז)
fuggire (vi)	liv'roaχ	לִבְרוֹחַ

tradire (vt)	livgod	לִבְגּוֹד
traditore (m)	boged	בּוֹגֵד (ז)
tradimento (m)	bgida	בְּגִידָה (נ)

| fucilare (vt) | lehotsi la'horeg | לְהוֹצִיא לַהוֹרֶג |
| fucilazione (f) | hotsa'a le'horeg | הוֹצָאָה לַהוֹרֶג (נ) |

divisa (f) militare	tsiyud	צִיּוּד (ז)
spallina (f)	ko'tefet	כּוֹתֶפֶת (נ)
maschera (f) antigas	maseχat 'abaχ	מַסֵּכַת אַבָּ"ךְ (נ)

radiotrasmettitore (m)	maχʃir 'keʃer	מַכְשִׁיר קֶשֶׁר (ז)
codice (m)	'tsofen	צוֹפֶן (ז)
complotto (m)	χaʃa'iut	חֲשָׁאִיּוּת (נ)
parola (f) d'ordine	sisma	סִיסְמָה (נ)
mina (f)	mokeʃ	מוֹקֵשׁ (ז)

minare (~ la strada)	lemakeʃ	לְמַקֵּשׁ
campo (m) minato	sde mokʃim	שׂדֵה מוֹקְשִׁים (ז)
allarme (m) aereo	az'aka	אַזְעָקָה (נ)
allarme (m)	az'aka	אַזְעָקָה (נ)
segnale (m)	ot	אוֹת (ז)
razzo (m) di segnalazione	zikuk az'aka	זִיקּוּק אַזְעָקָה (ז)
quartier (m) generale	mifkada	מִפְקָדָה (נ)
esplorazione (m)	isuf modi'in	אִיסוּף מוֹדִיעִין (ז)
situazione (f)	matsav	מַצָּב (ז)
rapporto (m)	doχ	דוֹחַ (ז)
agguato (m)	ma'arav	מַאֲרָב (ז)
rinforzo (m)	tig'boret	תִּגְבּוֹרֶת (נ)
bersaglio (m)	matara	מַטָּרָה (נ)
terreno (m) di caccia	sde imunim	שׂדֵה אִימוּנִים (ז)
manovre (f pl)	timronim	תִּמְרוֹנִים (ז"ר)
panico (m)	behala	בֶּהָלָה (נ)
devastazione (f)	'heres	הֶרֶס (ז)
distruzione (m)	harisot	הֲרִיסוֹת (נ"ר)
distruggere (vt)	laharos	לַהֲרוֹס
sopravvivere (vi, vt)	lisrod	לִשְׂרוֹד
disarmare (vt)	lifrok mi'neʃek	לִפְרוֹק מֶנֶּשֶׁק
maneggiare	lehiʃtameʃ be...	לְהִשְׁתַּמֵּשׁ בְּ...
(una pistola, ecc.)		
Attenti!	amod dom!	עֲמוֹד דּוֹם!
Riposo!	amod 'noaχ!	עֲמוֹד נוֹחַ!
atto (m) eroico	ma'ase gvura	מַעֲשֵׂה גְּבוּרָה (ז)
giuramento (m)	ʃvu'a	שְׁבוּעָה (נ)
giurare (vi)	lehiʃava	לְהִישָּׁבַע
decorazione (f)	itur	עִיטּוּר (ז)
decorare (qn)	leha'anik	לְהַעֲנִיק
medaglia (f)	me'dalya	מֶדַלְיָה (נ)
ordine (m) (~ al Merito)	ot hitstainut	אוֹת הִצְטַיְּינוּת (ז)
vittoria (f)	nitsaχon	נִיצָּחוֹן (ז)
sconfitta (m)	tvusa	תְּבוּסָה (נ)
armistizio (m)	hafsakat eʃ	הַפְסָקַת אֵשׁ (נ)
bandiera (f)	'degel	דֶּגֶל (ז)
gloria (f)	tehila	תְּהִילָּה (נ)
parata (f)	mits'ad	מִצְעָד (ז)
marciare (in parata)	lits'od	לִצְעוֹד

186. Armi

armi (f pl)	'neʃek	נֶשֶׁק (ז)
arma (f) da fuoco	'neʃek χam	נֶשֶׁק חַם (ז)

arma (f) bianca	'neʃek kar	נֶשֶׁק קַר (ז)
armi (f pl) chimiche	'neʃek 'χimi	נֶשֶׁק כִּימִי (ז)
nucleare (agg)	gar'ini	גַּרְעִינִי
armi (f pl) nucleari	'neʃek gar'ini	נֶשֶׁק גַּרְעִינִי (ז)
bomba (f)	p͡tsatsa	פְּצָצָה (נ)
bomba (f) atomica	p͡tsatsa a'tomit	פְּצָצָה אָטוֹמִית (נ)
pistola (f)	ekdaχ	אֶקְדָּח (ז)
fucile (m)	rove	רוֹבֶה (ז)
mitra (m)	tat mak'le'a	תַּת-מַקְלֵעַ (ז)
mitragliatrice (f)	mak'le'a	מַקְלֵעַ (ז)
bocca (f)	kane	קָנֶה (ז)
canna (f)	kane	קָנֶה (ז)
calibro (m)	ka'liber	קָלִיבֶּר (ז)
grilletto (m)	'hedek	הֶדֶק (ז)
mirino (m)	ka'venet	כַּוֶּנֶת (נ)
caricatore (m)	maχsanit	מַחְסָנִית (נ)
calcio (m)	kat	קַת (נ)
bomba (f) a mano	rimon	רִימוֹן (ז)
esplosivo (m)	'χomer 'nefe͡ts	חוֹמֶר נֶפֶץ (ז)
pallottola (f)	ka'li'a	קְלִיעַ (ז)
cartuccia (f)	kadur	כַּדּוּר (ז)
carica (f)	te'ina	טְעִינָה (נ)
munizioni (f pl)	taχ'moʃet	תַּחְמוֹשֶׁת (נ)
bombardiere (m)	maft͡sit͡s	מַפְצִיץ (ז)
aereo (m) da caccia	meto͡s krav	מְטוֹס קְרָב (ז)
elicottero (m)	masok	מָסוֹק (ז)
cannone (m) antiaereo	totaχ 'neged meto͡sim	תּוֹתָח נֶגֶד מְטוֹסִים (ז)
carro (m) armato	tank	טַנְק (ז)
cannone (m)	totaχ	תּוֹתָח (ז)
artiglieria (f)	arti'lerya	אַרְטִילֶרְיָה (נ)
cannone (m)	totaχ	תּוֹתָח (ז)
mirare a ...	leχaven	לְכַוֵּון
proiettile (m)	pagaz	פַּגָז (ז)
granata (f) da mortaio	p͡tsat͡sat margema	פְּצָצַת מַרְגֵמָה (נ)
mortaio (m)	margema	מַרְגֵמָה (נ)
scheggia (f)	resi͡s	רְסִיס (ז)
sottomarino (m)	t͡so'lelet	צוֹלֶלֶת (נ)
siluro (m)	tor'pedo	טוֹרְפֶּדוֹ (ז)
missile (m)	til	טִיל (ז)
caricare (~ una pistola)	lit'on	לִטְעוֹן
sparare (vi)	lirot	לִירוֹת
puntare su ...	leχaven	לְכַוֵּון
baionetta (f)	kidon	כִּידוֹן (ז)
spada (f)	'χerev	חֶרֶב (נ)

sciabola (f)	'χerev paraʃim	חֶרֶב פָּרָשִׁים (ז)
lancia (f)	χanit	חֲנִית (נ)
arco (m)	'keʃet	קֶשֶׁת (נ)
freccia (f)	χets	חֵץ (ז)
moschetto (m)	musket	מוּסְקֶט (ז)
balestra (f)	'keʃet metsu'levet	קֶשֶׁת מְצוּלֶבֶת (נ)

187. Gli antichi

primitivo (agg)	kadmon	קַדְמוֹן
preistorico (agg)	prehis'tori	פְּרֶהִיסְטוֹרִי
antico (agg)	atik	עַתִּיק

Età (f) della pietra	idan ha''even	עִידָּן הָאֶבֶן (ז)
Età (f) del bronzo	idan ha'arad	עִידָּן הָאָרָד (ז)
epoca (f) glaciale	idan ha'keraχ	עִידָּן הַקֶּרַח (ז)

tribù (f)	'ʃevet	שֵׁבֶט (ז)
cannibale (m)	oχel adam	אוֹכֵל אָדָם (ז)
cacciatore (m)	tsayad	צַיָּיד (ז)
cacciare (vt)	latsud	לָצוּד
mammut (m)	ma'muta	מָמוּטָה (נ)

caverna (f), grotta (f)	me'ara	מְעָרָה (נ)
fuoco (m)	eʃ	אֵשׁ (נ)
falò (m)	medura	מְדוּרָה (נ)
pittura (f) rupestre	pet'roglif	פֶּטְרוֹגְלִיף (ז)

strumento (m) di lavoro	kli	כְּלִי (ז)
lancia (f)	χanit	חֲנִית (נ)
ascia (f) di pietra	garzen ha'even	גַּרְזֶן הָאֶבֶן (ז)
essere in guerra	lehilaχem	לְהִילָחֵם
addomesticare (vt)	levayet	לְבַיֵּית

idolo (m)	'pesel	פֶּסֶל (ז)
idolatrare (vt)	la'avod et	לַעֲבוֹד אֶת

superstizione (f)	emuna tfela	אֱמוּנָה תְּפֵלָה (נ)
rito (m)	'tekes	טֶקֶס (ז)

evoluzione (f)	evo'lutsya	אֵבוֹלוּצְיָה (נ)
sviluppo (m)	hitpatχut	הִתְפַּתְּחוּת (נ)

estinzione (f)	he'almut	הֵיעָלְמוּת (נ)
adattarsi (vr)	lehistagel	לְהִסְתַּגֵּל

archeologia (f)	arχe'o'logya	אַרְכֵיאוֹלוֹגְיָה (נ)
archeologo (m)	arχe'olog	אַרְכֵיאוֹלוֹג (ז)
archeologico (agg)	arχe'o'logi	אַרְכֵיאוֹלוֹגִי

sito (m) archeologico	atar χafirot	אֲתַר חֲפִירוֹת (ז)
scavi (m pl)	χafirot	חֲפִירוֹת (נ"ר)
reperto (m)	mimtsa	מִמְצָא (ז)
frammento (m)	resis	רָסִיס (ז)

188. Il Medio Evo

popolo (m)	am	עַם (ז)
popoli (m pl)	amim	עַמִּים (ז"ר)
tribù (f)	ʃevet	שֵׁבֶט (ז)
tribù (f pl)	ʃvatim	שְׁבָטִים (ז"ר)
barbari (m pl)	bar'barim	בַּרְבָּרִים (ז"ר)
galli (m pl)	'galim	גָּאלִים (ז"ר)
goti (m pl)	'gotim	גּוֹתִים (ז"ר)
slavi (m pl)	'slavim	סְלָאבִים (ז"ר)
vichinghi (m pl)	'vikingim	וִיקִינְגִים (ז"ר)
romani (m pl)	roma'im	רוֹמָאִים (ז"ר)
romano (agg)	'romi	רוֹמִי
bizantini (m pl)	bi'zantim	בִּיזַנְטִים (ז"ר)
Bisanzio (m)	bizantion, bizants	בִּיזַנְטִיּוֹן, בִּיזַנְץ (ג)
bizantino (agg)	bi'zanti	בִּיזַנְטִי
imperatore (m)	keisar	קֵיסָר (ז)
capo (m)	manhig	מַנְהִיג (ז)
potente (un re ~)	rav 'koaχ	רַב־כּוֹחַ
re (m)	'meleχ	מֶלֶךְ (ז)
governante (m) (sovrano)	ʃalit	שַׁלִּיט (ז)
cavaliere (m)	abir	אַבִּיר (ז)
feudatario (m)	fe'odal	פֵיאוֹדָל (ז)
feudale (agg)	fe'o'dali	פֵיאוֹדָלִי
vassallo (m)	vasal	וַסָל (ז)
duca (m)	dukas	דוּכָּס (ז)
conte (m)	rozen	רוֹזֵן (ז)
barone (m)	baron	בָּרוֹן (ז)
vescovo (m)	'biʃof	בִּישׁוֹף (ז)
armatura (f)	ʃiryon	שִׁרְיוֹן (ז)
scudo (m)	magen	מָגֵן (ז)
spada (f)	'χerev	חֶרֶב (נ)
visiera (f)	magen panim	מָגֵן פָּנִים (ז)
cotta (f) di maglia	ʃiryon kaskasim	שִׁרְיוֹן קַשְׂקַשִׂים (ז)
crociata (f)	masa tslav	מַסָּע צְלָב (ז)
crociato (m)	tsalban	צַלְבָּן (ז)
territorio (m)	'ʃetaχ	שֶׁטַח (ז)
attaccare (vt)	litkof	לִתְקוֹף
conquistare (vt)	liχboʃ	לִכְבּוֹשׁ
occupare (invadere)	lehiʃtalet	לְהִשְׁתַּלֵּט
assedio (m)	matsor	מָצוֹר (ז)
assediato (agg)	natsur	נָצוּר
assediare (vt)	latsur	לָצוּר
inquisizione (f)	inkvi'zitsya	אִינְקְוִויזִיצְיָה (נ)
inquisitore (m)	inkvi'zitor	אִינְקְוִויזִיטוֹר (ז)

tortura (f)	inui	עִינוּי (ז)
crudele (agg)	aχzari	אַכְזָרִי
eretico (m)	kofer	כּוֹפֵר (ז)
eresia (f)	kfira	כְּפִירָה (נ)

navigazione (f)	haflaga bayam	הַפְלָגָה בַּיָם (נ)
pirata (m)	ʃoded yam	שׁוֹדֵד יָם (ז)
pirateria (f)	pi'ratiyut	פִּירָטִיוּת (נ)
arrembaggio (m)	la'alot al	לַעֲלוֹת עַל
bottino (m)	ʃalal	שָׁלָל (ז)
tesori (m)	otsarot	אוֹצָרוֹת (ז"ר)

scoperta (f)	taglit	תַגְלִית (נ)
scoprire (~ nuove terre)	legalot	לְגַלוֹת
spedizione (f)	miʃlaχat	מִשְׁלַחַת (נ)

moschettiere (m)	musketer	מוּסְקֶטֶר (ז)
cardinale (m)	χaʃman	חַשְׁמָן (ז)
araldica (f)	he'raldika	הֶרַלְדִיקָה (נ)
araldico (agg)	he'raldi	הֶרַלְדִי

189. Leader. Capo. Le autorità

re (m)	'meleχ	מֶלֶךְ (ז)
regina (f)	malka	מַלְכָּה (נ)
reale (agg)	malχuti	מַלְכוּתִי
regno (m)	mamlaχa	מַמְלָכָה (נ)

principe (m)	nasiχ	נָסִיךְ (ז)
principessa (f)	nesiχa	נְסִיכָה (נ)

presidente (m)	nasi	נָשִׂיא (ז)
vicepresidente (m)	sgan nasi	סְגַן נָשִׂיא (ז)
senatore (m)	se'nator	סֶנָאטוֹר (ז)

monarca (m)	'meleχ	מֶלֶךְ (ז)
governante (m) (sovrano)	ʃalit	שַׁלִּיט (ז)
dittatore (m)	rodan	רוֹדָן (ז)
tiranno (m)	aruts	עָרוּץ (ז)
magnate (m)	eil hon	אֵיל הוֹן (ז)

direttore (m)	menahel	מְנַהֵל (ז)
capo (m)	menahel, roʃ	מְנַהֵל (ז), רֹאשׁ (ז)
dirigente (m)	menahel	מְנַהֵל (ז)
capo (m)	bos	בּוֹס (ז)
proprietario (m)	'ba'al	בַּעַל (ז)

leader (m)	manhig	מַנְהִיג (ז)
capo (m) (~ delegazione)	roʃ	רֹאשׁ (ז)
autorità (f pl)	ʃiltonot	שִׁלְטוֹנוֹת (ז"ר)
superiori (m pl)	memunim	מְמוּנִים (ז"ר)

governatore (m)	moʃel	מוֹשֵׁל (ז)
console (m)	'konsul	קוֹנְסוּל (ז)

diplomatico (m)	diplomat	דִּיפְלוֹמָט (ז)
sindaco (m)	roʃ ha'ir	רֹאשׁ הָעִיר (ז)
sceriffo (m)	ʃerif	שָׁרִיף (ז)
imperatore (m)	keisar	קֵיסָר (ז)
zar (m)	tsar	צָאר (ז)
faraone (m)	par'o	פַּרְעֹה (ז)
khan (m)	χan	חָאן (ז)

190. Strada. Via. Indicazioni

strada (f)	'dereχ	דֶּרֶךְ (נ)
cammino (m)	kivun	כִּיוּוּן (ז)
superstrada (f)	kviʃ mahir	כְּבִישׁ מָהִיר (ז)
autostrada (f)	kviʃ mahir	כְּבִישׁ מָהִיר (ז)
strada (f) statale	kviʃ le'umi	כְּבִישׁ לְאוּמִי (ז)
strada (f) principale	kviʃ raʃi	כְּבִישׁ רָאשִׁי (ז)
strada (f) sterrata	'dereχ afar	דֶּרֶךְ עָפָר (נ)
viottolo (m)	ʃvil	שְׁבִיל (ז)
sentiero (m)	ʃvil	שְׁבִיל (ז)
Dove? (~ è?)	'eifo?	אֵיפֹה?
Dove? (~ vai?)	le'an?	לְאָן?
Di dove?, Da dove?	me''eifo?	מֵאֵיפֹה?
direzione (f)	kivun	כִּיוּוּן (ז)
indicare (~ la strada)	lenatev	לְנַתֵּב
a sinistra (girare ~)	'smola	שְׂמֹאלָה
a destra (girare ~)	ya'mina	יָמִינָה
dritto (avv)	yaʃar	יָשָׁר
indietro (tornare ~)	a'χora	אָחוֹרָה
curva (f)	ikul	עִיקּוּל (ז)
girare (~ a destra)	lifnot	לִפְנוֹת
fare un'inversione a U	leva'tse'a pniyat parsa	לְבַצֵּעַ פְּנִיַּת פַּרְסָה
essere visibile	lihyot nir'a	לִהְיוֹת נִרְאָה
apparire (vi)	leho'fi'a	לְהוֹפִיעַ
sosta (f) (breve fermata)	taχana	תַּחֲנָה (נ)
riposarsi, fermarsi (vr)	la'nuaχ	לָנוּחַ
riposo (m)	menuχa	מְנוּחָה (נ)
perdersi (vr)	lit'ot	לִתְעוֹת
portare verso ...	lehovil le...	לְהוֹבִיל לְ...
raggiungere (arrivare a)	latset le...	לָצֵאת לְ...
tratto (m) di strada	'keta	קֶטַע (ז)
asfalto (m)	asfalt	אַסְפַלְט (ז)
cordolo (m)	sfat midraχa	שְׂפַת מִדְרָכָה (נ)

fosso (m)	te'ala	תְּעָלָה (נ)
tombino (m)	bor	בּוֹר (ז)
ciglio (m) della strada	ſulei ha'dereχ	שׁוּלֵי הַדֶּרֶךְ (ז״ר)
buca (f)	bor	בּוֹר (ז)

| andare (a piedi) | la'leχet | לָלֶכֶת |
| sorpassare (vt) | la'akof | לַעֲקוֹף |

| passo (m) | 'tsa'ad | צַעַד (ז) |
| a piedi | ba'regel | בָּרֶגֶל |

sbarrare (~ la strada)	laχsom	לַחְסוֹם
sbarra (f)	maχsom	מַחְסוֹם (ז)
vicolo (m) cieco	mavoi satum	מָבוֹי סָתוּם (ז)

191. Infrangere la legge. Criminali. Parte 1

bandito (m)	ſoded	שׁוֹדֵד (ז)
delitto (m)	'peſa	פֶּשַׁע (ז)
criminale (m)	po'ſe'a	פּוֹשֵׁעַ (ז)

ladro (m)	ganav	גַּנָּב (ז)
rubare (vi, vt)	lignov	לִגְנוֹב
furto (m), ruberia (f)	gneva	גְּנֵיבָה (נ)
ruberia (f)	gneva	גְּנֵיבָה (נ)

rapire (vt)	laχatof	לַחֲטוֹף
rapimento (m)	χatifa	חֲטִיפָה (נ)
rapitore (m)	χotef	חוֹטֵף (ז)

| riscatto (m) | 'kofer | כּוֹפֶר (ז) |
| chiedere il riscatto | lidroſ 'kofer | לִדְרוֹשׁ כּוֹפֶר |

rapinare (vt)	liſdod	לִשְׁדוֹד
rapina (f)	ſod	שׁוֹד (ז)
rapinatore (m)	ſoded	שׁוֹדֵד (ז)

estorcere (vt)	lisχot	לִסְחוֹט
estorsore (m)	saχtan	סַחְטָן (ז)
estorsione (f)	saχtanut	סַחְטָנוּת (נ)

uccidere (vt)	lir'tsoaχ	לִרְצוֹחַ
assassinio (m)	'retsaχ	רֶצַח (ז)
assassino (m)	ro'tseaχ	רוֹצֵחַ (ז)

sparo (m)	yeriya	יְרִיָּה (נ)
tirare un colpo	lirot	לִירוֹת
abbattere (con armi da fuoco)	lirot la'mavet	לִירוֹת לַמָּוֶת
sparare (vi)	lirot	לִירוֹת
sparatoria (f)	'yeri	יְרִי (ז)

incidente (m) (rissa, ecc.)	takrit	תַּקְרִית (נ)
rissa (f)	ktata	קְטָטָה (נ)
Aiuto!	ha'tsilu!	הַצִּילוּ!

vittima (f)	nifga	נִפְגָע (ז)
danneggiare (vt)	lekalkel	לְקַלְקֵל
danno (m)	'nezek	נֶזֶק (ז)
cadavere (m)	gufa	גוּפָה (נ)
grave (reato ~)	χamur	חָמוּר

aggredire (vt)	litkof	לִתְקוֹף
picchiare (vt)	lehakot	לְהַכּוֹת
malmenare (picchiare)	lehakot	לְהַכּוֹת
sottrarre (vt)	la'kaχat be'koaχ	לָקַחַת בְּכוֹחַ
accoltellare a morte	lidkor le'mavet	לִדְקוֹר לְמָוֶת
mutilare (vt)	lehatil mum	לְהָטִיל מוּם
ferire (vt)	lif'tso'a	לִפְצוֹעַ

ricatto (m)	saχtanut	סַחְטָנוּת (נ)
ricattare (vt)	lisχot	לִסְחוֹט
ricattatore (m)	saχtan	סַחְטָן (ז)

estorsione (f)	dmei χasut	דְמֵי חָסוּת (ז"ר)
estortore (m)	gove χasut	גוֹבֶה חָסוּת (ז)
gangster (m)	'gangster	גַנְגְסְטֶר (ז)
mafia (f)	'mafya	מָאפְיָה (נ)

borseggiatore (m)	kayas	כַּיָיס (ז)
scassinatore (m)	porets	פּוֹרֵץ (ז)
contrabbando (m)	havraχa	הַבְרָחָה (נ)
contrabbandiere (m)	mav'riaχ	מַבְרִיחַ (ז)

falsificazione (f)	ziyuf	זִיוּף (ז)
falsificare (vt)	lezayef	לְזַיֵף
falso, falsificato (agg)	mezuyaf	מְזוּיָף

192. Infrangere la legge. Criminali. Parte 2

stupro (m)	'ones	אוֹנֶס (ז)
stuprare (vt)	le'enos	לֶאֱנוֹס
stupratore (m)	anas	אַנָס (ז)
maniaco (m)	'manyak	מַנְיָאק (ז)

prostituta (f)	zona	זוֹנָה (נ)
prostituzione (f)	znut	זְנוּת (נ)
magnaccia (m)	sarsur	סַרְסוּר (ז)

drogato (m)	narkoman	נַרְקוֹמָן (ז)
trafficante (m) di droga	soχer samim	סוֹחֵר סַמִים (ז)

far esplodere	lefotsets	לְפוֹצֵץ
esplosione (f)	pitsuts	פִּיצוּץ (ז)
incendiare (vt)	lehatsit	לְהַצִית
incendiario (m)	matsit	מַצִית (ז)

terrorismo (m)	terorizm	טֶרוֹרִיזְם (ז)
terrorista (m)	meχabel	מְחַבֵּל (ז)
ostaggio (m)	ben aruba	בֶּן עָרוּבָה (ז)

imbrogliare (vt)	lehonot	לְהוֹנוֹת
imbroglio (m)	hona'a	הוֹנָאָה (נ)
imbroglione (m)	ramai	רַמַאי (ז)
corrompere (vt)	leʃaχed	לְשַׁחֵד
corruzione (f)	'ʃoχad	שׁוֹחַד (ז)
bustarella (f)	'ʃoχad	שׁוֹחַד (ז)
veleno (m)	'ra'al	רַעַל (ז)
avvelenare (vt)	lehar'il	לְהַרְעִיל
avvelenarsi (vr)	lehar'il et atsmo	לְהַרְעִיל אֶת עַצְמוֹ
suicidio (m)	hit'abdut	הִתְאַבְּדוּת (נ)
suicida (m)	mit'abed	מִתְאַבֵּד (ז)
minacciare (vt)	le'ayem	לְאַיֵּם
minaccia (f)	iyum	אִיּוּם (ז)
attentare (vi)	lehitnakeʃ	לְהִתְנַקֵּשׁ
attentato (m)	nisayon hitnakʃut	נִיסָיוֹן הִתְנַקְשׁוּת (ז)
rubare (~ una macchina)	lignov	לִגְנוֹב
dirottare (~ un aereo)	laχatof matos	לַחֲטוֹף מָטוֹס
vendetta (f)	nekama	נְקָמָה (נ)
vendicare (vt)	linkom	לִנְקוֹם
torturare (vt)	la'anot	לְעַנּוֹת
tortura (f)	inui	עִינּוּי (ז)
maltrattare (vt)	leyaser	לְיַיֵּר
pirata (m)	ʃoded yam	שׁוֹדֵד יָם (ז)
teppista (m)	χuligan	חוּלִיגָאן (ז)
armato (agg)	mezuyan	מְזוּיָן
violenza (f)	alimut	אַלִימוּת (נ)
illegale (agg)	'bilti le'gali	בִּלְתִּי לֶגָלִי
spionaggio (m)	rigul	רִיגּוּל (ז)
spiare (vi)	leragel	לְרַגֵּל

193. Polizia. Legge. Parte 1

giustizia (f)	'tsedek	צֶדֶק (ז)
tribunale (m)	beit miʃpat	בֵּית מִשְׁפָּט (ז)
giudice (m)	ʃofet	שׁוֹפֵט (ז)
giurati (m)	muʃba'im	מוּשׁבָּעִים (ז"ר)
processo (m) con giuria	χaver muʃba'im	חָבֵר מוּשׁבָּעִים (ז)
giudicare (vt)	liʃpot	לִשְׁפּוֹט
avvocato (m)	oreχ din	עוֹרֵך דִּין (ז)
imputato (m)	omed lemiʃpat	עוֹמֵד לְמִשְׁפָּט (ז)
banco (m) degli imputati	safsal ne'eʃamim	סַפְסַל נֶאֱשָׁמִים (ז)
accusa (f)	ha'aʃama	הָאֲשָׁמָה (נ)
accusato (m)	ne'eʃam	נֶאֱשָׁם (ז)

| condanna (f) | gzar din | גְּזַר דִּין (ז) |
| condannare (vt) | lifsok | לִפְסוֹק |

colpevole (m)	aʃem	אָשֵׁם (ז)
punire (vt)	leha'aniʃ	לְהַעֲנִישׁ
punizione (f)	'oneʃ	עוֹנֶשׁ (ז)

multa (f), ammenda (f)	knas	קְנָס (ז)
ergastolo (m)	ma'asar olam	מַאֲסַר עוֹלָם (ז)
pena (f) di morte	'oneʃ 'mavet	עוֹנֶשׁ מָוֶת (ז)
sedia (f) elettrica	kise χaʃmali	כִּיסֵּא חַשְׁמַלִּי (ז)
impiccagione (f)	gardom	גַּרְדּוֹם (ז)

| giustiziare (vt) | lehotsi la'horeg | לְהוֹצִיא לַהוֹרֵג |
| esecuzione (f) | hatsa'a le'horeg | הוֹצָאָה לַהוֹרֵג (ז) |

| prigione (f) | beit 'sohar | בֵּית סוֹהַר (ז) |
| cella (f) | ta | תָּא (ז) |

scorta (f)	miʃmar livui	מִשְׁמָר לִיוּוּי (ז)
guardia (f) carceraria	soher	סוֹהַר (ז)
prigioniero (m)	asir	אָסִיר (ז)

| manette (f pl) | azikim | אֲזִיקִים (ז"ר) |
| mettere le manette | liχbol be'azikim | לִכְבּוֹל בַּאֲזִיקִים |

fuga (f)	briχa	בְּרִיחָה (נ)
fuggire (vi)	liv'roaχ	לִבְרוֹחַ
scomparire (vi)	lehe'alem	לְהֵיעָלֵם
liberare (vt)	leʃaχrer	לְשַׁחְרֵר
amnistia (f)	χanina	חֲנִינָה (נ)

polizia (f)	miʃtara	מִשְׁטָרָה (נ)
poliziotto (m)	ʃoter	שׁוֹטֵר (ז)
commissariato (m)	taχanat miʃtara	תַּחֲנַת מִשְׁטָרָה (נ)
manganello (m)	ala	אַלָּה (נ)
altoparlante (m)	megafon	מֶגָפוֹן (ז)

macchina (f) di pattuglia	na'yedet	נַיָּידֶת (נ)
sirena (f)	tsofar	צוֹפָר (ז)
mettere la sirena	lehaf'il tsofar	לְהַפְעִיל צוֹפָר
suono (m) della sirena	tsfira	צְפִירָה (נ)

luogo (m) del crimine	zirat 'peʃa	זִירַת פֶּשַׁע (נ)
testimone (m)	ed	עֵד (ז)
libertà (f)	'χofeʃ	חוֹפֶשׁ (ז)
complice (m)	ʃutaf	שׁוּתָף (ז)
fuggire (vi)	lehiχave	לְהֵיחָבֵא
traccia (f)	akev	עָקֵב (ז)

194. Polizia. Legge. Parte 2

| ricerca (f) (≈ di un criminale) | χipus | חִיפּוּשׂ (ז) |
| cercare (vt) | leχapes | לְחַפֵּשׂ |

sospetto (m)	χaʃad	חָשָׁד (ז)
sospetto (agg)	χaʃud	חָשׁוּד
fermare (vt)	la'atsor	לַעֲצוֹר
arrestare (qn)	la'atsor	לַעֲצוֹר
causa (f)	tik	תִּיק (ז)
inchiesta (f)	χakira	חֲקִירָה (נ)
detective (m)	balaʃ	בַּלָּשׁ (ז)
investigatore (m)	χoker	חוֹקֵר (ז)
versione (f)	haʃ'ara	הַשְׁעָרָה (נ)
movente (m)	me'ni'a	מֵנִיעַ (ז)
interrogatorio (m)	χakira	חֲקִירָה (נ)
interrogare (sospetto)	laχkor	לַחְקוֹר
interrogare (vicini)	letaʃ'el	לְתַשְׁאֵל
controllo (m) (~ di polizia)	bdika	בְּדִיקָה (נ)
retata (f)	matsod	מָצוֹד (ז)
perquisizione (f)	χipus	חִיפּוּשׂ (ז)
inseguimento (m)	mirdaf	מִרְדָּף (ז)
inseguire (vt)	lirdof aχarei	לִרְדּוֹף אַחֲרֵי
essere sulle tracce	la'akov aχarei	לַעֲקוֹב אַחֲרֵי
arresto (m)	ma'asar	מַאֲסָר (ז)
arrestare (qn)	le'esor	לֶאֱסוֹר
catturare (~ un ladro)	lilkod	לִלְכּוֹד
cattura (f)	leχida	לְכִידָה (נ)
documento (m)	mismaχ	מִסְמָךְ (ז)
prova (f), reperto (m)	hoχaχa	הוֹכָחָה (נ)
provare (vt)	leho'χiaχ	לְהוֹכִיחַ
impronta (f) del piede	akev	עָקֵב (ז)
impronte (f pl) digitali	tvi'ot etsba'ot	טְבִיעוֹת אֶצְבָּעוֹת (נ"ר)
elemento (m) di prova	re'aya	רְאָיָה (נ)
alibi (m)	'alibi	אָלִיבִּי (ז)
innocente (agg)	χaf mi'peʃa	חַף מִפֶּשַׁע
ingiustizia (f)	i 'tsedek	אִי צֶדֶק (ז)
ingiusto (agg)	lo tsodek	לֹא צוֹדֵק
criminale (agg)	plili	פְּלִילִי
confiscare (vt)	lehaχrim	לְהַחֲרִים
droga (f)	sam	סַם (ז)
armi (f pl)	'neʃek	נֶשֶׁק (ז)
disarmare (vt)	lifrok mi'neʃek	לְפָרֵק מִנֶּשֶׁק
ordinare (vt)	lifkod	לִפְקוֹד
sparire (vi)	lehe'alem	לְהֵיעָלֵם
legge (f)	χok	חוֹק (ז)
legale (agg)	χuki	חוּקִי
illegale (agg)	'bilti χuki	בִּלְתִּי חוּקִי
responsabilità (f)	aχrayut	אַחֲרָיוּת (נ)
responsabile (agg)	aχrai	אַחְרַאִי

LA NATURA

La Terra. Parte 1

195. L'Universo

cosmo (m)	χalal	חָלָל (ז)
cosmico, spaziale (agg)	ʃel χalal	שֶׁל חָלָל
spazio (m) cosmico	χalal χitson	חָלָל חִיצוֹן (ז)
mondo (m)	olam	עוֹלָם (ז)
universo (m)	yekum	יְקוּם (ז)
galassia (f)	ga'laksya	גָּלַקְסְיָה (נ)
stella (f)	koχav	כּוֹכָב (ז)
costellazione (f)	tsvir koχavim	צְבִיר כּוֹכָבִים (ז)
pianeta (m)	koχav 'leχet	כּוֹכָב לֶכֶת (ז)
satellite (m)	lavyan	לַוְיָן (ז)
meteorite (m)	mete'orit	מֶטֶאוֹרִיט (ז)
cometa (f)	koχav ʃavit	כּוֹכָב שָׁבִיט (ז)
asteroide (m)	aste'ro'id	אַסְטֶרוֹאִיד (ז)
orbita (f)	maslul	מַסְלוּל (ז)
ruotare (vi)	lesovev	לְסוֹבֵב
atmosfera (f)	atmos'fera	אַטְמוֹסְפֶּרָה (נ)
il Sole	'ʃemeʃ	שֶׁמֶשׁ (נ)
sistema (m) solare	ma'a'reχet ha'ʃemeʃ	מַעֲרֶכֶת הַשֶּׁמֶשׁ (נ)
eclisse (f) solare	likui χama	לִיקוּי חַמָה (ז)
la Terra	kadur ha''arets	כַּדוּר הָאָרֶץ (ז)
la Luna	ya'reaχ	יָרֵחַ (ז)
Marte (m)	ma'adim	מַאֲדִים (ז)
Venere (f)	'noga	נוֹגָה (ז)
Giove (m)	'tsedek	צֶדֶק (ז)
Saturno (m)	ʃabtai	שַׁבְּתַאי (ז)
Mercurio (m)	koχav χama	כּוֹכָב חַמָה (ז)
Urano (m)	u'ranus	אוּרָנוּס (ז)
Nettuno (m)	neptun	נֶפְּטוּן (ז)
Plutone (m)	'pluto	פְּלוּטוֹ (ז)
Via (f) Lattea	ʃvil haχalav	שְׁבִיל הָחָלָב (ז)
Orsa (f) Maggiore	duba gdola	דּוּבָּה גְדוֹלָה (נ)
Stella (f) Polare	koχav hatsafon	כּוֹכָב הַצָפוֹן (ז)
marziano (m)	toʃav ma'adim	תּוֹשָׁב מַאֲדִים (ז)
extraterrestre (m)	χutsan	חוּצָן (ז)

| alieno (m) | χaizar | חַיזָר (ז) |
| disco (m) volante | tsa'laχat me'o'fefet | צַלַּחַת מְעוֹפֶפֶת (נ) |

nave (f) spaziale	χalalit	חֲלָלִית (נ)
stazione (f) spaziale	taχanat χalal	תַּחֲנַת חָלָל (נ)
lancio (m)	hamra'a	הַמְרָאָה (נ)

motore (m)	ma'no'a	מָנוֹעַ (ז)
ugello (m)	neχir	נְחִיר (ז)
combustibile (m)	'delek	דֶּלֶק (ז)

cabina (f) di pilotaggio	'kokpit	קוֹקְפִּיט (ז)
antenna (f)	an'tena	אַנְטֶנָה (נ)
oblò (m)	eʃnav	אֶשְׁנָב (ז)
batteria (f) solare	'luaχ so'lari	לוּחַ סוֹלָרִי (ז)
scafandro (m)	χalifat χalal	חֲלִיפַת חָלָל (נ)

| imponderabilità (f) | 'χoser miʃkal | חוֹסֶר מִשְׁקָל (ז) |
| ossigeno (m) | χamtsan | חַמְצָן (ז) |

| aggancio (m) | agina | עֲגִינָה (נ) |
| agganciarsi (vr) | la'agon | לַעֲגוֹן |

osservatorio (m)	mitspe koχavim	מִצְפֵּה כּוֹכָבִים (ז)
telescopio (m)	teleskop	טֶלֶסְקוֹפ (ז)
osservare (vt)	litspot, lehaʃkif	לִצְפּוֹת, לְהַשְׁקִיף
esplorare (vt)	laχkor	לַחְקוֹר

196. La Terra

la Terra	kadur ha''arets	כַּדּוּר הָאָרֶץ (ז)
globo (m) terrestre	kadur ha''arets	כַּדּוּר הָאָרֶץ (ז)
pianeta (m)	koχav 'leχet	כּוֹכַב לֶכֶת (ז)

atmosfera (f)	atmos'fera	אַטְמוֹסְפֶרָה (נ)
geografia (f)	ge'o'grafya	גֵּיאוֹגְרַפְיָה (נ)
natura (f)	'teva	טֶבַע (ז)

mappamondo (m)	'globus	גְּלוֹבּוּס (ז)
carta (f) geografica	mapa	מַפָּה (נ)
atlante (m)	'atlas	אַטְלָס (ז)

| Europa (f) | ei'ropa | אֵירוֹפָּה (נ) |
| Asia (f) | 'asya | אַסְיָה (נ) |

| Africa (f) | 'afrika | אַפְרִיקָה (נ) |
| Australia (f) | ost'ralya | אוֹסְטְרַלְיָה (נ) |

America (f)	a'merika	אָמֶרִיקָה (נ)
America (f) del Nord	a'merika hatsfonit	אָמֶרִיקָה הַצְּפוֹנִית (נ)
America (f) del Sud	a'merika hadromit	אָמֶרִיקָה הַדְּרוֹמִית (נ)

| Antartide (f) | ya'beʃet an'tarktika | יַבֶּשֶׁת אַנְטָארְקְטִיקָה (נ) |
| Artico (m) | 'arktika | אַרְקְטִיקָה (נ) |

197. Punti cardinali

nord (m)	tsafon	צָפוֹן (ז)
a nord	tsa'fona	צָפוֹנָה
al nord	batsafon	בַּצָּפוֹן
del nord (agg)	tsfoni	צְפוֹנִי

sud (m)	darom	דָרוֹם (ז)
a sud	da'roma	דָרוֹמָה
al sud	badarom	בַּדָרוֹם
del sud (agg)	dromi	דְרוֹמִי

ovest (m)	ma'arav	מַעֲרָב (ז)
a ovest	ma'a'rava	מַעֲרָבָה
all'ovest	bama'arav	בַּמַעֲרָב
dell'ovest, occidentale	ma'aravi	מַעֲרָבִי

est (m)	mizraχ	מִזְרָח (ז)
a est	miz'raχa	מִזְרָחָה
all'est	bamizraχ	בַּמִזְרָח
dell'est, orientale	mizraχi	מִזְרָחִי

198. Mare. Oceano

mare (m)	yam	יָם (ז)
oceano (m)	ok'yanos	אוֹקְיָאנוֹס (ז)
golfo (m)	mifrats	מִפְרָץ (ז)
stretto (m)	meitsar	מֵיצַר (ז)

terra (f) (terra firma)	yabaſa	יַבָּשָׁה (נ)
continente (m)	ya'beſet	יַבֶּשֶׁת (נ)
isola (f)	i	אִי (ז)
penisola (f)	χatsi i	חֲצִי אִי (ז)
arcipelago (m)	arχipelag	אַרְכִיפֶּלָג (ז)

baia (f)	mifrats	מִפְרָץ (ז)
porto (m)	namal	נָמָל (ז)
laguna (f)	la'guna	לָגוּנָה (נ)
capo (m)	kef	כֵּף (ז)

atollo (m)	atol	אָטוֹל (ז)
scogliera (f)	ſunit	שׁוּנִית (נ)
corallo (m)	almog	אַלְמוֹג (ז)
barriera (f) corallina	ſunit almogim	שׁוּנִית אַלְמוֹגִים (נ)

profondo (agg)	amok	עָמוֹק
profondità (f)	'omek	עוֹמֶק (ז)
abisso (m)	tehom	תְהוֹם (נ)
fossa (f) (~ delle Marianne)	maχteſ	מַכְתֵּשׁ (ז)

corrente (f)	'zerem	זֶרֶם (ז)
circondare (vt)	lehakif	לְהַקִּיף
litorale (m)	χof	חוֹף (ז)

costa (f)	χof yam	חוֹף יָם (ז)
alta marea (f)	ge'ut	גֵּאוּת (נ)
bassa marea (f)	'ſefel	שֵׁפֶל (ז)
banco (m) di sabbia	sirton	שִׂרְטוֹן (ז)
fondo (m)	karka'it	קַרְקָעִית (נ)

onda (f)	gal	גַּל (ז)
cresta (f) dell'onda	pisgat hagal	פִּסְגַּת הַגַּל (נ)
schiuma (f)	'keſsef	קֶצֶף (ז)

tempesta (f)	sufa	סוּפָה (נ)
uragano (m)	hurikan	הוֹרִיקָן (ז)
tsunami (m)	tsu'nami	צוּנָאמִי (ז)
bonaccia (f)	'roga	רֹגַע (ז)
tranquillo (agg)	ſalev	שָׁלֵו

polo (m)	'kotev	קוֹטֶב (ז)
polare (agg)	kotbi	קוֹטְבִּי

latitudine (f)	kav 'roχav	קַו רֹחַב (ז)
longitudine (f)	kav 'oreχ	קַו אֹרֶךְ (ז)
parallelo (m)	kav 'roχav	קַו רֹחַב (ז)
equatore (m)	kav hamaſve	קַו הַמַּשְׁוֶה (ז)

cielo (m)	ſa'mayim	שָׁמַיִם (ז"ר)
orizzonte (m)	'ofek	אֹפֶק (ז)
aria (f)	avir	אֲוִיר (ז)

faro (m)	migdalor	מִגְדַּלּוֹר (ז)
tuffarsi (vr)	litslol	לִצְלֹל
affondare (andare a fondo)	lit'bo'a	לִטְבֹּעַ
tesori (m)	otsarot	אוֹצָרוֹת (ז"ר)

199. Nomi dei mari e degli oceani

Oceano (m) Atlantico	ha'ok'yanus ha'at'lanti	הָאוֹקְיָינוֹס הָאַטְלַנְטִי (ז)
Oceano (m) Indiano	ha'ok'yanus ha'hodi	הָאוֹקְיָינוֹס הַהוֹדִי (ז)
Oceano (m) Pacifico	ha'ok'yanus haſaket	הָאוֹקְיָינוֹס הַשָּׁקֵט (ז)
mar (m) Glaciale Artico	ok'yanos ha'keraχ hatsfoni	אוֹקְיָינוֹס הַקֶּרַח הַצְּפוֹנִי (ז)

mar (m) Nero	hayam haſaχor	הַיָּם הַשָּׁחוֹר (ז)
mar (m) Rosso	yam suf	יַם סוּף (ז)
mar (m) Giallo	hayam hatsahov	הַיָּם הַצָּהוֹב (ז)
mar (m) Bianco	hayam halavan	הַיָּם הַלָּבָן (ז)

mar (m) Caspio	hayam ha'kaspi	הַיָּם הַכַּסְפִּי (ז)
mar (m) Morto	yam ha'melaχ	יַם הַמֶּלַח (ז)
mar (m) Mediterraneo	hayam hatiχon	הַיָּם הַתִּיכוֹן (ז)

mar (m) Egeo	hayam ha'e'ge'i	הַיָּם הָאֶגֵאִי (ז)
mar (m) Adriatico	hayam ha'adri'yati	הַיָּם הָאַדְרִיָאתִי (ז)

mar (m) Arabico	hayam ha'aravi	הַיָּם הָעֲרָבִי (ז)
mar (m) del Giappone	hayam haya'pani	הַיָּם הַיַּפָּנִי (ז)

mare (m) di Bering	yam 'bering	יָם בֵּרִינג (ז)
mar (m) Cinese meridionale	yam sin hadromi	יָם סִין הַדְּרוֹמִי (ז)
mar (m) dei Coralli	yam ha'almogim	יָם הָאַלְמוֹגִים (ז)
mar (m) di Tasman	yam tasman	יָם טַסְמָן (ז)
mar (m) dei Caraibi	hayam haka'ribi	הַיָּם הַקָּרִיבִּי (ז)
mare (m) di Barents	yam 'barents	יָם בָּרֶנְץ (ז)
mare (m) di Kara	yam 'kara	יָם קָאָרָה (ז)
mare (m) del Nord	hayam hatsfoni	הַיָּם הַצְּפוֹנִי (ז)
mar (m) Baltico	hayam ha'balti	הַיָּם הַבַּלְטִי (ז)
mare (m) di Norvegia	hayam hanor'vegi	הַיָּם הַנּוֹרבֶגִי (ז)

200. Montagne

monte (m), montagna (f)	har	הַר (ז)
catena (f) montuosa	'reχes harim	רֶכֶס הָרִים (ז)
crinale (m)	'reχes har	רֶכֶס הַר (ז)
cima (f)	pisga	פִּסְגָּה (נ)
picco (m)	pisga	פִּסְגָּה (נ)
piedi (m pl)	margelot	מַרְגְּלוֹת (נ״ר)
pendio (m)	midron	מִדְרוֹן (ז)
vulcano (m)	har 'ga'aʃ	הַר גַּעַשׁ (ז)
vulcano (m) attivo	har 'ga'aʃ pa'il	הַר גַּעַשׁ פָּעִיל (ז)
vulcano (m) inattivo	har 'ga'aʃ radum	הַר גַּעַשׁ רָדוּם (ז)
eruzione (f)	hitpartsut	הִתְפָּרְצוּת (נ)
cratere (m)	lo'a	לֹעַ (ז)
magma (m)	megama	מַגְמָה (נ)
lava (f)	'lava	לָאבָה (נ)
fuso (lava ~a)	lohet	לוֹהֵט
canyon (m)	kanyon	קַנְיוֹן (ז)
gola (f)	gai	גַּיְא (ז)
crepaccio (m)	'beka	בֶּקַע (ז)
precipizio (m)	tehom	תְּהוֹם (נ)
passo (m), valico (m)	ma'avar harim	מַעֲבָר הָרִים (ז)
altopiano (m)	rama	רָמָה (נ)
falesia (f)	tsuk	צוּק (ז)
collina (f)	giv'a	גִּבְעָה (נ)
ghiacciaio (m)	karχon	קַרְחוֹן (ז)
cascata (f)	mapal 'mayim	מַפַּל מַיִם (ז)
geyser (m)	'geizer	גֵּייְזֶר (ז)
lago (m)	agam	אֲגַם (ז)
pianura (f)	miʃor	מִישׁוֹר (ז)
paesaggio (m)	nof	נוֹף (ז)
eco (f)	hed	הֵד (ז)
alpinista (m)	metapes harim	מְטַפֵּס הָרִים (ז)

scalatore (m)	metapes sla'im	מְטַפֵּס סְלָעִים (ז)
conquistare (~ una cima)	liχboʃ	לִכְבּוֹשׁ
scalata (f)	tipus	טִיפּוּס (ז)

201. Nomi delle montagne

Alpi (f pl)	harei ha''alpim	הָרֵי הָאָלְפִּים (ז"ר)
Monte (m) Bianco	mon blan	מוֹן בְּלָאן (ז)
Pirenei (m pl)	pire'ne'im	פִּירֶנָאִים (ז"ר)

Carpazi (m pl)	kar'patim	קַרְפָּטִים (ז"ר)
gli Urali (m pl)	harei ural	הָרֵי אוּרָל (ז"ר)
Caucaso (m)	harei hakavkaz	הָרֵי הַקַּוְקָז (ז"ר)
Monte (m) Elbrus	elbrus	אֶלְבְּרוּס (ז)

Monti (m pl) Altai	harei altai	הָרֵי אַלְטַאי (ז"ר)
Tien Shan (m)	tyan ʃan	טִיאָן שָׁאן (ז)
Pamir (m)	harei pamir	הָרֵי פָּאמִיר (ז"ר)
Himalaia (m)	harei hehima'laya	הָרֵי הֶהִימָלָאיָה (ז"ר)
Everest (m)	everest	אֶוֶרֶסְט (ז)

| Ande (f pl) | harei ha''andim | הָרֵי הָאַנְדִים (ז"ר) |
| Kilimangiaro (m) | kiliman'dʒaro | קִילִימַנְג'רוֹ (ז) |

202. Fiumi

fiume (m)	nahar	נָהָר (ז)
fonte (f) (sorgente)	ma'ayan	מַעְיָן (ז)
letto (m) (~ del fiume)	afik	אָפִיק (ז)
bacino (m)	agan nahar	אֲגַן נָהָר (ז)
sfociare nel ...	lehiʃapeχ	לְהִישָׁפֵּךְ

| affluente (m) | yuval | יוּבַל (ז) |
| riva (f) | χof | חוֹף (ז) |

corrente (f)	'zerem	זֶרֶם (ז)
a valle	bemorad hanahar	בְּמוֹרַד הַנָּהָר
a monte	bema'ale hanahar	בְּמַעֲלֵה הַנָּהָר

inondazione (f)	hatsafa	הֲצָפָה (נ)
piena (f)	ʃitafon	שִׁיטָפוֹן (ז)
straripare (vi)	la'alot al gdotav	לַעֲלוֹת עַל גְדוֹתָיו
inondare (vt)	lehatsif	לְהָצִיף

| secca (f) | sirton | שִׂרְטוֹן (ז) |
| rapida (f) | 'eʃed | אֶשֶׁד (ז) |

diga (f)	'seχer	סֶכֶר (ז)
canale (m)	te'ala	תְּעָלָה (נ)
bacino (m) di riserva	ma'agar 'mayim	מַאֲגַר מַיִם (ז)
chiusa (f)	ta 'ʃayit	תָּא שַׁיִט (ז)
specchio (m) d'acqua	ma'agar 'mayim	מַאֲגַר מַיִם (ז)

palude (f)	biţsa	בִּיצָה (נ)
pantano (m)	biţsa	בִּיצָה (נ)
vortice (m)	me'ar'bolet	מְעַרְבּוֹלֶת (נ)

ruscello (m)	'naxal	נַחַל (ז)
potabile (agg)	ʃel ʃtiya	שֶׁל שְׁתִיָּה
dolce (di acqua ~)	metukim	מְתוּקִים

ghiaccio (m)	'kerax	קֶרַח (ז)
ghiacciarsi (vr)	likpo	לִקְפֹּא

203. Nomi dei fiumi

Senna (f)	hasen	הַסֶּן (ז)
Loira (f)	lu'ar	לוּאָר (ז)

Tamigi (m)	'temza	תֶּמְזָה (ז)
Reno (m)	hrain	הרַיִּין (ז)
Danubio (m)	da'nuba	דָּנוּבָּה (ז)

Volga (m)	'volga	וֹלְגָה (ז)
Don (m)	nahar don	נָהָר דּוֹן (ז)
Lena (f)	'lena	לֶנָה (ז)

Fiume (m) Giallo	hvang ho	הוַוֹנג הוֹ (ז)
Fiume (m) Azzurro	yangţse	יַאנגצֶה (ז)
Mekong (m)	mekong	מֶקוֹנג (ז)
Gange (m)	'ganges	גַנְגֶס (ז)

Nilo (m)	'nilus	נִילוּס (ז)
Congo (m)	'kongo	קוֹנגוֹ (ז)
Okavango	ok'vango	אוֹקַבַנגוֹ (ז)
Zambesi (m)	zam'bezi	זַמְבֶּזִי (ז)
Limpopo (m)	limpopo	לִימפוֹפוֹ (ז)
Mississippi (m)	misi'sipi	מִיסִיסִיפִּי (ז)

204. Foresta

foresta (f)	'ya'ar	יַעַר (ז)
forestale (agg)	ʃel 'ya'ar	שֶׁל יַעַר

foresta (f) fitta	avi ha'ya'ar	עֳבִי הַיַּעַר (ז)
boschetto (m)	xurʃa	חוּרשָׁה (נ)
radura (f)	ka'raxat 'ya'ar	קָרַחַת יַעַר (נ)

roveto (m)	svax	סְבַךְ (ז)
boscaglia (f)	'siax	שִׂיחַ (ז)

sentiero (m)	ʃvil	שְׁבִיל (ז)
calanco (m)	'emek ţsar	עֵמֶק צַר (ז)
albero (m)	eţs	עֵץ (ז)
foglia (f)	ale	עָלֶה (ז)

fogliame (m)	alva	עָלְוָה (נ)
caduta (f) delle foglie	ʃa'leχet	שַׁלֶּכֶת (נ)
cadere (vi)	linʃor	לִנְשׁוֹר
cima (f)	tsa'meret	צַמֶּרֶת (נ)

ramo (m), ramoscello (m)	anaf	עָנָף (ז)
ramo (m)	anaf ave	עָנָף עָבֶה (ז)
gemma (f)	nitsan	נִיצָן (ז)
ago (m)	'maχat	מַחַט (נ)
pigna (f)	itstrubal	אִצְטְרוּבָּל (ז)

cavità (f)	χor ba'ets	חוֹר בָּעֵץ (ז)
nido (m)	ken	קֵן (ז)
tana (f) (del fox, ecc.)	meχila	מְחִילָה (נ)

tronco (m)	'geza	גֶּזַע (ז)
radice (f)	'ʃoreʃ	שׁוֹרֶשׁ (ז)
corteccia (f)	klipa	קְלִיפָּה (נ)
musco (m)	taχav	טַחַב (ז)

sradicare (vt)	la'akor	לַעֲקוֹר
abbattere (~ un albero)	liχrot	לִכְרוֹת
disboscare (vt)	levare	לְבָרֵא
ceppo (m)	'gedem	גֶּדֶם (ז)

falò (m)	medura	מְדוּרָה (נ)
incendio (m) boschivo	srefa	שְׂרֵיפָה (נ)
spegnere (vt)	leχabot	לְכַבּוֹת

guardia (f) forestale	ʃomer 'ya'ar	שׁוֹמֵר יַעַר (ז)
protezione (f)	ʃmira	שְׁמִירָה (נ)
proteggere (~ la natura)	liʃmor	לִשְׁמוֹר
bracconiere (m)	tsayad lelo reʃut	צַיָּיד לְלֹא רְשׁוּת (ז)
tagliola (f) (~ per orsi)	mal'kodet	מַלְכּוֹדֶת (נ)

| raccogliere (vt) | lelaket | לְלַקֵּט |
| perdersi (vr) | lit'ot | לִתְעוֹת |

205. Risorse naturali

risorse (f pl) naturali	otsarot 'teva	אוֹצְרוֹת טֶבַע (ז"ר)
minerali (m pl)	mine'ralim	מִינֶרָלִים (ז"ר)
deposito (m) (~ di carbone)	mirbats	מִרְבָּץ (ז)
giacimento (m) (~ petrolifero)	mirbats	מִרְבָּץ (ז)

estrarre (vt)	liχrot	לִכְרוֹת
estrazione (f)	kriya	כְּרִיָּה (נ)
minerale (m) grezzo	afra	עֲפְרָה (נ)
miniera (f)	miχre	מִכְרֶה (ז)
pozzo (m) di miniera	pir	פִּיר (ז)
minatore (m)	kore	כּוֹרֶה (ז)

| gas (m) | gaz | גָּז (ז) |
| gasdotto (m) | tsinor gaz | צִינוֹר גָּז (ז) |

petrolio (m)	neft	נֵפְט (ז)
oleodotto (m)	tsinor neft	צִינּוֹר נֶפְט (ז)
torre (f) di estrazione	be'er neft	בְּאֵר נֶפְט (נ)
torre (f) di trivellazione	migdal ki'duax	מִגְדַּל קִידּוּחַ (ז)
petroliera (f)	mexalit	מֵיכָלִית (נ)

sabbia (f)	xol	חוֹל (ז)
calcare (m)	'even gir	אֶבֶן גִּיר (נ)
ghiaia (f)	xatsats	חָצָץ (ז)
torba (f)	kavul	כָּבוּל (ז)
argilla (f)	tit	טִיט (ז)
carbone (m)	pexam	פֶּחָם (ז)

ferro (m)	barzel	בַּרְזֶל (ז)
oro (m)	zahav	זָהָב (ז)
argento (m)	'kesef	כֶּסֶף (ז)
nichel (m)	'nikel	נִיקֶל (ז)
rame (m)	ne'xofet	נְחוֹשֶׁת (נ)

zinco (m)	avats	אָבָץ (ז)
manganese (m)	mangan	מַנְגָּן (ז)
mercurio (m)	kaspit	כַּסְפִּית (נ)
piombo (m)	o'feret	עוֹפֶרֶת (נ)

minerale (m)	mineral	מִינְרָל (ז)
cristallo (m)	gavif	גָּבִישׁ (ז)
marmo (m)	'fayif	שַׁיִשׁ (ז)
uranio (m)	u'ranyum	אוּרַנְיוּם (ז)

La Terra. Parte 2

206. Tempo

tempo (m)	'mezeg avir	מֶזֶג אֲוִיר (ז)
previsione (f) del tempo	taχazit 'mezeg ha'avir	תַּחֲזִית מֶזֶג הָאֲוִיר (נ)
temperatura (f)	tempera'tura	טֶמְפֶּרָטוּרָה (נ)
termometro (m)	madχom	מַדְחוֹם (ז)
barometro (m)	ba'rometer	בָּרוֹמֶטֶר (ז)
umido (agg)	laχ	לַח
umidità (f)	laχut	לַחוּת (נ)
caldo (m), afa (f)	χom	חוֹם (ז)
molto caldo (agg)	χam	חַם
fa molto caldo	χam	חַם
fa caldo	χamim	חָמִים
caldo, mite (agg)	χamim	חָמִים
fa freddo	kar	קַר
freddo (agg)	kar	קַר
sole (m)	'ʃemeʃ	שֶׁמֶשׁ (נ)
splendere (vi)	lizhor	לִזְהוֹר
di sole (una giornata ~)	ʃimʃi	שִׁמְשִׁי
sorgere, levarsi (vr)	liz'roaχ	לִזְרוֹחַ
tramontare (vi)	liʃ'ko'a	לִשְׁקוֹעַ
nuvola (f)	anan	עָנָן (ז)
nuvoloso (agg)	me'unan	מְעוּנָן
nube (f) di pioggia	av	עָב (ז)
nuvoloso (agg)	sagriri	סַגְרִירִי
pioggia (f)	'geʃem	גֶּשֶׁם (ז)
piove	yored 'geʃem	יוֹרֵד גֶּשֶׁם
piovoso (agg)	gaʃum	גָּשׁוּם
piovigginare (vi)	letaftef	לְטַפְטֵף
pioggia (f) torrenziale	matar	מָטָר (ז)
acquazzone (m)	mabul	מַבּוּל (ז)
forte (una ~ pioggia)	χazak	חָזָק
pozzanghera (f)	ʃlulit	שְׁלוּלִית (נ)
bagnarsi (~ sotto la pioggia)	lehitratev	לְהִתְרַטֵּב
foschia (f), nebbia (f)	arapel	עֲרָפֶל (ז)
nebbioso (agg)	me'urpal	מְעוּרְפָּל
neve (f)	'ʃeleg	שֶׁלֶג (ז)
nevica	yored 'ʃeleg	יוֹרֵד שֶׁלֶג

207. Rigide condizioni metereologiche. Disastri naturali

temporale (m)	sufat re'amim	סוּפַת רְעָמִים (נ)
fulmine (f)	barak	בָּרָק (ז)
lampeggiare (vi)	livhok	לִבְהוֹק
tuono (m)	'ra'am	רַעַם (ז)
tuonare (vi)	lir'om	לִרְעוֹם
tuona	lir'om	לִרְעוֹם
grandine (f)	barad	בָּרָד (ז)
grandina	yored barad	יוֹרֵד בָּרָד
inondare (vt)	lehatsif	לְהָצִיף
inondazione (f)	∫itafon	שִׁיטָפוֹן (ז)
terremoto (m)	re'idat adama	רְעִידַת אֲדָמָה (נ)
scossa (f)	re'ida	רְעִידָה (נ)
epicentro (m)	moked	מוֹקֵד (ז)
eruzione (f)	hitpartsut	הִתְפָּרְצוּת (נ)
lava (f)	'lava	לָאבָה (נ)
tromba (f) d'aria	hurikan	הוּרִיקָן (ז)
tornado (m)	tor'nado	טוֹרְנָדוֹ (ז)
tifone (m)	taifun	טַייפוּן (ז)
uragano (m)	hurikan	הוּרִיקָן (ז)
tempesta (f)	sufa	סוּפָה (נ)
tsunami (m)	tsu'nami	צוּנָאמִי (ז)
ciclone (m)	tsiklon	צִיקְלוֹן (ז)
maltempo (m)	sagrir	סַגְרִיר (ז)
incendio (m)	srefa	שְׂרֵיפָה (נ)
disastro (m)	ason	אָסוֹן (ז)
meteorite (m)	mete'orit	מֶטֶאוֹרִיט (ז)
valanga (f)	ma'polet ∫lagim	מַפּוֹלֶת שְׁלָגִים (נ)
slavina (f)	ma'polet ∫lagim	מַפּוֹלֶת שְׁלָגִים (נ)
tempesta (f) di neve	sufat ∫lagim	סוּפַת שְׁלָגִים (נ)
bufera (f) di neve	sufat ∫lagim	סוּפַת שְׁלָגִים (נ)

208. Rumori. Suoni

silenzio (m)	'∫eket	שֶׁקֶט (ז)
suono (m)	tslil	צְלִיל (ז)
rumore (m)	'ra'a∫	רַעַשׁ (ז)
far rumore	lir'o∫	לִרְעוֹשׁ
rumoroso (agg)	ro'e∫	רוֹעֵשׁ
ad alta voce (parlare ~)	bekol	בְּקוֹל
alto (voce ~a)	ram	רָם
costante (agg)	ka'vu'a	קָבוּעַ

grido (m)	tse'aka	צְעָקָה (נ)
gridare (vi)	lits'ok	לִצְעוֹק
sussurro (m)	lexiſa	לְחִישָׁה (נ)
sussurrare (vi, vt)	lilxoſ	לִלחוֹשׁ

abbaiamento (m)	nevixa	נְבִיחָה (נ)
abbaiare (vi)	lin'boax	לִנבּוֹחַ

gemito (m) (~ di dolore)	anaka	אֲנָקָה (נ)
gemere (vi)	lehe'anek	לְהֵיאָנֵק
tosse (f)	ſi'ul	שִׁיעוּל (ז)
tossire (vi)	lehiſta'el	לְהִשְׁתַּעֵל

fischio (m)	ſrika	שְׁרִיקָה (נ)
fischiare (vi)	liſrok	לִשׁרוֹק
bussata (f)	hakaſa	הַקָּשָׁה (נ)
bussare (vi)	lidfok	לִדפּוֹק

crepitare (vi)	lehitba'ke'a	לְהִתבַּקֵעַ
crepitio (m)	naftsuts	נָפצוּץ (ז)

sirena (f)	tsofar	צוֹפָר (ז)
sirena (f) (di fabbrica)	tsfira	צְפִירָה (נ)
emettere un fischio	litspor	לְצפּוֹר
colpo (m) di clacson	tsfira	צְפִירָה (נ)
clacsonare (vi)	litspor	לְצפּוֹר

209. Inverno

inverno (m)	'xoref	חוֹרֶף (ז)
invernale (agg)	xorpi	חוֹרפִּי
d'inverno	ba'xoref	בַּחוֹרֶף

neve (f)	'ſeleg	שֶׁלֶג (ז)
nevica	yored 'ſeleg	יוֹרֵד שֶׁלֶג
nevicata (f)	yeridat 'ſeleg	יְרִידַת שֶׁלֶג (נ)
mucchio (m) di neve	aremat 'ſeleg	עֲרֵימַת שֶׁלֶג (נ)

fiocco (m) di neve	ptit 'ſeleg	פְּתִית שֶׁלֶג (ז)
palla (f) di neve	kadur 'ſeleg	כַּדוּר שֶׁלֶג (ז)
pupazzo (m) di neve	iſ 'ſeleg	אִישׁ שֶׁלֶג (ז)
ghiacciolo (m)	netif 'kerax	נְטִיף קֶרַח (ז)

dicembre (m)	de'tsember	דֶצֶמבֶּר (ז)
gennaio (m)	'yanu'ar	יָנוּאָר (ז)
febbraio (m)	'febru'ar	פֶבּרוּאָר (ז)

gelo (m)	kfor	כְּפוֹר (ז)
gelido (aria ~a)	kfori	כְּפוֹרִי

sotto zero	mi'taxat la''efes	מִתַּחַת לָאֶפֶס
primi geli (m pl)	kara	קָרָה (נ)
brina (f)	kfor	כְּפוֹר (ז)
freddo (m)	kor	קוֹר (ז)

fa freddo	kar	קַר
pelliccia (f)	me'il parva	מְעִיל פַּרְוָה (ז)
manopole (f pl)	kfafot	כְּפָפוֹת (נ"ר)
ammalarsi (vr)	laχalot	לַחֲלוֹת
raffreddore (m)	hitstanenut	הִצְטַנְּנוּת (נ)
raffreddarsi (vr)	lehitstanen	לְהִצְטַנֵּן
ghiaccio (m)	'keraχ	קֶרַח (ז)
ghiaccio (m) trasparente	ʃiχvat 'keraχ	שִׁכְבַת קֶרַח (נ)
ghiacciarsi (vr)	likpo	לִקְפּוֹא
banco (m) di ghiaccio	karχon	קַרְחוֹן (ז)
sci (m pl)	ski	סְקִי (ז)
sciatore (m)	goleʃ	גּוֹלֵשׁ (ז)
sciare (vi)	la'asot ski	לַעֲשׂוֹת סְקִי
pattinare (vi)	lehaχlik	לְהַחְלִיק

Fauna

210. Mammiferi. Predatori

predatore (m)	xayat 'teref	חַיַּת טֶרֶף (נ)
tigre (f)	'tigris	טִיגְרִיס (ז)
leone (m)	arye	אַרְיֵה (ז)
lupo (m)	ze'ev	זְאֵב (ז)
volpe (m)	ʃu'al	שׁוּעָל (ז)

giaguaro (m)	yagu'ar	יָגוּאָר (ז)
leopardo (m)	namer	נָמֵר (ז)
ghepardo (m)	bardelas	בַּרְדְּלָס (ז)

pantera (f)	panter	פַּנְתֵּר (ז)
puma (f)	'puma	פּוּמָה (נ)
leopardo (m) delle nevi	namer 'ʃeleg	נָמֵר שֶׁלֶג (ז)
lince (f)	ʃunar	שׁוּנָר (ז)

coyote (m)	ze'ev ha'aravot	זְאֵב הָעֲרָבוֹת (ז)
sciacallo (m)	tan	תַּן (ז)
iena (f)	tsa'vo'a	צָבוֹעַ (ז)

211. Animali selvatici

| animale (m) | 'ba'al xayim | בַּעַל חַיִּים (ז) |
| bestia (f) | xaya | חַיָּה (נ) |

scoiattolo (m)	sna'i	סְנָאִי (ז)
riccio (m)	kipod	קִיפּוֹד (ז)
lepre (f)	arnav	אַרְנָב (ז)
coniglio (m)	ʃafan	שָׁפָן (ז)

tasso (m)	girit	גִּירִית (נ)
procione (f)	dvivon	דְּבִיבוֹן (ז)
criceto (m)	oger	אוֹגֵר (ז)
marmotta (f)	mar'mita	מַרְמִיטָה (נ)

talpa (f)	xafar'peret	חֲפַרְפֶּרֶת (נ)
topo (m)	axbar	עַכְבָּר (ז)
ratto (m)	xulda	חוּלְדָּה (נ)
pipistrello (m)	atalef	עֲטַלֵּף (ז)

ermellino (m)	hermin	קַרְמִין (ז)
zibellino (m)	tsobel	צוֹבֶּל (ז)
martora (f)	dalak	דָּלָק (נ)
donnola (f)	xamus	חָמוּס (ז)
visone (m)	xorfan	חוֹרְפָן (ז)

castoro (m)	bone	בּוֹנֶה (ז)
lontra (f)	lutra	לוּטְרָה (נ)

cavallo (m)	sus	סוּס (ז)
alce (m)	ayal hakore	אַיָּל הַקּוֹרֵא (ז)
cervo (m)	ayal	אַיָּל (ז)
cammello (m)	gamal	גָּמָל (ז)

bisonte (m) americano	bizon	בִּיזוֹן (ז)
bisonte (m) europeo	bizon ei'ropi	בִּיזוֹן אֵירוֹפִי (ז)
bufalo (m)	te'o	תְּאוֹ (ז)

zebra (f)	'zebra	זֶבְּרָה (נ)
antilope (f)	anti'lopa	אַנְטִילוֹפָּה (ז)
capriolo (m)	ayal hakarmel	אַיָּל הַכַּרְמֶל (ז)
daino (m)	yaxmur	יַחְמוּר (ז)
camoscio (m)	ya'el	יָעֵל (ז)
cinghiale (m)	xazir bar	חֲזִיר בָּר (ז)

balena (f)	livyatan	לִוְיָתָן (ז)
foca (f)	'kelev yam	כֶּלֶב יָם (ז)
tricheco (m)	sus yam	סוּס יָם (ז)
otaria (f)	dov yam	דֹּב יָם (ז)
delfino (m)	dolfin	דּוֹלְפִין (ז)

orso (m)	dov	דֹּב (ז)
orso (m) bianco	dov 'kotev	דֹּב קוֹטֶב (ז)
panda (m)	'panda	פַּנְדָה (נ)

scimmia (f)	kof	קוֹף (ז)
scimpanzè (m)	ʃimpanze	שִׁימְפַּנְזֶה (נ)
orango (m)	orang utan	אוֹרַנְג-אוּטָן (ז)
gorilla (m)	go'rila	גּוֹרִילָה (נ)
macaco (m)	makak	מָקָק (ז)
gibbone (m)	gibon	גִּיבּוֹן (ז)

elefante (m)	pil	פִּיל (ז)
rinoceronte (m)	karnaf	קַרְנַף (ז)
giraffa (f)	dʒi'rafa	גִ'ירָפָה (נ)
ippopotamo (m)	hipopotam	הִיפּוֹפּוֹטָם (ז)

canguro (m)	'kenguru	קֶנְגּוּרוּ (ז)
koala (m)	ko''ala	קוֹאָלָה (ז)

mangusta (f)	nemiya	נְמִיָּה (נ)
cincillà (f)	tʃin'tʃila	צִ'ינְצִ'ילָה (נ)
moffetta (f)	bo'eʃ	בּוֹאֵשׁ (ז)
istrice (m)	darban	דַּרְבָּן (ז)

212. Animali domestici

gatta (f)	xatula	חָתוּלָה (נ)
gatto (m)	xatul	חָתוּל (ז)
cane (m)	'kelev	כֶּלֶב (ז)

cavallo (m)	sus	סוּס (ז)
stallone (m)	sus harbaʿa	סוּס הַרְבָּעָה (ז)
giumenta (f)	susa	סוּסָה (נ)

mucca (f)	para	פָּרָה (נ)
toro (m)	ʃor	שׁוֹר (ז)
bue (m)	ʃor	שׁוֹר (ז)

pecora (f)	kivsa	כִּבְשָׂה (נ)
montone (m)	'ayil	אַיִל (ז)
capra (f)	ez	עֵז (נ)
caprone (m)	'tayiʃ	תַּיִשׁ (ז)

| asino (m) | χamor | חֲמוֹר (ז) |
| mulo (m) | 'pered | פֶּרֶד (ז) |

porco (m)	χazir	חֲזִיר (ז)
porcellino (m)	χazarzir	חֲזַרְזִיר (ז)
coniglio (m)	arnav	אַרְנָב (ז)

| gallina (f) | tarne'golet | תַּרְנְגוֹלֶת (נ) |
| gallo (m) | tarnegol | תַּרְנְגוֹל (ז) |

anatra (f)	barvaz	בַּרְוָז (ז)
maschio (m) dell'anatra	barvaz	בַּרְוָז (ז)
oca (f)	avaz	אַוָּז (ז)

| tacchino (m) | tarnegol 'hodu | תַּרְנְגוֹל הוֹדוּ (ז) |
| tacchina (f) | tarne'golet 'hodu | תַּרְנְגוֹלֶת הוֹדוּ (נ) |

animali (m pl) domestici	χayot 'bayit	חַיּוֹת בַּיִת (נ"ר)
addomesticato (agg)	mevuyat	מְבוּיָּת
addomesticare (vt)	levayet	לְבַיֵּת
allevare (vt)	lehar'bi'a	לְהַרְבִּיעַ

fattoria (f)	χava	חַוָּה (נ)
pollame (m)	ofot 'bayit	עוֹפוֹת בַּיִת (נ"ר)
bestiame (m)	bakar	בָּקָר (ז)
branco (m), mandria (f)	'eder	עֵדֶר (ז)

scuderia (f)	urva	אוּרְוָה (נ)
porcile (m)	dir χazirim	דִּיר חֲזִירִים (ז)
stalla (f)	'refet	רֶפֶת (נ)
conigliera (f)	arnaviya	אַרְנְבִיָּה (נ)
pollaio (m)	lul	לוּל (ז)

213. Cani. Razze canine

cane (m)	'kelev	כֶּלֶב (ז)
cane (m) da pastore	'kelev roʿe	כֶּלֶב רוֹעֶה (ז)
pastore (m) tedesco	roʿe germani	רוֹעֶה גֶּרְמָנִי (ז)
barbone (m)	'pudel	פּוּדֶל (ז)
bassotto (m)	'taχaʃ	תַּחַשׁ (ז)
bulldog (m)	buldog	בּוּלְדּוֹג (ז)

boxer (m)	'bokser	בּוֹקְסֶר (ז)
mastino (m)	mastif	מַסְטִיף (ז)
rottweiler (m)	rot'vailer	רוֹטְווַיילֶר (ז)
dobermann (m)	'doberman	דּוֹבֶּרְמָן (ז)

bassotto (m)	'baset 'ha'und	בָּאסֶט־הָאוּנְד (ז)
bobtail (m)	bobteil	בּוֹבְּטֵייל (ז)
dalmata (m)	dal'mati	דַּלְמָטִי (ז)
cocker (m)	'koker 'spani'el	קוֹקֶר סְפָּנְיֵאֶל (ז)

| terranova (m) | nyu'fa'undlend | נְיוּפָאוּנְדְלֶנְד (ז) |
| sanbernardo (m) | sen bernard | סֶן בֶּרְנָרְד (ז) |

husky (m)	'haski	הָאסְקִי (ז)
chow chow (m)	'tʃa'u 'tʃa'u	צָ׳או צָ׳או (ז)
volpino (m)	ʃpits	שְׁפִּיץ (ז)
carlino (m)	pag	פָּאג (ז)

214. Versi emessi dagli animali

abbaiamento (m)	neviχa	נְבִיחָה (נ)
abbaiare (vi)	lin'boaχ	לִנְבּוֹחַ
miagolare (vi)	leyalel	לְיַילֵּל
fare le fusa	legarger	לְגַרְגֵר

muggire (vacca)	lig'ot	לִגְעוֹת
muggire (toro)	lig'ot	לִגְעוֹת
ringhiare (vi)	linhom	לִנְהוֹם

ululato (m)	yelala	יְלָלָה (נ)
ululare (vi)	leyalel	לְיַילֵּל
guaire (vi)	leyabev	לְיַיבֵּב

belare (pecora)	lif'ot	לִפְעוֹת
grugnire (maiale)	leχarχer	לְחַרְחֵר
squittire (vi)	lits'voaχ	לִצְווֹחַ

gracidare (rana)	lekarker	לְקַרְקֵר
ronzare (insetto)	lezamzem	לְזַמְזֵם
frinire (vi)	letsartser	לְצַרְצֵר

215. Cuccioli di animali

cucciolo (m)	gur	גּוּר (ז)
micino (m)	χataltul	חֲתַלְתּוּל (ז)
topolino (m)	aχbaron	עַכְבָּרוֹן (ז)
cucciolo (m) di cane	klavlav	כְּלַבְלַב (ז)

leprotto (m)	arnavon	אַרְנָבוֹן (ז)
coniglietto (m)	ʃfanfan	שְׁפַנְפַן (ז)
cucciolo (m) di lupo	gur ze'evim	גּוּר זְאֵבִים (ז)
cucciolo (m) di volpe	ʃu'alon	שׁוּעָלוֹן (ז)

cucciolo (m) di orso	dubon	דוּבּוֹן (ז)
cucciolo (m) di leone	gur arye	גּוּר אַרְיֵה (ז)
cucciolo (m) di tigre	gur namerim	גּוּר נְמֵרִים (ז)
elefantino (m)	pilon	פִּילוֹן (ז)
porcellino (m)	xazarzir	חֲזַרְזִיר (ז)
vitello (m)	'egel	עֵגֶל (ז)
capretto (m)	gdi	גְּדִי (ז)
agnello (m)	tale	טָלֶה (ז)
cerbiatto (m)	'ofer	עוֹפֶר (ז)
cucciolo (m) di cammello	'bexer	בֶּכֶר (ז)
piccolo (m) di serpente	gur naxaʃim	גּוּר נְחָשִׁים (ז)
piccolo (m) di rana	tsfarde'on	צְפַרְדְּעוֹן (ז)
uccellino (m)	gozal	גּוֹזָל (ז)
pulcino (m)	efroax	אֶפְרוֹחַ (ז)
anatroccolo (m)	barvazon	בַּרְוָזוֹן (ז)

216. Uccelli

uccello (m)	tsipor	צִיפּוֹר (נ)
colombo (m), piccione (m)	yona	יוֹנָה (נ)
passero (m)	dror	דְּרוֹר (ז)
cincia (f)	yargazi	יַרְגָּזִי (ז)
gazza (f)	orev nexalim	עוֹרֵב נְחָלִים (ז)
corvo (m)	orev ʃaxor	עוֹרֵב שָׁחוֹר (ז)
cornacchia (f)	orev afor	עוֹרֵב אָפוֹר (ז)
taccola (f)	ka'ak	קָאָק (ז)
corvo (m) nero	orev hamizra	עוֹרֵב הַמִּזְרָע (ז)
anatra (f)	barvaz	בַּרְוָז (ז)
oca (f)	avaz	אַוָּז (ז)
fagiano (m)	pasyon	פַּסְיוֹן (ז)
aquila (f)	'ayit	עַיִט (ז)
astore (m)	nets	נֵץ (ז)
falco (m)	baz	בָּז (ז)
grifone (m)	ozniya	עוֹזְנִיָּה (ז)
condor (m)	kondor	קוֹנְדּוֹר (ז)
cigno (m)	barbur	בַּרְבּוּר (ז)
gru (f)	agur	עָגוּר (ז)
cicogna (f)	xasida	חֲסִידָה (נ)
pappagallo (m)	'tuki	תּוּכִּי (ז)
colibrì (m)	ko'libri	קוֹלִיבְּרִי (ז)
pavone (m)	tavas	טַוָּס (ז)
struzzo (m)	bat ya'ana	בַּת יַעֲנָה (נ)
airone (m)	anafa	אֲנָפָה (נ)
fenicottero (m)	fla'mingo	פְלָמִינְגוֹ (ז)
pellicano (m)	saknai	שַׂקְנַאי (ז)

usignolo (m)	zamir	זָמִיר (ז)
rondine (f)	snunit	סְנוּנִית (נ)

tordo (m)	kiχli	קִיבְלִי (ז)
tordo (m) sasello	kiχli mezamer	קִיבְלִי מְזַמֵּר (ז)
merlo (m)	kiχli ʃaχor	קִיבְלִי שָׁחוֹר (ז)

rondone (m)	sis	סִיס (ז)
allodola (f)	efroni	עֶפְרוֹנִי (ז)
quaglia (f)	slav	שְׂלָו (ז)

picchio (m)	'neker	נֶקֶר (ז)
cuculo (m)	kukiya	קוּקִיָּה (נ)
civetta (f)	yanʃuf	יַנְשׁוּף (ז)
gufo (m) reale	'oaχ	אוֹחַ (ז)
urogallo (m)	seχvi 'ya'ar	שְׂכְוִי יַעַר (ז)
fagiano (m) di monte	seχvi	שְׂכְוִי (ז)
pernice (f)	χogla	חוֹגְלָה (נ)

storno (m)	zarzir	זַרְזִיר (ז)
canarino (m)	ka'narit	קָנָרִית (נ)
francolino (m) di monte	seχvi haya'arot	שְׂכְוִי הַיְּעָרוֹת (ז)
fringuello (m)	paroʃ	פָּרוֹשׁ (ז)
ciuffolotto (m)	admonit	אַדְמוֹנִית (נ)

gabbiano (m)	ʃaχaf	שַׁחַף (ז)
albatro (m)	albatros	אַלְבַּטְרוֹס (ז)
pinguino (m)	pingvin	פִּינְגְּוִין (ז)

217. Uccelli. Cinguettio e versi

cantare (vi)	laʃir	לָשִׁיר
gridare (vi)	lits'ok	לִצְעוֹק
cantare (gallo)	lekarker	לְקַרְקֵר
chicchirichì (m)	kuku'riku	קוּקוּרִיקוּ

chiocciare (gallina)	lekarker	לְקַרְקֵר
gracchiare (vi)	lits'roaχ	לִצְרוֹחַ
fare qua qua	lega'a'ge'a	לְגַעְגֵּעַ
pigolare (vi)	letsayets	לְצַיֵּץ
cinguettare (vi)	letsaftsef, letsayets	לְצַפְצֵף, לְצַיֵּץ

218. Pesci. Animali marini

abramide (f)	avroma	אַבְרוֹמָה (נ)
carpa (f)	karpiyon	קַרְפְּיוֹן (ז)
perca (f)	'okunus	אוֹקוּנוּס (ז)
pesce (m) gatto	sfamnun	שְׂפַמְנוּן (ז)
luccio (m)	ze'ev 'mayim	זְאֵב מַיִם (ז)

salmone (m)	'salmon	סַלְמוֹן (ז)
storione (m)	χidkan	חִדְקָן (ז)

aringa (f)	ma'liax	מָלִיחַ (ז)
salmone (m)	iltit	אִילְתִּית (נ)
scombro (m)	makarel	מָקָרֵל (ז)
sogliola (f)	dag moʃe ra'benu	דַג מֹשֶׁה רַבֵּנוּ (ז)

lucioperca (f)	amnun	אַמְנוּן (ז)
merluzzo (m)	ʃibut	שִׁיבּוּט (ז)
tonno (m)	'tuna	טוּנָה (נ)
trota (f)	forel	פוֹרֶל (ז)

anguilla (f)	tslofax	צְלוֹפַח (ז)
torpedine (f)	trisanit	תְּרִיסָנִית (נ)
murena (f)	mo'rena	מוֹרֶנָה (נ)
piranha (f)	pi'ranya	פִּירַנְיָה (נ)

squalo (m)	kariʃ	כָּרִישׁ (ז)
delfino (m)	dolfin	דוֹלְפִין (ז)
balena (f)	livyatan	לִוְיָתָן (ז)

granchio (m)	sartan	סַרְטָן (ז)
medusa (f)	me'duza	מֶדוּזָה (נ)
polpo (m)	tamnun	תַּמְנוּן (ז)

stella (f) marina	koxav yam	כּוֹכָב יָם (ז)
riccio (m) di mare	kipod yam	קִיפּוֹד יָם (ז)
cavalluccio (m) marino	suson yam	סוּסוֹן יָם (ז)

ostrica (f)	tsidpa	צִדְפָּה (נ)
gamberetto (m)	xasilon	חֲסִילוֹן (ז)
astice (m)	'lobster	לוֹבְּסְטֶר (ז)
aragosta (f)	'lobster kotsani	לוֹבְּסְטֶר קוֹצָנִי (ז)

219. Anfibi. Rettili

| serpente (m) | naxaʃ | נָחָשׁ (ז) |
| velenoso (agg) | arsi | אַרְסִי |

vipera (f)	'tsefa	צֶפַע (ז)
cobra (m)	'peten	פֶּתֶן (ז)
pitone (m)	piton	פִּיתוֹן (ז)
boa (m)	xanak	חֶנָק (ז)

biscia (f)	naxaʃ 'mayim	נָחָשׁ מַיִם (ז)
serpente (m) a sonagli	ʃfifon	שְׁפִיפוֹן (ז)
anaconda (f)	ana'konda	אֲנָקוֹנְדָּה (נ)

lucertola (f)	leta'a	לְטָאָה (נ)
iguana (f)	igu''ana	אִיגוּאָנָה (נ)
varano (m)	'koax	כֹּחַ (ז)
salamandra (f)	sala'mandra	סָלָמַנְדְּרָה (נ)
camaleonte (m)	zikit	זִיקִית (נ)
scorpione (m)	akrav	עַקְרָב (ז)
tartaruga (f)	tsav	צָב (ז)
rana (f)	tsfar'de'a	צְפַרְדֵּעַ (נ)

| rospo (m) | karpada | קַרְפָּדָה (נ) |
| coccodrillo (m) | tanin | תַּנִּין (ז) |

220. Insetti

insetto (m)	χarak	חָרָק (ז)
farfalla (f)	parpar	פַּרְפַּר (ז)
formica (f)	nemala	נְמָלָה (נ)
mosca (f)	zvuv	זְבוּב (ז)
zanzara (f)	yatuʃ	יַתּוּשׁ (ז)
scarabeo (m)	χipuʃit	חִיפּוּשִׁית (נ)

vespa (f)	tsir'a	צִרְעָה (נ)
ape (f)	dvora	דְּבוֹרָה (נ)
bombo (m)	dabur	דַּבּוּר (ז)
tafano (m)	zvuv hasus	זְבוּב הַסּוּס (ז)

| ragno (m) | akaviʃ | עַכָּבִישׁ (ז) |
| ragnatela (f) | kurei akaviʃ | קוּרֵי עַכָּבִישׁ (ז"ר) |

libellula (f)	ʃapirit	שְׁפִירִית (נ)
cavalletta (f)	χagav	חָגָב (ז)
farfalla (f) notturna	aʃ	עָשׁ (ז)

scarafaggio (m)	makak	מַקָּק (ז)
zecca (f)	kartsiya	קַרְצִיָּה (נ)
pulce (f)	par'oʃ	פַּרְעוֹשׁ (ז)
moscerino (m)	yavχuʃ	יַבְחוּשׁ (ז)

locusta (f)	arbe	אַרְבֶּה (ז)
lumaca (f)	χilazon	חִילָזוֹן (ז)
grillo (m)	tsartsar	צְרָצַר (ז)
lucciola (f)	gaχlilit	גַּחְלִילִית (נ)
coccinella (f)	parat moʃe ra'benu	פָּרַת מֹשֶׁה רַבֵּנוּ (נ)
maggiolino (m)	χipuʃit aviv	חִיפּוּשִׁית אָבִיב (נ)

sanguisuga (f)	aluka	עֲלוּקָה (נ)
bruco (m)	zaχal	זַחַל (ז)
verme (m)	to'la'at	תּוֹלַעַת (נ)
larva (f)	'deren	דֶּרֶן (ז)

221. Animali. Parti del corpo

becco (m)	makor	מָקוֹר (ז)
ali (f pl)	kna'fayim	כְּנָפַיִם (נ"ר)
zampa (f)	'regel	רֶגֶל (נ)
piumaggio (m)	pluma	פְּלוּמָה (נ)
penna (f), piuma (f)	notsa	נוֹצָה (נ)
cresta (f)	tsitsa	צִיצָה (נ)

| branchia (f) | zimim | זִימִים (ז"ר) |
| uova (f pl) | beitsei dagim | בֵּיצֵי דָגִים (נ"ר) |

larva (f)	'deren	דֶּרֶן (ז)
pinna (f)	snapir	סְנַפִּיר (ז)
squama (f)	kaskasim	קַשְׂקַשִּׂים (ז"ר)

zanna (f)	niv	נִיב (ז)
zampa (f)	'regel	רֶגֶל (נ)
muso (m)	partsuf	פַּרְצוּף (ז)
bocca (f)	lo'a	לוֹעַ (ז)
coda (f)	zanav	זָנָב (ז)
baffi (m pl)	safam	שָׂפָם (ז)

zoccolo (m)	parsa	פַּרְסָה (נ)
corno (m)	'keren	קֶרֶן (נ)

carapace (f)	ʃiryon	שִׁרְיוֹן (ז)
conchiglia (f)	konχiya	קוֹנְכִיָּה (נ)
guscio (m) dell'uovo	klipa	קְלִיפָּה (נ)

pelo (m)	parva	פַּרְוָה (נ)
pelle (f)	or	עוֹר (ז)

222. Azioni degli animali

volare (vi)	la'uf	לָעוּף
volteggiare (vi)	laχug	לָחוּג

volare via	la'uf	לָעוּף
battere le ali	lenafnef	לְנַפְנֵף

beccare (vi)	lenaker	לְנַקֵּר
covare (vt)	lidgor	לִדְגּוֹר

sgusciare (vi)	liv'ko'a	לִבְקוֹעַ
fare il nido	lekanen	לְקַנֵּן

strisciare (vi)	lizχol	לִזְחוֹל
pungere (insetto)	la'akots	לַעֲקוֹץ
mordere (vt)	linʃoχ	לִנְשׁוֹךְ

fiutare (vt)	leraχ'reaχ	לְרַחְרֵחַ
abbaiare (vi)	lin'boaχ	לִנְבּוֹחַ
sibilare (vi)	lirʃof	לִרְשׁוֹף

spaventare (vt)	lehafχid	לְהַפְחִיד
attaccare (vt)	litkof	לִתְקוֹף

rodere (osso, ecc.)	leχarsem	לְכַרְסֵם
graffiare (vt)	lisrot	לִשְׂרוֹט
nascondersi (vr)	lehistater	לְהִסְתַּתֵּר

giocare (vi)	lesaχek	לְשַׂחֵק
cacciare (vt)	latsud	לָצוּד
ibernare (vi)	laχrof	לַחֲרוֹף
estinguersi (vr)	lehikaχed	לְהִיכָּחֵד

223. Animali. Ambiente naturale

Italiano	Traslitterazione	Ebraico
ambiente (m) naturale	beit gidul	בֵּית גִידוּל (ז)
migrazione (f)	hagira	הַגִירָה (נ)
monte (m), montagna (f)	har	הַר (ז)
scogliera (f)	ʃunit	שׁוּנִית (נ)
falesia (f)	'sela	סֶלַע (ז)
foresta (f)	'ya'ar	יַעַר (ז)
giungla (f)	'dʒungel	גָ׳וּנגָל (ז)
savana (f)	sa'vana	סָוַונָה (נ)
tundra (f)	'tundra	טוּנדרָה (נ)
steppa (f)	arava	עֲרָבָה (נ)
deserto (m)	midbar	מִדבָּר (ז)
oasi (f)	neve midbar	נְוֵוה מִדבָּר (ז)
mare (m)	yam	יָם (ז)
lago (m)	agam	אֲגַם (ז)
oceano (m)	ok'yanos	אוֹקיָאנוֹס (ז)
palude (f)	bitsa	בִּיצָה (נ)
di acqua dolce	ʃel 'mayim metukim	שֶׁל מַיִם מְתוּקִים
stagno (m)	breχa	בְּרֵיכָה (נ)
fiume (m)	nahar	נָהָר (ז)
tana (f) (dell'orso)	me'ura	מְאוּרָה (נ)
nido (m)	ken	קֵן (ז)
cavità (f) (~ in un albero)	χor ba'ets	חוֹר בָּעֵץ (ז)
tana (f) (del fox, ecc.)	meχila	מְחִילָה (נ)
formicaio (m)	kan nemalim	קַן נְמָלִים (ז)

224. Cura degli animali

Italiano	Traslitterazione	Ebraico
zoo (m)	gan hayot	גַן חַיוֹת (ז)
riserva (f) naturale	ʃmurat 'teva	שְׁמוּרַת טֶבַע (נ)
allevatore (m)	beit gidul	בֵּית גִידוּל (ז)
gabbia (f) all'aperto	kluv	כְּלוּב (ז)
gabbia (f)	kluv	כְּלוּב (ז)
canile (m)	meluna	מְלוּנָה (נ)
piccionaia (f)	ʃovaχ	שׁוֹבָךְ (ז)
acquario (m)	ak'varyum	אָקוַוריוּם (ז)
delfinario (m)	dolfi'naryum	דוֹלפִינָריוּם (ז)
allevare (vt)	legadel	לְגַדֵל
cucciolata (f)	tse'etsa'im	צֶאֱצָאִים (ז"ר)
addomesticare (vt)	levayet	לְבַיֵת
ammaestrare (vt)	le'alef	לְאַלֵף
mangime (m)	mazon, mispo	מָזוֹן (ז), מִספּוֹא (ז)
dare da mangiare	leha'aχil	לְהַאֲכִיל

negozio (m) di animali	χanut χayot	חֲנוּת חַיּוֹת (נ)
museruola (f)	maχsom	מַחְסוֹם (ז)
collare (m)	kolar	קוֹלָר (ז)
nome (m) (di un cane, ecc.)	kinui	כִּינוּי (ז)
pedigree (m)	ʃal'ʃelet yuχsin	שַׁלְשֶׁלֶת יוֹחֲסִין (נ)

225. Animali. Varie

branco (m)	lahaka	לַהֲקָה (נ)
stormo (m)	lahaka	לַהֲקָה (נ)
banco (m)	lahaka	לַהֲקָה (נ)
mandria (f)	'eder	עֵדֶר (ז)
maschio (m)	zaχar	זָכָר (ז)
femmina (f)	nekeva	נְקֵבָה (נ)
affamato (agg)	ra'ev	רָעֵב
selvatico (agg)	pra'i	פְּרָאִי
pericoloso (agg)	mesukan	מְסוּכָּן

226. Cavalli

cavallo (m)	sus	סוּס (ז)
razza (f)	'geza	גֶּזַע (ז)
puledro (m)	syaχ	סְיָח (ז)
giumenta (f)	susa	סוּסָה (נ)
mustang (m)	mustang	מוּסְטַנְג (ז)
pony (m)	'poni	פּוֹנִי (ז)
cavallo (m) da tiro pesante	sus avoda	סוּס עֲבוֹדָה (ז)
criniera (f)	ra'ama	רַעֲמָה (נ)
coda (f)	zanav	זָנָב (ז)
zoccolo (m)	parsa	פַּרְסָה (נ)
ferro (m) di cavallo	parsa	פַּרְסָה (נ)
ferrare (vt)	lefarzel	לְפַרְזֵל
fabbro (m)	'nefaχ	נַפָּח (ז)
sella (f)	ukaf	אוּכָּף (ז)
staffa (f)	arkuba	אַרְכּוּבָּה (נ)
briglia (f)	'resen	רֶסֶן (ז)
redini (m pl)	moʃχot	מוֹשְׁכוֹת (נ"ר)
frusta (f)	ʃot	שׁוֹט (ז)
fantino (m)	roχev	רוֹכֵב (ז)
sellare (vt)	le'akef	לְאַכֵּף
montare in sella	la'alot al sus	לַעֲלוֹת עַל סוּס
galoppo (m)	dehira	דְּהִירָה (נ)
galoppare (vi)	lidhor	לִדְהוֹר

trotto (m)	tfifa	טְפִיפָה (נ)
al trotto	bidhira	בִּדְהִירָה
andare al trotto	litpof	לִטְפּוֹף
cavallo (m) da corsa	sus merots	סוּס מֵירוֹץ (ז)
corse (f pl)	merots susim	מֵירוֹץ סוּסִים (ז)
scuderia (f)	urva	אוּרְוָה (נ)
dare da mangiare	leha'axil	לְהַאֲכִיל
fieno (m)	xatsil	חָצִיל (ז)
abbeverare (vt)	lehaʃkot	לְהַשְׁקוֹת
lavare (~ il cavallo)	lirxots	לִרְחוֹץ
carro (m)	agala	עֲגָלָה (נ)
pascolare (vi)	lir'ot	לִרְעוֹת
nitrire (vi)	litshol	לְצְהוֹל
dare un calcio	liv'ot	לִבְעוֹט

Flora

227. Alberi

albero (m)	ets	עֵץ (ז)
deciduo (agg)	naʃir	נָשִׁיר
conifero (agg)	maxtani	מַחְטָנִי
sempreverde (agg)	yarok ad	יָרוֹק עַד

melo (m)	ta'puax	תַּפּוּחַ (ז)
pero (m)	agas	אַגָּס (ז)
ciliegio (m)	gudgedan	גּוּדְגְּדָן (ז)
amareno (m)	duvdevan	דּוּבְדְּבָן (ז)
prugno (m)	ʃezif	שְׁזִיף (ז)

betulla (f)	ʃadar	שָׁדָר (ז)
quercia (f)	alon	אַלּוֹן (ז)
tiglio (m)	'tilya	טִילְיָה (נ)
pioppo (m) tremolo	aspa	אַסְפָּה (נ)
acero (m)	'eder	אֶדֶר (ז)
abete (m)	a'ʃuax	אַשּׁוּחַ (ז)
pino (m)	'oren	אוֹרֶן (ז)
larice (m)	arzit	אַרְזִית (נ)
abete (m) bianco	a'ʃuax	אַשּׁוּחַ (ז)
cedro (m)	'erez	אֶרֶז (ז)

pioppo (m)	tsaftsefa	צַפְצָפָה (נ)
sorbo (m)	ben xuzrar	בֶּן־חֻזְרָר (ז)
salice (m)	arava	עֲרָבָה (נ)
alno (m)	alnus	אַלְנוּס (ז)
faggio (m)	aʃur	אַשּׁוּר (ז)
olmo (m)	bu'kitsa	בּוּקִיצָה (נ)
frassino (m)	mela	מֵילָה (נ)
castagno (m)	armon	עַרְמוֹן (ז)

magnolia (f)	mag'nolya	מַגְנוֹלִיָה (נ)
palma (f)	'dekel	דֶּקֶל (ז)
cipresso (m)	broʃ	בְּרוֹשׁ (ז)

mangrovia (f)	mangrov	מַנְגְרוֹב (ז)
baobab (m)	ba'obab	בָּאוֹבָּב (ז)
eucalipto (m)	eika'liptus	אֵיקָלִיפְּטוֹס (ז)
sequoia (f)	sek'voya	סֶקְווֹיָה (נ)

228. Arbusti

| cespuglio (m) | 'siax | שִׂיחַ (ז) |
| arbusto (m) | 'siax | שִׂיחַ (ז) |

vite (f)	'gefen	גֶּפֶן (ז)
vigneto (m)	'kerem	כֶּרֶם (ז)

lampone (m)	'petel	פֶּטֶל (ז)
ribes (m) nero	'siaχ dumdemaniyot ʃχorot	שִׂיחַ דּוּמְדְּמָנִיּוֹת שְׁחוֹרוֹת (ז)
ribes (m) rosso	'siaχ dumdemaniyot adumot	שִׂיחַ דּוּמְדְּמָנִיּוֹת אֲדוּמוֹת (ז)
uva (f) spina	χazarzar	חֲזַרְזַר (ז)

acacia (f)	ʃita	שִׁיטָה (נ)
crespino (m)	berberis	בַּרְבָּרִיס (ז)
gelsomino (m)	yasmin	יַסְמִין (ז)

ginepro (m)	ar'ar	עַרְעָר (ז)
roseto (m)	'siaχ vradim	שִׂיחַ וְרָדִים (ז)
rosa (f) canina	'vered bar	וֶרֶד בָּר (ז)

229. Funghi

fungo (m)	pitriya	פִּטְרִיָּה (נ)
fungo (m) commestibile	pitriya ra'uya lema'aχal	פִּטְרִיָּה רְאוּיָה לְמַאֲכָל
fungo (m) velenoso	pitriya ra'ila	פִּטְרִיָּה רְעִילָה (נ)
cappello (m)	kipat pitriya	כִּיפַּת פִּטְרִיָּה (נ)
gambo (m)	'regel	רֶגֶל (נ)

porcino (m)	por'tʃini	פּוֹרְצִ'ינִי (ז)
boleto (m) rufo	pitriyat 'kova aduma	פִּטְרִיַּת כּוֹבַע אֲדוּמָה (נ)
porcinello (m)	pitriyat 'ya'ar	פִּטְרִיַּת יַעַר (נ)
gallinaccio (m)	gvi'onit ne'e'χelet	גְּבִיעוֹנִית נֶאֱכֶלֶת (נ)
rossola (f)	χarifit	חֲרִיפִית (נ)

spugnola (f)	gamtsuts	גַּמְצוּץ (ז)
ovolaccio (m)	zvuvanit	זְבוּבָנִית (נ)
fungo (m) moscario	pitriya ra'ila	פִּטְרִיָּה רְעִילָה (נ)

230. Frutti. Bacche

frutto (m)	pri	פְּרִי (ז)
frutti (m pl)	perot	פֵּירוֹת (ז"ר)
mela (f)	ta'puaχ	תַּפּוּחַ (ז)
pera (f)	agas	אַגָּס (ז)
prugna (f)	ʃezif	שְׁזִיף (ז)

fragola (f)	tut sade	תּוּת שָׂדֶה (ז)
amarena (f)	duvdevan	דּוּבְדְּבָן (ז)
ciliegia (f)	gudgedan	גּוּדְגְּדָן (ז)
uva (f)	anavim	עֲנָבִים (ז"ר)

lampone (m)	'petel	פֶּטֶל (ז)
ribes (m) nero	dumdemanit ʃχora	דּוּמְדְּמָנִית שְׁחוֹרָה (נ)
ribes (m) rosso	dumdemanit aduma	דּוּמְדְּמָנִית אֲדוּמָה (נ)
uva (f) spina	χazarzar	חֲזַרְזַר (ז)
mirtillo (m) di palude	χamutsit	חֲמוּצִית (נ)

arancia (f)	tapuz	תַּפּוּז (ז)
mandarino (m)	klemen'tina	קְלֶמֶנְטִינָה (נ)
ananas (m)	'ananas	אָנָנָס (ז)
banana (f)	ba'nana	בַּנָּנָה (נ)
dattero (m)	tamar	תָּמָר (ז)

limone (m)	limon	לִימוֹן (ז)
albicocca (f)	'miʃmeʃ	מִשְׁמֵשׁ (ז)
pesca (f)	afarsek	אֲפַרְסֵק (ז)
kiwi (m)	'kivi	קִיוִוי (ז)
pompelmo (m)	eʃkolit	אֶשְׁכּוֹלִית (נ)

bacca (f)	garger	גַּרְגֵּר (ז)
bacche (f pl)	gargerim	גַּרְגְּרִים (ז"ר)
mirtillo (m) rosso	uxmanit aduma	אוּכְמָנִית אֲדֻוּמָה (נ)
fragola (f) di bosco	tut 'ya'ar	תּוּת יַעַר (ז)
mirtillo (m)	uxmanit	אוּכְמָנִית (נ)

231. Fiori. Piante

| fiore (m) | 'perax | פֶּרַח (ז) |
| mazzo (m) di fiori | zer | זֵר (ז) |

rosa (f)	'vered	וֶרֶד (ז)
tulipano (m)	tsiv'oni	צִבְעוֹנִי (ז)
garofano (m)	tsi'poren	צִיפּוֹרֶן (ז)
gladiolo (m)	glad'yola	גְּלַדִיוֹלָה (נ)

fiordaliso (m)	dganit	דְּגָנִיָּה (נ)
campanella (f)	pa'amonit	פַּעֲמוֹנִית (נ)
soffione (m)	ʃinan	שִׁינָן (ז)
camomilla (f)	kamomil	קָמוֹמִיל (ז)

aloe (m)	alvai	אַלְוַי (ז)
cactus (m)	'kaktus	קַקְטוּס (ז)
ficus (m)	'fikus	פִיקוּס (ז)

giglio (m)	ʃoʃana	שׁוֹשַׁנָּה (נ)
geranio (m)	ge'ranyum	גֶּרַנְיוּם (ז)
giacinto (m)	yakinton	יָקִינְטוֹן (ז)

mimosa (f)	mi'moza	מִימוֹזָה (נ)
narciso (m)	narkis	נַרְקִיס (ז)
nasturzio (m)	'kova hanazir	כּוֹבַע הַנָּזִיר (ז)

orchidea (f)	saxlav	סַחְלָב (ז)
peonia (f)	admonit	אַדְמוֹנִית (נ)
viola (f)	sigalit	סִיגָּלִית (נ)

viola (f) del pensiero	amnon vetamar	אַמְנוֹן וְתָמָר (ז)
nontiscordardimé (m)	zix'rini	זִכְרִינִי (ז)
margherita (f)	marganit	מַרְגָּנִית (נ)
papavero (m)	'pereg	פֶּרֶג (ז)
canapa (f)	ka'nabis	קָנָאבִּיס (ז)

menta (f)	'menta	מֶנְתָּה (נ)
mughetto (m)	zivanit	זִיוָנִית (נ)
bucaneve (m)	ga'lantus	גָלַנְטוּס (ז)

ortica (f)	sirpad	סִרְפָּד (ז)
acetosa (f)	χum'a	חוּמְעָה (נ)
ninfea (f)	nufar	נוּפָר (ז)
felce (f)	ʃaraχ	שָׁרָךְ (ז)
lichene (m)	χazazit	חֲזָזִית (נ)

serra (f)	χamama	חֲמָמָה (נ)
prato (m) erboso	midʃa'a	מִדְשָׁאָה (נ)
aiuola (f)	arugat praχim	עֲרוּגַת פְּרָחִים (נ)

pianta (f)	'tsemaχ	צֶמַח (ז)
erba (f)	'deʃe	דֶּשֶׁא (ז)
filo (m) d'erba	giv'ol 'esev	גִּבְעוֹל עֵשֶׂב (ז)

foglia (f)	ale	עָלֶה (ז)
petalo (m)	ale ko'teret	עֲלֵה כּוֹתֶרֶת (ז)
stelo (m)	giv'ol	גִּבְעוֹל (ז)
tubero (m)	'pka'at	פְּקַעַת (נ)

germoglio (m)	'nevet	נֶבֶט (ז)
spina (f)	kots	קוֹץ (ז)

fiorire (vi)	lif'roaχ	לִפְרוֹחַ
appassire (vi)	linbol	לִנְבּוֹל
odore (m), profumo (m)	'reaχ	רֵיחַ (ז)
tagliare (~ i fiori)	ligzom	לִגְזוֹם
cogliere (vt)	liktof	לִקְטוֹף

232. Cereali, granaglie

grano (m)	tvu'a	תְּבוּאָה (נ)
cereali (m pl)	dganim	דְּגָנִים (ז"ר)
spiga (f)	ʃi'bolet	שִׁיבּוֹלֶת (נ)

frumento (m)	χita	חִיטָה (נ)
segale (f)	ʃifon	שִׁיפוֹן (ז)
avena (f)	ʃi'bolet ʃu'al	שִׁיבּוֹלֶת שׁוּעָל (נ)

miglio (m)	'doχan	דּוֹחַן (ז)
orzo (m)	se'ora	שְׂעוֹרָה (נ)

mais (m)	'tiras	תִּירָס (ז)
riso (m)	'orez	אוֹרֶז (ז)
grano (m) saraceno	ku'semet	כּוּסֶמֶת (נ)

pisello (m)	afuna	אֲפוּנָה (נ)
fagiolo (m)	ʃu'it	שְׁעוּעִית (נ)
soia (f)	'soya	סוֹיָה (נ)
lenticchie (f pl)	adaʃim	עֲדָשִׁים (נ"ר)
fave (f pl)	pol	פּוֹל (ז)

233. Ortaggi. Verdure

| ortaggi (m pl) | yerakot | יְרָקוֹת (ז״ר) |
| verdura (f) | 'yerek | יֶרֶק (ז) |

pomodoro (m)	agvaniya	עַגְבָנִיָּה (נ)
cetriolo (m)	melafefon	מְלָפְפוֹן (ז)
carota (f)	'gezer	גֶּזֶר (ז)
patata (f)	ta'puax adama	תַּפּוּחַ אֲדָמָה (ז)
cipolla (f)	batsal	בָּצָל (ז)
aglio (m)	ʃum	שׁוּם (ז)

cavolo (m)	kruv	כְּרוּב (ז)
cavolfiore (m)	kruvit	כְּרוּבִית (נ)
cavoletti (m pl) di Bruxelles	kruv nitsanim	כְּרוּב נִצָּנִים (ז)
broccolo (m)	'brokoli	בְּרוֹקוֹלִי (ז)

barbabietola (f)	'selek	סֶלֶק (ז)
melanzana (f)	xatsil	חָצִיל (ז)
zucchina (f)	kiʃu	קִישׁוּא (ז)
zucca (f)	'dla'at	דְּלַעַת (נ)
rapa (f)	'lefet	לֶפֶת (נ)

prezzemolo (m)	petro'zilya	פֶּטְרוֹזִילְיָה (נ)
aneto (m)	ʃamir	שָׁמִיר (ז)
lattuga (f)	'xasa	חַסָּה (נ)
sedano (m)	'seleri	סֶלֶרִי (ז)
asparago (m)	aspa'ragos	אַסְפָּרָגוֹס (ז)
spinaci (m pl)	'tered	תֶּרֶד (ז)

pisello (m)	afuna	אֲפוּנָה (נ)
fave (f pl)	pol	פּוֹל (ז)
mais (m)	'tiras	תִּירָס (ז)
fagiolo (m)	ʃu'it	שְׁעוּעִית (נ)

peperone (m)	'pilpel	פִּלְפֵּל (ז)
ravanello (m)	tsnonit	צְנוֹנִית (נ)
carciofo (m)	artiʃok	אַרְטִישׁוֹק (ז)

GEOGRAFIA REGIONALE

Paesi. Nazionalità

234. Europa occidentale

Europa (f)	ei'ropa	אֵירוֹפָּה (נ)
Unione (f) Europea	ha'ixud ha'eiro'pe'i	הָאִיחוּד הָאֵירוֹפִּי (ז)
europeo (m)	eiro'pe'i	אֵירוֹפָּאִי (ז)
europeo (agg)	eiro'pe'i	אֵירוֹפָּאִי
Austria (f)	'ostriya	אוֹסְטְרְיָה (נ)
austriaco (m)	'ostri	אוֹסְטְרִי (ז)
austriaca (f)	'ostrit	אוֹסְטְרִית (נ)
austriaco (agg)	'ostri	אוֹסְטְרִי
Gran Bretagna (f)	bri'tanya hagdola	בְּרִיטַנְיָה הַגְּדוֹלָה (נ)
Inghilterra (f)	'angliya	אַנְגְלְיָה (נ)
britannico (m), inglese (m)	'briti	בְּרִיטִי (ז)
britannica (f), inglese (f)	'btitit	בְּרִיטִית (נ)
inglese (agg)	angli	אַנְגְלִי
Belgio (m)	'belgya	בֶּלְגְיָה (נ)
belga (m)	'belgi	בֶּלְגִי (ז)
belga (f)	'belgit	בֶּלְגִית (נ)
belga (agg)	'belgi	בֶּלְגִי
Germania (f)	ger'manya	גֶּרְמַנְיָה (נ)
tedesco (m)	germani	גֶּרְמָנִי (ז)
tedesca (f)	germaniya	גֶּרְמַנְיָה (נ)
tedesco (agg)	germani	גֶּרְמָנִי
Paesi Bassi (m pl)	'holand	הוֹלַנְד (נ)
Olanda (f)	'holand	הוֹלַנְד (נ)
olandese (m)	ho'landi	הוֹלַנְדִי (ז)
olandese (f)	ho'landit	הוֹלַנְדִית (נ)
olandese (agg)	ho'landi	הוֹלַנְדִי
Grecia (f)	yavan	יָוָן (נ)
greco (m)	yevani	יְוָנִי (ז)
greca (f)	yevaniya	יְוָנְיָה (נ)
greco (agg)	yevani	יְוָנִי
Danimarca (f)	'denemark	דֶּנְמַרְק (נ)
danese (m)	'deni	דָּנִי (ז)
danese (f)	'denit	דָּנִית (נ)
danese (agg)	'deni	דָּנִי
Irlanda (f)	'irland	אִירְלַנְד (נ)
irlandese (m)	'iri	אִירִי (ז)

irlandese (f)	ir'landit	אִירְלַנְדִּית (נ)
irlandese (agg)	'iri	אִירִי
Islanda (f)	'island	אִיסְלַנְד (נ)
islandese (m)	is'landi	אִיסְלַנְדִּי (ז)
islandese (f)	is'landit	אִיסְלַנְדִּית (נ)
islandese (agg)	is'landi	אִיסְלַנְדִּי
Spagna (f)	sfarad	סְפָרַד (נ)
spagnolo (m)	sfaradi	סְפָרַדִּי (ז)
spagnola (f)	sfaradiya	סְפָרַדִּיָּה (נ)
spagnolo (agg)	sfaradi	סְפָרַדִּי
Italia (f)	i'talya	אִיטַלְיָה (נ)
italiano (m)	italki	אִיטַלְקִי (ז)
italiana (f)	italkiya	אִיטַלְקִיָה (נ)
italiano (agg)	italki	אִיטַלְקִי
Cipro (m)	kafrisin	קַפְרִיסִין (נ)
cipriota (m)	kafri'sa'i	קַפְרִיסָאִי (ז)
cipriota (f)	kafri'sa'it	קַפְרִיסָאִית (נ)
cipriota (agg)	kafri'sa'i	קַפְרִיסָאִי
Malta (f)	'malta	מַלְטָה (נ)
maltese (m)	'malti	מַלְטִי (ז)
maltese (f)	'maltit	מַלְטִית (נ)
maltese (agg)	'malti	מַלְטִי
Norvegia (f)	nor'vegya	נוֹרְבֶגְיָה (נ)
norvegese (m)	nor'vegi	נוֹרְבֶגִי (ז)
norvegese (f)	nor'vegit	נוֹרְבֶגִית (נ)
norvegese (agg)	nor'vegi	נוֹרְבֶגִי
Portogallo (f)	portugal	פּוֹרְטוּגָל (נ)
portoghese (m)	portu'gali	פּוֹרְטוּגָלִי (ז)
portoghese (f)	portu'galit	פּוֹרְטוּגָלִית (נ)
portoghese (agg)	portu'gezi	פּוֹרְטוּגֶזִי
Finlandia (f)	'finland	פִינְלַנְד (נ)
finlandese (m)	'fini	פִינִי (ז)
finlandese (f)	'finit	פִינִית (נ)
finlandese (agg)	'fini	פִינִי
Francia (f)	tsarfat	צָרְפַת (נ)
francese (m)	tsarfati	צָרְפָתִי (ז)
francese (f)	tsarfatiya	צָרְפָתִיָה (נ)
francese (agg)	tsarfati	צָרְפָתִי
Svezia (f)	'ʃvedya	שְבֶדְיָה (נ)
svedese (m)	'ʃvedi	שְבֵדִי (ז)
svedese (f)	'ʃvedit	שְבֵדִית (נ)
svedese (agg)	'ʃvedi	שְבֵדִי
Svizzera (f)	'ʃvaits	שְווַיִץ (נ)
svizzero (m)	ʃvei'tsari	שְווַיְצָרִי (ז)
svizzera (f)	ʃvei'tsarit	שְווַיְצָרִית (נ)

svizzero (agg)	ʃveˈtsari	שׁװײצָרִי
Scozia (f)	ˈskotland	סְקוֹטְלַנד (נ)
scozzese (m)	ˈskoti	סְקוֹטִי (ז)
scozzese (f)	ˈskotit	סְקוֹטִית (נ)
scozzese (agg)	ˈskoti	סְקוֹטִי

Vaticano (m)	vatikan	וָתִיקָן (ז)
Liechtenstein (m)	liχtenʃtain	לִיכְטֶנשְׁטַײן (נ)
Lussemburgo (m)	luksemburg	לוּקְסֶמבּוּרג (נ)
Monaco (m)	moˈnako	מוֹנָקוֹ (נ)

235. Europa centrale e orientale

Albania (f)	alˈbanya	אַלבַּניָה (נ)
albanese (m)	alˈbani	אַלבָּנִי (ז)
albanese (f)	alˈbanit	אַלבָּנִית (נ)
albanese (agg)	alˈbani	אַלבָּנִי

Bulgaria (f)	bulˈgarya	בּוּלגַריָה (נ)
bulgaro (m)	bulˈgari	בּוּלגָרִי (ז)
bulgara (f)	bulgariya	בּוּלגָריָה (נ)
bulgaro (agg)	bulˈgari	בּוּלגָרִי

Ungheria (f)	hunˈgarya	הוּנגַריָה (נ)
ungherese (m)	hungari	הוּנגָרִי (ז)
ungherese (f)	hungariya	הוּנגָריָה (נ)
ungherese (agg)	hunˈgari	הוּנגָרִי

Lettonia (f)	ˈlatviya	לַטבִיָה (נ)
lettone (m)	ˈlatvi	לַטבִי (ז)
lettone (f)	ˈlatvit	לַטבִית (נ)
lettone (agg)	ˈlatvi	לַטבִי

Lituania (f)	ˈlita	לִיטָא (נ)
lituano (m)	litaʼi	לִיטָאִי (ז)
lituana (f)	litaʼit	לִיטָאִית (נ)
lituano (agg)	litaʼi	לִיטָאִי

Polonia (f)	polin	פּוֹלִין (נ)
polacco (m)	polani	פּוֹלָנִי (ז)
polacca (f)	polaniya	פּוֹלָניָה (נ)
polacco (agg)	polani	פּוֹלָנִי

Romania (f)	roˈmanya	רוֹמַניָה (נ)
rumeno (m)	romani	רוֹמָנִי (ז)
rumena (f)	romaniya	רוֹמָניָה (נ)
rumeno (agg)	roˈmani	רוֹמָנִי

Serbia (f)	ˈserbya	סֶרבִּיָה (נ)
serbo (m)	ˈserbi	סֶרבִּי (ז)
serba (f)	ˈserbit	סֶרבִּית (נ)
serbo (agg)	ˈserbi	סֶרבִּי
Slovacchia (f)	sloˈvakya	סלוֹבָּקיָה (נ)
slovacco (m)	sloˈvaki	סלוֹבָּקִי (ז)

slovacca (f)	slo'vakit	סְלוֹבָקִית (נ)
slovacco (agg)	slo'vaki	סְלוֹבָקִי
Croazia (f)	kro''atya	קְרוֹאַטְיָה (נ)
croato (m)	kro''ati	קְרוֹאָטִי (ז)
croata (f)	kro''atit	קְרוֹאָטִית (נ)
croato (agg)	kro''ati	קְרוֹאָטִי
Repubblica (f) Ceca	'tʃexya	צֶ'בְיָה (נ)
ceco (m)	'tʃexi	צֶ'כִי (ז)
ceca (f)	'tʃexit	צֶ'כִית (נ)
ceco (agg)	'tʃexi	צֶ'כִי
Estonia (f)	es'tonya	אֶסְטוֹנְיָה (נ)
estone (m)	es'toni	אֶסְטוֹנִי (ז)
estone (f)	es'tonit	אֶסְטוֹנִית (נ)
estone (agg)	es'toni	אֶסְטוֹנִי
Bosnia-Erzegovina (f)	'bosniya	בּוֹסְנְיָה (נ)
Macedonia (f)	make'donya	מָקֶדוֹנְיָה (נ)
Slovenia (f)	slo'venya	סְלוֹבֶנְיָה (נ)
Montenegro (m)	monte'negro	מוֹנְטֶנֶגְרוֹ (נ)

236. Paesi dell'ex Unione Sovietica

Azerbaigian (m)	azerbaidʒan	אֲזֶרְבַּייגָ'ן (ז)
azerbaigiano (m)	azerbai'dʒani	אֲזֶרְבַּייגָ'נִי (ז)
azerbaigiana (f)	azerbai'dʒanit	אֲזֶרְבַּייגָ'נִית (נ)
azerbaigiano (agg)	azerbai'dʒani	אֲזֶרְבַּייגָ'נִי
Armenia (f)	ar'menya	אַרְמֶנְיָה (נ)
armeno (m)	ar'meni	אַרְמֶנִי (ז)
armena (f)	ar'menit	אַרְמֶנִית (נ)
armeno (agg)	ar'meni	אַרְמֶנִי
Bielorussia (f)	'belarus	בֶּלָרוּס (נ)
bielorusso (m)	bela'rusi	בֶּלָרוּסִי (ז)
bielorussa (f)	bela'rusit	בֶּלָרוּסִית (נ)
bielorusso (agg)	byelo'rusi	בִּיְלוֹרוּסִי
Georgia (f)	'gruzya	גְרוּזְיָה (נ)
georgiano (m)	gru'zini	גְרוּזִינִי (ז)
georgiana (f)	gru'zinit	גְרוּזִינִית (נ)
georgiano (agg)	gru'zini	גְרוּזִינִי
Kazakistan (m)	kazaxstan	קָזַחְסְטָן (נ)
kazaco (m)	ka'zaxi	קָזָחִי (ז)
kazaca (f)	ka'zaxit	קָזָחִית (נ)
kazaco (agg)	ka'zaxi	קָזָחִי
Kirghizistan (m)	kirgizstan	קִירְגִיזְסְטָן (נ)
kirghiso (m)	kir'gizi	קִירְגִיזִי (ז)
kirghisa (f)	kir'gizit	קִירְגִיזִית (נ)
kirghiso (agg)	kir'gizi	קִירְגִיזִי

Moldavia (f)	mol'davya	מוֹלְדָּבִיָה (נ)
moldavo (m)	mol'davi	מוֹלְדָּבִי (ז)
moldava (f)	mol'davit	מוֹלְדָּבִית (נ)
moldavo (agg)	mol'davi	מוֹלְדָּבִי

Russia (f)	'rusya	רוֹסְיָה (נ)
russo (m)	rusi	רוֹסִי (ז)
russa (f)	rusiya	רוֹסִיָה (נ)
russo (agg)	rusi	רוֹסִי

Tagikistan (m)	tadʒikistan	טָגִ׳יקִיסְטָן (נ)
tagico (m)	ta'dʒiki	טָגִ׳יקִי (ז)
tagica (f)	ta'dʒikit	טָגִ׳יקִית (נ)
tagico (agg)	ta'dʒiki	טָגִ׳יקִי

Turkmenistan (m)	turkmenistan	טוּרקְמֶנִיסְטָן (נ)
turkmeno (m)	turk'meni	טוּרקְמֶנִי (ז)
turkmena (f)	turk'menit	טוּרקְמֶנִית (נ)
turkmeno (agg)	turk'meni	טוּרקְמֶנִי

Uzbekistan (m)	uzbekistan	אוּזְבֶּקִיסְטָן (נ)
usbeco (m)	uz'beki	אוּזְבֶּקִי (ז)
usbeca (f)	uz'bekit	אוּזְבֶּקִית (נ)
usbeco (agg)	uz'beki	אוּזְבֶּקִי

Ucraina (f)	uk'rayna	אוּקְרָאִינָה (נ)
ucraino (m)	ukra''ini	אוּקְרָאִינִי (ז)
ucraina (f)	ukra''init	אוּקְרָאִינִית (נ)
ucraino (agg)	ukra''ini	אוּקְרָאִינִי

237. Asia

| Asia (f) | 'asya | אַסְיָה (נ) |
| asiatico (agg) | as'yati | אַסְיָיתִי |

Vietnam (m)	vyetnam	וְיֶיטְנָאם (נ)
vietnamita (m)	vyet'nami	וְיֶיטְנָאמִי (ז)
vietnamita (f)	vyet'namit	וְיֶיטְנָאמִית (נ)
vietnamita (agg)	vyet'nami	וְיֶיטְנָאמִי

India (f)	'hodu	הוֹדוּ (נ)
indiano (m)	'hodi	הוֹדִי (ז)
indiana (f)	'hodit	הוֹדִית (נ)
indiano (agg)	'hodi	הוֹדִי

Israele (m)	yisra'el	יִשְׂרָאֵל (נ)
israeliano (m)	yisra'eli	יִשְׂרָאֵלִי (ז)
israeliana (f)	yisra'elit	יִשְׂרָאֵלִית (נ)
israeliano (agg)	yisra'eli	יִשְׂרָאֵלִי

ebreo (m)	yehudi	יְהוּדִי (ז)
ebrea (f)	yehudiya	יְהוּדִיָה (נ)
ebraico (agg)	yehudi	יְהוּדִי
Cina (f)	sin	סִין (נ)

cinese (m)	'sini	סִינִי (נ)
cinese (f)	'sinit	סִינִית (נ)
cinese (agg)	'sini	סִינִי
coreano (m)	korei"ani	קוֹרֵיאָנִי (ז)
coreana (f)	korei"anit	קוֹרֵיאָנִית (נ)
coreano (agg)	korei"ani	קוֹרֵיאָנִי
Libano (m)	levanon	לְבָנוֹן (נ)
libanese (m)	leva'noni	לְבָנוֹנִי (ז)
libanese (f)	leva'nonit	לְבָנוֹנִית (נ)
libanese (agg)	leva'noni	לְבָנוֹנִי
Mongolia (f)	mon'golya	מוֹנגוֹלִיָה (נ)
mongolo (m)	mon'goli	מוֹנגוֹלִי (ז)
mongola (f)	mon'golit	מוֹנגוֹלִית (נ)
mongolo (agg)	mon'goli	מוֹנגוֹלִי
Malesia (f)	ma'lezya	מָלֶזיָה (נ)
malese (m)	ma'la'i	מָלָאִי (ז)
malese (f)	ma'la'it	מָלָאִית (נ)
malese (agg)	ma'la'i	מָלָאִי
Pakistan (m)	pakistan	פָּקִיסטָן (נ)
pakistano (m)	pakis'tani	פָּקִיסטָנִי (ז)
pakistana (f)	pakis'tanit	פָּקִיסטָנִית (נ)
pakistano (agg)	pakis'tani	פָּקִיסטָנִי
Arabia Saudita (f)	arav hasa'udit	עֲרָב הַסָעוּדִית (נ)
arabo (m), saudita (m)	aravi	עֲרָבִי (ז)
araba (f), saudita (f)	araviya	עֲרָבִיָה (נ)
arabo (agg)	aravi	עֲרָבִי
Tailandia (f)	'tailand	תַאִילַנד (נ)
tailandese (m)	tai'landi	תַאִילַנדִי (ז)
tailandese (f)	tai'landit	תַאִילַנדִית (נ)
tailandese (agg)	tai'landi	תַאִילַנדִי
Taiwan (m)	taivan	טַייוָואן (נ)
taiwanese (m)	tai'vani	טַייוָואנִי (ז)
taiwanese (f)	tai'vanit	טַייוָואנִית (נ)
taiwanese (agg)	tai'vani	טַייוָואנִי
Turchia (f)	'turkiya	טוּרקִיָה (נ)
turco (m)	turki	טוּרקִי (ז)
turca (f)	turkiya	טוּרקִיָה (נ)
turco (agg)	turki	טוּרקִי
Giappone (m)	yapan	יַפָּן (נ)
giapponese (m)	ya'pani	יַפָּנִי (ז)
giapponese (f)	ya'panit	יַפָּנִית (נ)
giapponese (agg)	ya'pani	יַפָּנִי
Afghanistan (m)	afganistan	אַפגָנִיסטָן (נ)
Bangladesh (m)	bangladeʃ	בַּנגלָדֶש (נ)
Indonesia (f)	indo'nezya	אִינדוֹנֶזיָה (נ)

Giordania (f)	yarden	יַרְדֵּן (ז)
Iraq (m)	irak	עִירָאק (ז)
Iran (m)	iran	אִירָן (ז)
Cambogia (f)	kam'bodya	קַמְבּוֹדְיָה (נ)
Kuwait (m)	kuveit	כֻּוֵיִת (נ)

Laos (m)	la'os	לָאוֹס (ז)
Birmania (f)	miyanmar	מְיַאנְמָר (נ)
Nepal (m)	nepal	נֶפָּאל (ז)
Emirati (m pl) Arabi	ixud ha'emi'royot ha'araviyot	אִיחוּד הָאֱמִירוּיוֹת הָעֲרָבִיּוֹת (ז)

Siria (f)	'surya	סוּרְיָה (נ)
Palestina (f)	falastin	פָּלֶסְטִין (נ)
Corea (f) del Sud	ko'rei'a hadromit	קוֹרֵיאָה הַדְּרוֹמִית (נ)
Corea (f) del Nord	ko'rei'a hatsfonit	קוֹרֵיאָה הַצְּפוֹנִית (נ)

238. America del Nord

Stati (m pl) Uniti d'America	artsot habrit	אַרְצוֹת הַבְּרִית (נ"ר)
americano (m)	ameri'ka'i	אָמֶרִיקָאִי (ז)
americana (f)	ameri'ka'it	אָמֶרִיקָאִית (נ)
americano (agg)	ameri'ka'i	אָמֶרִיקָאִי

Canada (m)	'kanada	קָנָדָה (נ)
canadese (m)	ka'nadi	קָנָדִי (ז)
canadese (f)	ka'nadit	קָנָדִית (נ)
canadese (agg)	ka'nadi	קָנָדִי

Messico (m)	'meksiko	מֶקְסִיקוֹ (נ)
messicano (m)	meksi'kani	מֶקְסִיקָנִי (ז)
messicana (f)	meksi'kanit	מֶקְסִיקָנִית (נ)
messicano (agg)	meksi'kani	מֶקְסִיקָנִי

239. America centrale e America del Sud

Argentina (f)	argen'tina	אַרְגֶּנְטִינָה (נ)
argentino (m)	argentinai	אַרְגֶּנְטִינָאִי (ז)
argentina (f)	argenti'na'it	אַרְגֶּנְטִינָאִית (נ)
argentino (agg)	argenti'na'it	אַרְגֶּנְטִינָאִי

Brasile (m)	brazil	בְּרָזִיל (נ)
brasiliano (m)	brazil'a'i	בְּרָזִילָאִי (ז)
brasiliana (f)	brazi'la'it	בְּרָזִילָאִית (נ)
brasiliano (agg)	brazi'la'i	בְּרָזִילָאִי

Colombia (f)	ko'lombya	קוֹלוֹמְבִּיָה (נ)
colombiano (m)	kolom'byani	קוֹלוֹמְבִּיָאנִי (ז)
colombiana (f)	kolomb'yanit	קוֹלוֹמְבִּיָאנִית (נ)
colombiano (agg)	kolom'byani	קוֹלוֹמְבִּיָאנִי

Cuba (f)	'kuba	קוּבָּה (נ)
cubano (m)	ku'bani	קוּבָּנִי (ז)

213

cubana (f)	ku'banit	קוּבָּנִית (נ)
cubano (agg)	ku'bani	קוּבָּנִי
Cile (m)	'tʃile	צִ'ילֶה (נ)
cileno (m)	tʃili''ani	צִ'ילִיאָנִי (ז)
cilena (f)	tʃili''anit	צִ'ילִיאָנִית (נ)
cileno (agg)	tʃili''ani	צִ'ילִיאָנִי
Bolivia (f)	bo'livya	בּוֹלִיבְיָה (נ)
Venezuela (f)	venetsu''ela	וֶנֶצוּאֶלָה (נ)
Paraguay (m)	paragvai	פָּרָגוַואי (נ)
Perù (m)	peru	פֶּרוּ (נ)
Suriname (m)	surinam	סוּרִינָאם (נ)
Uruguay (m)	urugvai	אוּרוּגוַואי (נ)
Ecuador (m)	ekvador	אֶקוַואדוֹר (נ)
Le Bahamas	iyey ba'hama	אִיֵי בָּהָאמָה (ז"ר)
Haiti (m)	ha''iti	הָאִיטִי (נ)
Repubblica (f) Dominicana	hare'publika hadomeni'kanit	הָרֶפּוּבְּלִיקָה הַדוֹמִינִיקָנִית (נ)
Panama (m)	pa'nama	פָּנָמָה (נ)
Giamaica (f)	dʒa'maika	גָ'מַייקָה (נ)

240. Africa

Egitto (m)	mits'rayim	מִצְרַיִם (נ)
egiziano (m)	mitsri	מִצְרִי (ז)
egiziana (f)	mitsriya	מִצְרִייָה (נ)
egiziano (agg)	mitsri	מִצְרִי
Marocco (m)	ma'roko	מָרוֹקוֹ (נ)
marocchino (m)	maro'ka'i	מָרוֹקָאִי (ז)
marocchina (f)	maro'ka'it	מָרוֹקָאִית (נ)
marocchino (agg)	maro'ka'i	מָרוֹקָאִי
Tunisia (f)	tu'nisya	טוּנִיסְיָה (נ)
tunisino (m)	tuni'sa'i	טוּנִיסָאִי (ז)
tunisina (f)	tuni'sa'it	טוּנִיסָאִית (נ)
tunisino (agg)	tuni'sa'i	טוּנִיסָאִי
Ghana (m)	'gana	גָאנָה (נ)
Zanzibar	zanzibar	זַנזִיבָּר (נ)
Kenya (m)	'kenya	קֶנִיָה (נ)
Libia (f)	luv	לוּב (נ)
Madagascar (m)	madagaskar	מָדָגַסְקַר (ז)
Namibia (f)	na'mibya	נָמִיבְיָה (נ)
Senegal (m)	senegal	סֶנֶגָל (נ)
Tanzania (f)	tan'zanya	טַנזַנְיָה (נ)
Repubblica (f) Sudafricana	drom 'afrika	דרוֹם אַפְרִיקָה (נ)
africano (m)	afri'ka'i	אַפְרִיקָאִי (ז)
africana (f)	afri'ka'it	אַפְרִיקָאִית (נ)
africano (agg)	afri'ka'i	אַפְרִיקָאִי

241. Australia. Oceania

Italiano	Traslitterazione	Ebraico
Australia (f)	ost'ralya	אוֹסְטְרַלְיָה (נ)
australiano (m)	ost'rali	אוֹסְטְרַלִי (ז)
australiana (f)	ost'ralit	אוֹסְטְרַלִית (נ)
australiano (agg)	ost'rali	אוֹסְטְרַלִי
Nuova Zelanda (f)	nyu 'ziland	נְיוּ זִילַנְד (נ)
neozelandese (m)	nyu zi'landi	נְיוּ זִילַנְדִי (ז)
neozelandese (f)	nyu zi'landit	נְיוּ זִילַנְדִית (נ)
neozelandese (agg)	nyu zi'landi	נְיוּ זִילַנְדִי
Tasmania (f)	tas'manya	טַסְמַנְיָה (נ)
Polinesia (f) Francese	poli'nezya hatsarfatit	פּוֹלִינֶזְיָה הַצָּרְפָתִית (נ)

242. Città

Italiano	Traslitterazione	Ebraico
L'Aia	hag	הָאג (נ)
Amburgo	'hamburg	הַמְבּוּרג (נ)
Amsterdam	'amsterdam	אַמְסְטֶרְדָם (נ)
Ankara	ankara	אַנְקָרָה (נ)
Atene	a'tuna	אָתוּנָה (נ)
L'Avana	ha'vana	הַוָואנָה (נ)
Baghdad	bagdad	בַּגְדָד (נ)
Bangkok	bangkok	בַּנגקוֹק (נ)
Barcellona	bartse'lona	בַּרְצֶלוֹנָה (נ)
Beirut	beirut	בֵּירוּת (נ)
Berlino	berlin	בֶּרְלִין (נ)
Bombay, Mumbai	bombei	בּוֹמְבֵּי (נ)
Bonn	bon	בּוֹן (נ)
Bordeaux	bordo	בּוֹרְדוֹ (נ)
Bratislava	bratis'lava	בְּרָטִיסְלָאבָה (נ)
Bruxelles	brisel	בְּרִיסֶל (נ)
Bucarest	'bukareʃt	בּוּקָרֶשט (נ)
Budapest	'budapeʃt	בּוּדַפֶּשט (נ)
Il Cairo	kahir	קָהִיר (נ)
Calcutta	kol'kata	קוֹלְקָטָה (נ)
Chicago	ʃi'kago	שִיקָאגוֹ (נ)
Città del Messico	'meksiko 'siti	מֶקְסִיקוֹ סִיטִי (נ)
Copenaghen	kopen'hagen	קוֹפֶּנְהָגֶן (נ)
Dar es Salaam	dar e salam	דָאר אֶ-סָלָאם (נ)
Delhi	'delhi	דֶלְהִי (נ)
Dubai	dubai	דוּבַּאי (נ)
Dublino	'dablin	דַבְּלִין (נ)
Düsseldorf	'diseldorf	דִיסֶלְדוֹרף (נ)
Firenze	fi'rentse	פִירֶנְצֶה (נ)
Francoforte	'frankfurt	פְרַנקפוּרט (נ)
Gerusalemme	yeruʃa'layim	יְרוּשָלַיִם (נ)

Ginevra	dʒe'neva	גֶ'נֶבָה (נ)
Hanoi	hanoi	הָאנוֹי (נ)
Helsinki	'helsinki	הֶלְסִינְקִי (נ)
Hiroshima	hiro'ʃima	הִירוֹשִׁימָה (נ)
Hong Kong	hong kong	הוֹנג קוֹנג (נ)
Istanbul	istanbul	אִיסְטַנְבּוּל (נ)
Kiev	'kiyev	קִייֵב (נ)
Kuala Lumpur	ku''ala lumpur	קוּאָלָה לוּמפּוּר (נ)

Lione	li'on	לִיאוֹן (נ)
Lisbona	lisbon	לִיסבּוֹן (נ)
Londra	'london	לוֹנדוֹן (נ)
Los Angeles	los 'andʒeles	לוֹס אַנג'לֶס (נ)

Madrid	madrid	מַדרִיד (נ)
Marsiglia	marsei	מַרסֵי (נ)
Miami	ma'yami	מְיָאמִי (נ)
Monaco di Baviera	'minxen	מִינְכֶן (נ)
Montreal	montri'ol	מוֹנטרִיאוֹל (נ)
Mosca	'moskva	מוֹסקבָה (נ)

Nairobi	nai'robi	נַיירוֹבִּי (נ)
Napoli	'napoli	נָפוֹלִי (נ)
New York	nyu york	נִיוּ יוֹרק (נ)
Nizza	nis	נִיס (נ)

Oslo	'oslo	אוֹסלוֹ (נ)
Ottawa	'otava	אוֹטָוָוה (נ)
Parigi	pariz	פָּרִיז (נ)
Pechino	beidʒing	בֵּייג'ִינג (נ)
Praga	prag	פּרָאג (נ)
Rio de Janeiro	'riyo de ʒa'nero	רִיוֹ דֶה ז'נֶרוֹ (נ)
Roma	'roma	רוֹמָא (נ)

San Pietroburgo	sant 'petersburg	סַנט פֶּטֶרסבּוּרג (נ)
Seoul	se'ul	סָאוּל (נ)
Shanghai	ʃanxai	שַׁנחַאי (נ)
Sidney	'sidni	סִידנִי (נ)
Singapore	singapur	סִינגָפּוּר (נ)
Stoccolma	'stokholm	סטוֹקהוֹלם (נ)

Taipei	taipe	טַייפֶּה (נ)
Tokio	'tokyo	טוֹקִיוֹ (נ)
Toronto	to'ronto	טוֹרוֹנטוֹ (נ)

Varsavia	'varʃa	וַרשָׁה (נ)
Venezia	ve'netsya	וֶנֶצְיָה (נ)
Vienna	'vina	וִינָה (נ)
Washington	'voʃington	וֹשִׁינגטוֹן (נ)

243. Politica. Governo. Parte 1

| politica (f) | po'litika | פּוֹלִיטִיקָה (נ) |
| politico (agg) | po'liti | פּוֹלִיטִי |

politico (m)	politikai	פּוֹלִיטִיקַאי (ז)
stato (m) (nazione, paese)	medina	מְדִינָה (נ)
cittadino (m)	ezraҳ	אֶזְרָח (ז)
cittadinanza (f)	ezraҳut	אֶזְרָחוּת (נ)

| emblema (m) nazionale | 'semel le'umi | סֵמֶל לְאוּמִי (ז) |
| inno (m) nazionale | himnon le'umi | הִמְנוֹן לְאוּמִי (ז) |

governo (m)	memʃala	מֶמְשָׁלָה (נ)
capo (m) di Stato	roʃ medina	רֹאש מְדִינָה (ז)
parlamento (m)	parlament	פַּרְלָמֶנְט (ז)
partito (m)	miflaga	מִפְלָגָה (נ)

| capitalismo (m) | kapitalizm | קַפִּיטָלִיזְם (ז) |
| capitalistico (agg) | kapita'listi | קַפִּיטָלִיסְטִי |

| socialismo (m) | soҭsyalizm | סוֹצְיָאלִיזְם (ז) |
| socialista (agg) | soҭsya'listi | סוֹצְיָאלִיסְטִי |

comunismo (m)	komunizm	קוֹמוּנִיזְם (ז)
comunista (agg)	komu'nisti	קוֹמוּנִיסְטִי
comunista (m)	komunist	קוֹמוּנִיסְט (ז)

democrazia (f)	demo'kratya	דֶמוֹקְרַטְיָה (נ)
democratico (m)	demokrat	דֶמוֹקְרָט (ז)
democratico (agg)	demo'krati	דֶמוֹקְרָטִי
partito (m) democratico	miflaga demo'kratit	מִפְלָגָה דֶמוֹקְרָטִית (נ)

liberale (m)	libe'rali	לִיבֵּרָלִי (ז)
liberale (agg)	libe'rali	לִיבֵּרָלִי
conservatore (m)	ʃamran	שַׁמְרָן (ז)
conservatore (agg)	ʃamrani	שַׁמְרָנִי

repubblica (f)	re'publika	רֶפּוּבְּלִיקָה (נ)
repubblicano (m)	republi'kani	רֶפּוּבְּלִיקָנִי (ז)
partito (m) repubblicano	miflaga republi'kanit	מִפְלָגָה רֶפּוּבְּלִיקָנִית (נ)

elezioni (f pl)	bҳirot	בְּחִירוֹת (נ"ר)
eleggere (vt)	livҳor	לִבְחוֹר
elettore (m)	maҭs'bi‘a	מַצְבִּיעַ (ז)
campagna (f) elettorale	masa bҳirot	מַסָּע בְּחִירוֹת (ז)

votazione (f)	haҭsba‘a	הַצְבָּעָה (נ)
votare (vi)	lehaҭs'bi‘a	לְהַצְבִּיעַ
diritto (m) di voto	zҳut haҭsba‘a	זְכוּת הַצְבָּעָה (נ)

candidato (m)	mu‘amad	מוּעֲמָד (ז)
candidarsi (vr)	lehaҭsig mu‘amadut	לְהַצִּיג מוּעֲמָדוּת
campagna (f)	masa	מַסָּע (ז)

| d'opposizione (agg) | opoziҭsyoni | אוֹפּוֹזִיצְיוֹנִי |
| opposizione (f) | opo'ziҭsya | אוֹפּוֹזִיצְיָה (נ) |

visita (f)	bikur	בִּיקּוּר (ז)
visita (f) ufficiale	bikur riʃmi	בִּיקּוּר רִשְׁמִי (ז)
internazionale (agg)	benle'umi	בֵּינלְאוּמִי

trattative (f pl)	masa umatan	מַשָּׂא וּמַתָּן (ז)
negoziare (vi)	laset velatet	לָשֵׂאת וְלָתֵת

244. Politica. Governo. Parte 2

società (f)	χevra	חֶבְרָה (נ)
costituzione (f)	χuka	חוּקָה (נ)
potere (m) (~ politico)	ʃilton	שִׁלְטוֹן (ז)
corruzione (f)	ʃχitut	שְׁחִיתוּת (נ)

legge (f)	χok	חוֹק (ז)
legittimo (agg)	χuki	חוּקִי

giustizia (f)	'tsedek	צֶדֶק (ז)
giusto (imparziale)	tsodek	צוֹדֵק

comitato (m)	'va'ad	וַעַד (ז)
disegno (m) di legge	hatsa'at χok	הַצָּעַת חוֹק (נ)
bilancio (m)	taktsiv	תַּקְצִיב (ז)
politica (f)	mediniyut	מְדִינִיּוּת (נ)
riforma (f)	re'forma	רֵפוֹרְמָה (נ)
radicale (agg)	radi'kali	רָדִיקָלִי

forza (f) (potenza)	otsma	עוֹצְמָה (נ)
potente (agg)	rav 'koaχ	רַב־כֹּחַ
sostenitore (m)	tomeχ	תּוֹמֵךְ (ז)
influenza (f)	haʃpa'a	הַשְׁפָּעָה (נ)

regime (m) (~ militare)	miʃtar	מִשְׁטָר (ז)
conflitto (m)	siχsuχ	סִכְסוּךְ (ז)
complotto (m)	'keʃer	קֶשֶׁר (ז)
provocazione (f)	provo'katsya, hitgarut	פְּרוֹבוֹקַצְיָה, הִתְגָּרוּת (נ)

rovesciare (~ un regime)	leha'diaχ	לְהַדִּיחַ
rovesciamento (m)	hadaχa mikes malχut	הֲדָחָה מִכֵּס מַלְכוּת (נ)
rivoluzione (f)	mahapeχa	מַהְפֵּכָה (נ)

colpo (m) di Stato	hafiχa	הֲפִיכָה (ז)
golpe (m) militare	mahapaχ tsva'i	מַהְפָּךְ צְבָאִי (ז)

crisi (f)	maʃber	מַשְׁבֵּר (ז)
recessione (f) economica	mitun kalkali	מִיתוּן כַּלְכָּלִי (ז)
manifestante (m)	mafgin	מַפְגִּין (ז)
manifestazione (f)	hafgana	הַפְגָּנָה (נ)
legge (f) marziale	miʃtar tsva'i	מִשְׁטָר צְבָאִי (ז)
base (f) militare	basis tsva'i	בָּסִיס צְבָאִי (ז)

stabilità (f)	yatsivut	יַצִּיבוּת (נ)
stabile (agg)	yatsiv	יַצִּיב

sfruttamento (m)	nitsul	נִיצוּל (ז)
sfruttare (~ i lavoratori)	lenatsel	לְנַצֵּל
razzismo (m)	giz'anut	גִּזְעָנוּת (נ)
razzista (m)	giz'ani	גִּזְעָנִי (ז)

| fascismo (m) | faʃizm | פָשִׁיזֹם (ז) |
| fascista (m) | faʃist | פָשִׁיסֹט (ז) |

245. Paesi. Varie

straniero (m)	zar	זָר (ז)
straniero (agg)	zar	זָר
all'estero	beχul	בְּחוּ"ל

emigrato (m)	mehager	מְהַגֵר (ז)
emigrazione (f)	hagira	הֲגִירָה (נ)
emigrare (vi)	lehager	לְהַגֵר

Ovest (m)	ma'arav	מַעֲרָב (ז)
Est (m)	mizraχ	מִזְרָח (ז)
Estremo Oriente (m)	hamizraχ haraχok	הַמִזְרָח הָרָחוֹק (ז)

civiltà (f)	tsivili'zatsya	צִיבִילִיזַצְיָה (ז)
umanità (f)	enoʃut	אֱנוֹשׁוּת (נ)
mondo (m)	olam	עוֹלָם (ז)
pace (f)	ʃalom	שָׁלוֹם (ז)
mondiale (agg)	olami	עוֹלָמִי

patria (f)	mo'ledet	מוֹלֶדֶת (נ)
popolo (m)	am	עַם (ז)
popolazione (f)	oχlusiya	אוֹכְלוֹסִיָה (נ)
gente (f)	anaʃim	אֲנָשִׁים (ז"ר)
nazione (f)	uma	אוּמָה (נ)
generazione (f)	dor	דוֹר (ז)
territorio (m)	'ʃetaχ	שֶׁטַח (ז)
regione (f)	ezor	אֵזוֹר (ז)
stato (m)	medina	מְדִינָה (נ)

tradizione (f)	ma'soret	מָסוֹרֶת (נ)
costume (m)	minhag	מִנְהָג (ז)
ecologia (f)	eko'logya	אֶקוֹלוֹגְיָה (נ)

indiano (m)	ind'yani	אִינְדְיָאנִי (ז)
zingaro (m)	tso'ani	צוֹעֲנִי (ז)
zingara (f)	tso'aniya	צוֹעֲנִיָה (נ)
di zingaro	tso'ani	צוֹעֲנִי

impero (m)	im'perya	אִימְפֶּרְיָה (נ)
colonia (f)	ko'lonya	קוֹלוֹנִיָה (נ)
schiavitù (f)	avdut	עַבְדוּת (נ)
invasione (f)	pliʃa	פְּלִישָׁה (נ)
carestia (f)	'ra'av	רָעָב (ז)

246. Principali gruppi religiosi. Credi religiosi

| religione (f) | dat | דָת (נ) |
| religioso (agg) | dati | דָתִי |

fede (f)	emuna	אֱמוּנָה (נ)
credere (vi)	leha'amin	לְהַאֲמִין
credente (m)	ma'amin	מַאֲמִין
ateismo (m)	ate'izm	אָתֵאִיזם (ז)
ateo (m)	ate'ist	אָתֵאִיסט (ז)
cristianesimo (m)	natsrut	נַצרוּת (נ)
cristiano (m)	notsri	נוֹצרִי (ז)
cristiano (agg)	notsri	נוֹצרִי
cattolicesimo (m)	ka'toliyut	קָתוֹלִיוּת (נ)
cattolico (m)	ka'toli	קָתוֹלִי (ז)
cattolico (agg)	ka'toli	קָתוֹלִי
Protestantesimo (m)	protes'tantiyut	פּרוֹטֶסטַנטִיוּת (נ)
Chiesa (f) protestante	knesiya protes'tantit	כּנֵסִייָה פּרוֹטֶסטַנטִית (נ)
protestante (m)	protestant	פּרוֹטֶסטַנט (ז)
Ortodossia (f)	natsrut orto'doksit	נַצרוּת אוֹרתוֹדוֹקסִית (נ)
Chiesa (f) ortodossa	knesiya orto'doksit	כּנֵסִייָה אוֹרתוֹדוֹקסִית (נ)
ortodosso (m)	orto'doksi	אוֹרתוֹדוֹקסִי
Presbiterianesimo (m)	presbiteryanizm	פּרֶסבִּיטֶריָאנִיזם (ז)
Chiesa (f) presbiteriana	knesiya presviteri"anit	כּנֵסִייָה פּרֶסבִּיטֶריָאנִית (נ)
presbiteriano (m)	presbiter'yani	פּרֶסבִּיטֶריָאנִי (ז)
Luteranesimo (m)	knesiya lute'ranit	כּנֵסִייָה לוּתֶרָנִית (נ)
luterano (m)	lute'rani	לוּתֶרָנִי (ז)
confessione (f) battista	knesiya bap'tistit	כּנֵסִייָה בַּפּטִיסטִית (נ)
battista (m)	baptist	בַּפּטִיסט (ז)
Chiesa (f) anglicana	knesiya angli'kanit	כּנֵסִייָה אַנגלִיקָנִית (נ)
anglicano (m)	angli'kani	אַנגלִיקָנִי (ז)
mormonismo (m)	mor'monim	מוֹרמוֹנִים (ז)
mormone (m)	mormon	מוֹרמוֹן (ז)
giudaismo (m)	yahadut	יַהֲדוּת (נ)
ebreo (m)	yehudi, yehudiya	יְהוּדִי (ז), יְהוּדִייָה (נ)
buddismo (m)	budhizm	בּוּדהִיזם (ז)
buddista (m)	budhist	בּוּדהִיסט (ז)
Induismo (m)	hindu'izm	הִינדוּאִיזם (ז)
induista (m)	'hindi	הִינדִי (ז)
Islam (m)	islam	אִיסלָאם (ז)
musulmano (m)	'muslemi	מוּסלְמִי (ז)
musulmano (agg)	'muslemi	מוּסלְמִי
sciismo (m)	islam 'ji'i	אִסלָאם שִיעִי (ז)
sciita (m)	'ji'i	שִיעִי (ז)
sunnismo (m)	islam 'suni	אִסלָאם סוּנִי (ז)
sunnita (m)	'suni	סוּנִי (ז)

247. Religioni. Sacerdoti

prete (m)	'komer	כֹּמֶר (ז)
Papa (m)	apifyor	אַפִּיפְיוֹר (ז)
monaco (m)	nazir	נָזִיר (ז)
monaca (f)	nazira	נְזִירָה (נ)
pastore (m)	'komer	כֹּמֶר (ז)
abate (m)	roʃ minzar	רֹאשׁ מִנְזָר (ז)
vicario (m)	'komer hakehila	כֹּמֶר הַקְּהִילָה (ז)
vescovo (m)	'biʃof	בִּישׁוֹף (ז)
cardinale (m)	χaʃman	חַשְׁמָן (ז)
predicatore (m)	matif	מַטִּיף (ז)
predica (f)	hatafa, draʃa	הַטָּפָה, דְּרָשָׁה (נ)
parrocchiani (m)	χaver kehila	חָבֵר קְהִילָה (ז)
credente (m)	ma'amin	מַאֲמִין (ז)
ateo (m)	ate'ist	אָתֵאִיסְט (ז)

248. Fede. Cristianesimo. Islam

Adamo	adam	אָדָם
Eva	χava	חַוָּה
Dio (m)	elohim	אֱלוֹהִים
Signore (m)	adonai	אָדוֹנָי
Onnipotente (m)	kol yaχol	כָּל יָכוֹל
peccato (m)	χet	חֵטְא (ז)
peccare (vi)	laχato	לַחֲטוֹא
peccatore (m)	χote	חוֹטֵא (ז)
peccatrice (f)	χo'ta'at	חוֹטֵאת (נ)
inferno (m)	gehinom	גֵּיהִינּוֹם (ז)
paradiso (m)	gan 'eden	גַּן עֵדֶן (ז)
Gesù	'yeʃu	יֵשׁוּ
Gesù Cristo	'yeʃu hanotsri	יֵשׁוּ הַנּוֹצְרִי
Spirito (m) Santo	'ruaχ ha'kodeʃ	רוּחַ הַקּוֹדֶשׁ (נ)
Salvatore (m)	mo'ʃi'a	מוֹשִׁיעַ (ז)
Madonna	'miryam hakdoʃa	מִרְיָם הַקְּדוֹשָׁה
Diavolo (m)	satan	שָׂטָן (ז)
del diavolo	stani	שְׂטָנִי
Satana (m)	satan	שָׂטָן (ז)
satanico (agg)	stani	שְׂטָנִי
angelo (m)	mal'aχ	מַלְאָךְ (ז)
angelo (m) custode	mal'aχ ʃomer	מַלְאָךְ שׁוֹמֵר (ז)
angelico (agg)	mal'aχi	מַלְאָכִי

apostolo (m)	ʃa'liaχ	שָׁלִיחַ (ז)
arcangelo (m)	arχimalaχ	אַרְכִימַלְאָךְ (ז)
Anticristo (m)	an'tikrist	אַנְטִיכְּרִיסְט (ז)

Chiesa (f)	knesiya	כְּנֵסִיָּיה (נ)
Bibbia (f)	tanaχ	תַּנַ"ךְ (ז)
biblico (agg)	tanaχi	תַּנַ"כִי

Vecchio Testamento (m)	habrit hayeʃana	הַבְּרִית הַיְשָׁנָה (נ)
Nuovo Testamento (m)	habrit haχadaʃa	הַבְּרִית הַחֲדָשָׁה (נ)
Vangelo (m)	evangelyon	אֱוַונְגֶּלְיוֹן (ז)
Sacra Scrittura (f)	kitvei ha'kodeʃ	כִּתְבֵי הַקּוֹדֶשׁ (ז"ר)
Il Regno dei Cieli	malχut ʃa'mayim, gan 'eden	מַלְכוּת שָׁמַיִם (נ), גַּן עֵדֶן (ז)

comandamento (m)	mitsva	מִצְוָה (נ)
profeta (m)	navi	נָבִיא (ז)
profezia (f)	nevu'a	נְבוּאָה (נ)

Allah	'alla	אַלְלָה
Maometto	mu'χamad	מוּחַמַד
Corano (m)	kur'an	קוּרְאָן (ז)

moschea (f)	misgad	מִסְגָּד (ז)
mullah (m)	'mula	מוּלָא (ז)
preghiera (f)	tfila	תְּפִילָה (נ)
pregare (vi, vt)	lehitpalel	לְהִתְפַּלֵּל

pellegrinaggio (m)	aliya le'regel	עֲלִיָּה לָרֶגֶל (נ)
pellegrino (m)	tsalyan	צַלְיָין (ז)
La Mecca (f)	'meka	מֶכָּה (נ)

chiesa (f)	knesiya	כְּנֵסִיָּיה (נ)
tempio (m)	mikdaʃ	מִקְדָּשׁ (ז)
cattedrale (f)	kated'rala	קָתֶדְרָלָה (נ)
gotico (agg)	'goti	גוֹתִי
sinagoga (f)	beit 'kneset	בֵּית כְּנֶסֶת (ז)
moschea (f)	misgad	מִסְגָּד (ז)

cappella (f)	beit tfila	בֵּית תְּפִילָה (ז)
abbazia (f)	minzar	מִנְזָר (ז)
convento (m) di suore	minzar	מִנְזָר (ז)
monastero (m)	minzar	מִנְזָר (ז)

campana (f)	pa'amon	פַּעֲמוֹן (ז)
campanile (m)	migdal pa'amonim	מִגְדַּל פַּעֲמוֹנִים (ז)
suonare (campane)	letsaltsel	לְצַלְצֵל

croce (f)	tslav	צְלָב (ז)
cupola (f)	kipa	כִּיפָּה (נ)
icona (f)	ikonin	אִיקוֹנִין (ז)

anima (f)	neʃama	נְשָׁמָה (נ)
destino (m), sorte (f)	goral	גּוֹרָל (ז)
male (m)	'ro'a	רוֹעַ (ז)
bene (m)	tuv	טוּב (ז)
vampiro (m)	arpad	עַרְפָּד (ז)

strega (f)	maxʃefa	מַכְשֵׁפָה (נ)
demone (m)	ʃed	שֵׁד (ז)
spirito (m)	'ruax	רוּחַ (נ)

| redenzione (f) | kapara | כַּפָּרָה (נ) |
| redimere (vt) | lexaper al | לְכַפֵּר עַל |

messa (f)	'misa	מִיסָה (נ)
dire la messa	la'arox 'misa	לַעֲרוֹךְ מִיסָה
confessione (f)	vidui	וִידוּי (ז)
confessarsi (vr)	lehitvadot	לְהִתְוַדוֹת

santo (m)	kadoʃ	קָדוֹשׁ (ז)
sacro (agg)	mekudaʃ	מְקוּדָשׁ
acqua (f) santa	'mayim kdoʃim	מַיִם קְדוֹשִׁים (ז"ר)

rito (m)	'tekes	טֶקֶס (ז)
rituale (agg)	ʃel 'tekes	שֶׁל טֶקֶס
sacrificio (m) (offerta)	korban	קוֹרְבָּן (ז)

superstizione (f)	emuna tfela	אֱמוּנָה תְפֵלָה (נ)
superstizioso (agg)	ma'amin emunot tfelot	מַאֲמִין אֱמוּנוֹת תְפֵלוֹת
vita (f) dell'oltretomba	ha'olam haba	הָעוֹלָם הַבָּא (ז)
vita (f) eterna	xayei olam, xayei 'netsax	חַיֵי עוֹלָם (ז"ר), חַיֵי נֶצַח (ז"ר)

VARIE

249. Varie parole utili

aiuto (m)	ezra	עֶזְרָה (נ)
barriera (f) (ostacolo)	mixʃol	מִכְשׁוֹל (ז)
base (f)	basis	בָּסִיס (ז)
bilancio (m) (equilibrio)	izun	אִיזּוּן (ז)
categoria (f)	kate'gorya	קָטֶגוֹרְיָה (נ)
causa (f) (ragione)	siba	סִיבָּה (נ)
coincidenza (f)	hat'ama	הַתְאָמָה (נ)
comodo (agg)	'noax	נוֹחַ
compenso (m)	pitsui	פִּיצּוּי (ז)
confronto (m)	haʃva'a	הַשׁוָוָאָה (נ)
cosa (f) (oggetto, articolo)	'xefets	חֵפֶץ (ז)
crescita (f)	gidul	גִּידּוּל (ז)
differenza (f)	'ʃoni	שׁוֹנִי (ז)
effetto (m)	efekt	אֶפֶקְט (ז)
elemento (m)	element	אֶלֶמֶנְט (ז)
errore (m)	ta'ut	טָעוּת (נ)
esempio (m)	dugma	דּוּגְמָה (נ)
fatto (m)	uvda	עוּבְדָה (נ)
forma (f) (aspetto)	tsura	צוּרָה (נ)
frequente (agg)	tadir	תָּדִיר
genere (m) (tipo, sorta)	sug	סוּג (ז)
grado (m) (livello)	darga	דַּרְגָּה (נ)
ideale (m)	ide'al	אִידֵיאָל (ז)
inizio (m)	hatxala	הַתְחָלָה (נ)
labirinto (m)	mavox	מָבוֹךְ (ז)
modo (m) (maniera)	'ofen	אוֹפֶן (ז)
momento (m)	'rega	רֶגַע (ז)
oggetto (m) (cosa)	'etsem	עֶצֶם (ז)
originale (m) (non è una copia)	makor	מָקוֹר (ז)
ostacolo (m)	maxsom	מַחְסוֹם (ז)
parte (f) (~ di qc)	'xelek	חֵלֶק (ז)
particella (f)	xelkik	חֶלְקִיק (ז)
pausa (f)	hafsaka	הַפְסָקָה (נ)
pausa (f) (sosta)	hafuga	הֲפוּגָה (נ)
posizione (f)	emda	עֶמְדָה (נ)
principio (m)	ikaron	עִיקָּרוֹן (ז)
problema (m)	be'aya	בְּעָיָה (נ)
processo (m)	tahalix	תַּהֲלִיךְ (ז)
progresso (m)	kidma	קִדְמָה (נ)

| proprietà (f) (qualità) | txuna, sgula | תְּכוּנָה, סְגוּלָה (נ) |
| reazione (f) | tguva | תְּגוּבָה (נ) |

rischio (m)	sikun	סִיכּוּן (ז)
ritmo (m)	'ketsev	קֶצֶב (ז)
scelta (f)	bxina	בְּחִינָה (נ)
segreto (m)	sod	סוֹד (ז)
serie (f)	sidra	סִדְרָה (נ)

sfondo (m)	'reka	רֶקַע (ז)
sforzo (m) (fatica)	ma'amats	מַאֲמָץ (ז)
sistema (m)	ʃita	שִׁיטָה (נ)
situazione (f)	matsav	מַצָּב (ז)
soluzione (f)	pitaron	פִּיתָרוֹן (ז)

standard (agg)	tikni	תִּקְנִי
standard (m)	'teken	תֶּקֶן (ז)
stile (m)	signon	סִגְנוֹן (ז)
sviluppo (m)	hitpatxut	הִתְפַּתְחוּת (נ)
tabella (f) (delle calorie, ecc.)	tavla	טַבְלָה (נ)

termine (m)	sof	סוֹף (ז)
termine (m) (parola)	musag	מוּשָׂג (ז)
tipo (m)	min	מִין (ז)
turno (m) (aspettare il proprio ~)	tor	תּוֹר (ז)
urgente (agg)	daxuf	דָחוּף

urgentemente	bidxifut	בִּדְחִיפוּת
utilità (f)	to''elet	תּוֹעֶלֶת (נ)
variante (f)	girsa	גִּירְסָה (נ)
verità (f)	emet	אֱמֶת (נ)
zona (f)	ezor	אֵזוֹר (ז)

250. Modificatori. Aggettivi. Parte 1

a buon mercato	zol	זוֹל
abbronzato (agg)	ʃazuf	שָׁזוּף
acido, agro (sapore)	xamuts	חָמוּץ
affamato (agg)	ra'ev	רָעֵב
affilato (coltello ~)	xad	חַד

allegro (agg)	sa'meax	שָׂמֵחַ
alto (voce ~a)	ram	רָם
amaro (sapore)	marir	מָרִיר
antico (civiltà, ecc.)	atik	עַתִּיק
aperto (agg)	pa'tuax	פָּתוּחַ

artificiale (agg)	melaxuti	מְלָאכוּתִי
bagnato (vestiti ~i)	ratuv	רָטוּב
basso (~a voce)	ʃaket	שָׁקֵט
bello (agg)	yafe	יָפֶה
breve (di breve durata)	katsar	קָצָר
bruno (agg)	ʃaxum	שָׁחוּם

225

buio, scuro (stanza ~a)	χaʃuχ	חָשׁוּךְ
buono (un libro, ecc.)	tov	טוֹב
buono, gentile	tov	טוֹב
buono, gustoso	ta'im	טָעִים

caldo (agg)	χam	חַם
calmo (agg)	ʃalev	שָׁלֵו
caro (agg)	yakar	יָקָר
cattivo (agg)	ra	רַע
centrale (agg)	merkazi	מֶרְכָּזִי

chiaro (un significato ~)	barur	בָּרוּר
chiaro, tenue (un colore ~)	bahir	בָּהִיר
chiuso (agg)	sagur	סָגוּר
cieco (agg)	iver	עִיוֵּר
civile (società ~)	ezraχi	אֶזְרָחִי

clandestino (agg)	maχtarti	מַחְתַּרְתִּי
collegiale (decisione ~)	meʃutaf	מְשׁוּתָּף
compatibile (agg)	to'em	תּוֹאָם
complicato (progetto, ecc.)	mesubaχ	מְסוּבָּךְ

contento (agg)	meruʦe	מְרוּצָה
continuo (agg)	memuʃaχ	מְמוּשָׁךְ
continuo (ininterrotto)	mitmaʃeχ	מִתְמַשֵּׁךְ
cortese (gentile)	neχmad	נֶחְמָד
corto (non lungo)	kaʦar	קָצָר

crudo (non cotto)	χai	חַי
denso (fumo ~)	ʦafuf	צָפוּף
destro (lato ~)	yemani	יְמָנִי
di seconda mano	meʃumaʃ	מְשׁוּמָשׁ
di sole (una giornata ~)	ʃimʃi	שִׁמְשִׁי

differente (agg)	kol minei	כָּל מִינֵי
difficile (decisione)	kaʃe	קָשָׁה
distante (agg)	raχok	רָחוֹק
diverso (agg)	ʃone	שׁוֹנֶה
dolce (acqua ~)	metukim	מְתוּקִים

dolce (gusto)	matok	מָתוֹק
dolce, tenero	raχ	רַךְ
dritto (linea, strada ~a)	yaʃar	יָשָׁר
duro (non morbido)	kaʃe	קָשָׁה
eccellente (agg)	meʦuyan	מְצוּיָן

eccessivo (esagerato)	meyutar	מְיוּתָּר
enorme (agg)	anaki	עֲנָקִי
esterno (agg)	χiʦoni	חִיצוֹנִי
facile (agg)	kal	קַל

faticoso (agg)	me'ayef	מְעַיֵּיף
felice (agg)	me'uʃar	מְאוּשָׁר
fertile (terreno)	pore	פּוֹרֶה
fioco, soffuso (luce ~a)	amum	עָמוּם
fitto (nebbia ~a)	samuχ	סָמוּךְ

forte (una persona ~)	χazak	חָזָק
fosco (oscuro)	koder	קוֹדֵר
fragile (porcellana, vetro)	ʃavir	שָׁבִיר
freddo (bevanda, tempo)	kar	קַר

fresco (freddo moderato)	karir	קָרִיר
fresco (pane ~)	tari	טָרִי
gentile (agg)	menumas	מְנוּמָס
giovane (agg)	tsa'ir	צָעִיר
giusto (corretto)	naχon	נָכוֹן

gradevole (voce ~)	na'im	נָעִים
grande (agg)	gadol	גָּדוֹל
grasso (cibo ~)	ʃamen	שָׁמֵן
grato (agg)	asir toda	אָסִיר תּוֹדָה

gratuito (agg)	χinam	חִינָם
idoneo (adatto)	mat'im	מַתְאִים
il più alto	haga'voha beyoter	הַגָּבוֹהַ בְּיוֹתֵר
il più importante	haχaʃuv beyoter	הֶחָשׁוּב בְּיוֹתֵר
il più vicino	hakarov beyoter	הַקָרוֹב בְּיוֹתֵר

immobile (agg)	χasar tnu'a	חֲסַר תְּנוּעָה
importante (agg)	χaʃuv	חָשׁוּב
impossibile (agg)	'bilti efʃari	בִּלְתִּי אֶפְשָׁרִי
incomprensibile (agg)	'bilti muvan	בִּלְתִּי מוּבָן
indispensabile	naχuts	נָחוּץ

inesperto (agg)	χasar nisayon	חֲסַר נִיסָיוֹן
insignificante (agg)	χasar χaʃivut	חֲסַר חֲשִׁיבוּת
intelligente (agg)	pi'keaχ	פִּיקֵחַ
interno (agg)	pnimi	פְּנִימִי

intero (agg)	ʃalem	שָׁלֵם
largo (strada ~a)	raχav	רָחָב
legale (agg)	χuki	חוּקִי
leggero (che pesa poco)	kal	קַל
libero (agg)	χofʃi	חוֹפְשִׁי

limitato (agg)	mugbal	מוּגְבָּל
liquido (agg)	nozli	נוֹזְלִי
liscio (superficie ~a)	χalak	חָלָק
lontano (agg)	raχok	רָחוֹק
lungo (~a strada, ecc.)	aroχ	אָרוֹךְ

251. Modificatori. Aggettivi. Parte 2

magnifico (agg)	mefo'ar	מְפוֹאָר
magro (uomo ~)	raze	רָזֶה
malato (agg)	χole	חוֹלֶה
maturo (un frutto ~)	baʃel	בָּשֵׁל
meticoloso, accurato	kapdani	קַפְדָּנִי
miope (agg)	ktsar re'iya	קְצַר רְאִיָּה
misterioso (agg)	mistori	מִסְתּוֹרִי

molto magro (agg)	raze	רָזֶה
molto povero (agg)	ani	עָנִי
morbido (~ al tatto)	raχ	רַךְ
morto (agg)	met	מֵת
nativo (paese ~)	ʃel mo'ledet	שֶׁל מוֹלֶדֶת
necessario (agg)	daruʃ	דָּרוּשׁ
negativo (agg)	ʃlili	שְׁלִילִי
nervoso (agg)	aʦbani	עַצְבָּנִי
non difficile	lo kaʃe	לֹא קָשֶׁה
non molto grande	lo gadol	לֹא גָּדוֹל
noncurante (negligente)	meruʃal	מְרוּשָׁל
normale (agg)	nor'mali	נוֹרְמָלִי
notevole (agg)	χaʃuv	חָשׁוּב
nuovo (agg)	χadaʃ	חָדָשׁ
obbligatorio (agg)	heχreχi	הֶכְרֵחִי
opaco (colore)	mat	מַט
opposto (agg)	negdi	נֶגְדִּי
ordinario (comune)	ragil	רָגִיל
originale (agg)	mekori	מְקוֹרִי
ostile (agg)	oyen	עוֹיֵן
passato (agg)	ʃe'avar	שֶׁעָבַר
per bambini	yaldi	יַלְדִי
perfetto (agg)	meʦuyan	מְצוּיָן
pericoloso (agg)	mesukan	מְסוּכָּן
permanente (agg)	ka'vu'a	קָבוּעַ
personale (agg)	prati	פְּרָטִי
pesante (agg)	kaved	כָּבֵד
piatto (schermo ~)	ʃa'tuaχ	שָׁטוּחַ
piatto, piano (superficie ~a)	χalak	חָלָק
piccolo (agg)	katan	קָטָן
pieno (bicchiere, ecc.)	male	מָלֵא
poco chiaro (agg)	lo barur	לֹא בָּרוּר
poco profondo (agg)	radud	רָדוּד
possibile (agg)	efʃari	אֶפְשָׁרִי
posteriore (agg)	aχorani	אָחוֹרָנִי
povero (agg)	ani	עָנִי
precedente (agg)	kodem	קוֹדֵם
preciso, esatto	meduyak	מְדוּיָק
premuroso (agg)	do'eg	דּוֹאֵג
presente (agg)	noχeχi	נוֹכָחִי
principale (più importante)	raʃi	רָאשִׁי
principale (primario)	ikari	עִיקָרִי
privato (agg)	iʃi	אִישִׁי
probabile (agg)	efʃari	אֶפְשָׁרִי
prossimo (spazio)	karov	קָרוֹב
pubblico (agg)	ʦiburi	צִיבּוּרִי
pulito (agg)	naki	נָקִי

puntuale (una persona ~)	daikan	דייקן
raro (non comune)	nadir	נָדִיר
rischioso (agg)	mesukan	מְסוּכָּן
salato (cibo)	ma'luax	מָלוּחַ
scorso (il mese ~)	ʃeʿavar	שֶׁעָבַר
secco (asciutto)	yaveʃ	יָבֵש
semplice (agg)	paʃut	פָּשׁוּט
sereno (agg)	lelo ananim	לְלֹא עֲנָנִים
sicuro (non pericoloso)	ba'tuax	בָּטוּחַ
simile (agg)	dome	דוֹמֶה
sinistro (agg)	smali	שְׂמָאלִי
soddisfatto (agg)	mesupak	מְסוּפָּק
solido (parete ~a)	mutsak	מוּצָק
spazioso (stanza ~a)	meruvax	מְרוּוָּח
speciale (agg)	meyuxad	מְיוּחָד
spesso (un muro ~)	ave	עָבֶה
sporco (agg)	meluxlax	מְלוּכְלָךְ
stanco (esausto)	ayef	עָיֵיף
straniero (studente ~)	zar	זָר
stretto (scarpe ~e)	tsar	צַר
stretto (un vicolo ~)	tsar	צַר
stupido (agg)	tipeʃ	טִיפֵּש
successivo, prossimo	haba	הַבָּא
supplementare (agg)	nosaf	נוֹסַף
surgelato (cibo ~)	kafu	קָפוּא
tiepido (agg)	xamim	חָמִים
tranquillo (agg)	ʃaket	שָׁקֵט
trasparente (agg)	ʃakuf	שָׁקוּף
triste (infelice)	atsuv	עָצוּב
triste, mesto	atsuv	עָצוּב
uguale (identico)	zehe	זֶהֶה
ultimo (agg)	axaron	אַחֲרוֹן
umido (agg)	lax	לַח
unico (situazione ~a)	meyuxad bemino	מְיוּחָד בְּמִינוֹ
vecchio (una casa ~a)	yaʃan	יָשָׁן
veloce, rapido	mahir	מָהִיר
vicino, accanto (avv)	karov	קָרוֹב
vicino, prossimo	samux	סָמוּךְ
vuoto (un bicchiere ~)	rek	רֵיק

I 500 VERBI PRINCIPALI

252. Verbi A-C

abbagliare (vt)	lisanver	לְסַנְוֵר
abbassare (vt)	lehorid	לְהוֹרִיד
abbracciare (vt)	leχabek	לְחַבֵּק
abitare (vi)	lagur	לָגוּר
accarezzare (vt)	lelatef	לְלַטֵּף
accendere (~ la tv, ecc.)	lehadlik	לְהַדְלִיק
accendere (con una fiamma)	lehadlik	לְהַדְלִיק
accompagnare (vt)	lelavot	לְלַוּוֹת
accorgersi (vr)	lasim lev	לָשִׂים לֵב
accusare (vt)	leha'aſim	לְהַאֲשִׁים
aderire a ...	lehitstaref	לְהִצְטָרֵף
adulare (vt)	lehaχnif	לְהַחֲנִיף
affermare (vt)	lit'on	לִטְעוֹן
afferrare (la palla, ecc.)	litfos	לִתְפּוֹס
affittare (dare in affitto)	liskor	לִשְׂכּוֹר
aggiungere (vt)	lehosif	לְהוֹסִיף
agire (Come intendi ~?)	lif'ol	לִפְעוֹל
agitare (scuotere)	lena'er	לְנַעֵר
agitare la mano	lenafnef	לְנַפְנֵף
aiutare (vt)	la'azor	לַעֲזוֹר
alleggerire (~ la vita)	lehakel al	לְהָקֵל עַל
allenare (vt)	le'amen	לְאַמֵּן
allenarsi (vr)	lehit'amen	לְהִתְאַמֵּן
alludere (vi)	lirmoz	לִרְמוֹז
alzarsi (dal letto)	lakum	לָקוּם
amare (qn)	le'ehov	לֶאֱהוֹב
ammaestrare (vt)	le'alef	לְאַלֵּף
ammettere (~ qc)	lehakir be...	לְהַכִּיר בְּ...
ammirare (vi)	lehitpa'el	לְהִתְפַּעֵל
amputare (vt)	lik'to'a	לִקְטוֹעַ
andare (in macchina)	lin'so'a	לִנְסוֹעַ
andare a letto	liſkav liſon	לִשְׁכַּב לִישׁוֹן
annegare (vi)	lit'bo'a	לִטְבּוֹעַ
annoiarsi (vr)	lehiſta'amem	לְהִשְׁתַּעֲמֵם
annotare (vt)	lirſom	לִרְשׁוֹם
annullare (vt)	levatel	לְבַטֵּל
apparire (vi)	leho'fi'a	לְהוֹפִיעַ
appartenere (vi)	lehiſtayeχ	לְהִשְׁתַּיֵּךְ

appendere (~ le tende)	litlot	לִתְלוֹת
applaudire (vi, vt)	limχo ka'payim	לִמְחוֹא כַּפַּיִם
aprire (vt)	lif'toaχ	לִפְתוֹחַ
arrendersi (vr)	levater	לְוַותֵר
arrivare (di un treno)	leha'gi‘a	לְהַגִּיעַ
arrossire (vi)	lehasmik	לְהַסְמִיק
asciugare (~ i capelli)	leyabeʃ	לְיַבֵּשׁ
ascoltare (vi)	lehakʃiv	לְהַקְשִׁיב
aspettare (vt)	lehamtin	לְהַמְתִּין
aspettarsi (vr)	letsapot	לְצַפּוֹת
aspirare (vi)	liʃof	לִשְׁאוֹף
assistere (vt)	la'azor	לַעֲזוֹר
assomigliare a …	lihyot dome	לִהְיוֹת דּוֹמֶה
assumere (~ personale)	leha'asik	לְהַעֲסִיק
attaccare (vt)	litkof	לִתְקוֹף
aumentare (vi)	ligdol	לִגְדּוֹל
aumentare (vt)	lehagdil	לְהַגְדִּיל
autorizzare (vt)	leharʃot	לְהַרְשׁוֹת
avanzare (vi)	lehitkadem	לְהִתְקַדֵּם
avere (vt)	lehaχzik	לְהַחְזִיק
avere fretta	lemaher	לְמַהֵר
avere paura	lefaχed	לְפַחֵד
avvertire (vt)	lehazhir	לְהַזְהִיר
avviare (un progetto)	lehaf'il	לְהַפְעִיל
avvicinarsi (vr)	lehitkarev	לְהִתְקָרֵב
basarsi su …	lehitbases	לְהִתְבַּסֵּס
bastare (vi)	lehasmik	לְהַסְמִיק
battersi (~ contro il nemico)	lehilaχem	לְהִילָחֵם
bere (vi, vt)	liʃtot	לִשְׁתּוֹת
bruciare (vt)	lisrof	לִשְׂרוֹף
bussare (alla porta)	lidfok	לִדְפּוֹק
cacciare (vt)	latsud	לָצוּד
cacciare via	legareʃ	לְגָרֵשׁ
calmare (vt)	lehar'gi‘a	לְהַרְגִּיעַ
cambiare (~ opinione)	leʃanot	לְשַׁנּוֹת
camminare (vi)	la'leχet	לָלֶכֶת
cancellare (gomma per ~)	limχok	לִמְחוֹק
canzonare (vt)	lil'og	לִלְעוֹג
capeggiare (vt)	la'amod beroʃ	לַעֲמוֹד בְּרֹאשׁ
capire (vt)	lehavin	לְהָבִין
capovolgere (~ qc)	lahafoχ	לַהֲפוֹך
caricare (~ un camion)	leha'amis	לְהַעֲמִיס
caricare (~ una pistola)	lit'on	לִטְעוֹן
cenare (vi)	le'eχol aruχat 'erev	לֶאֱכוֹל אֲרוּחַת עֶרֶב
cercare (vt)	leχapes	לְחַפֵּשׂ
cessare (vt)	lehafsik	לְהַפְסִיק

chiamare (nominare)	likro	לִקְרוֹא
chiamare (rivolgersi a)	likro le…	לִקְרוֹא לְ...
chiedere (~ aiuto)	likro	לִקְרוֹא
chiedere (domandare)	levakeʃ	לְבַקֵּשׁ
chiudere (~ la finestra)	lisgor	לִסְגּוֹר

citare (vt)	letsatet	לְצַטֵּט
cogliere (fiori, ecc.)	liktof	לִקְטוֹף
collaborare (vi)	leʃatef pe‘ula	לְשַׁתֵּף פְּעוּלָה
collocare (vt)	la‘aroχ	לַעֲרוֹךְ

coltivare (vt)	legadel	לְגַדֵּל
combattere (vi)	lehilaχem	לְהִילָחֵם
cominciare (vt)	lehatχil	לְהַתְחִיל
compensare (vt)	lefatsot	לְפַצּוֹת

competere (vi)	lehitχarot	לְהִתְחָרוֹת
compilare (vt)	lena'seaχ, la‘aroχ	לְנַסֵּחַ, לַעֲרוֹךְ
complicare (vt)	lesabeχ	לְסַבֵּךְ
comporre (~ un brano musicale)	lehalχin	לְהַלְחִין
comportarsi (vr)	lehitnaheg	לְהִתְנַהֵג

comprare (vt)	liknot	לִקְנוֹת
compromettere (vt)	lehav'iʃ et reχo	לְהַבְאִישׁ אֶת רֵיחוֹ
concentrarsi (vr)	lehitrakez	לְהִתְרַכֵּז
condannare (vt)	ligzor din	לִגְזוֹר דִּין
confessarsi (vr)	lehodot be…	לְהוֹדוֹת בְּ...

confondere (vt)	lehitbalbel	לְהִתְבַּלְבֵּל
confrontare (vt)	lehaʃvot	לְהַשְׁווֹת
congratularsi (con qn per qc)	levareχ	לְבָרֵךְ
conoscere (qn)	lehakir et	לְהַכִּיר אֶת
consigliare (vt)	leya‘ets	לְיַיעֵץ

consultare (medico, ecc.)	lehitya‘ets im	לְהִתְייַעֵץ עִם
contagiare (vt)	lehadbik	לְהַדְבִּיק
contagiarsi (vr)	lehibadek	לְהִידָבֵק
contare (calcolare)	lispor	לִסְפּוֹר

contare su …	lismoχ al	לִסְמוֹךְ עַל
continuare (vt)	lehamʃiχ	לְהַמְשִׁיךְ
controllare (vt)	liʃlot	לִשְׁלוֹט
convincere (vt)	leʃaχ'ne‘a	לְשַׁכְנֵעַ

convincersi (vr)	lehiʃtaχ'ne‘a	לְהִשְׁתַּכְנֵעַ
coordinare (vt)	leta'em	לְתָאֵם
correggere (vt)	letaken	לְתַקֵּן

correre (vi)	laruts	לָרוּץ
costare (vt)	la‘alot	לַעֲלוֹת

costringere (vt)	lehaχ'riaχ	לְהַכְרִיחַ
creare (vt)	litsor	לִיצוֹר
credere (vt)	leha'amin	לְהַאֲמִין
curare (vt)	letapel be…	לְטַפֵּל בְּ...

253. Verbi D-G

dare (vt)	latet	לָתֵת
dare da mangiare	leha'axil	לְהַאֲכִיל
dare istruzioni	lehadrix	לְהַדְרִיךְ
decidere (~ di fare qc)	lehaxlit	לְהַחְלִיט

decollare (vi)	lehamri	לְהַמְרִיא
decorare (adornare)	lekaʃet	לְקַשֵּׁט
decorare (qn)	leha'anik	לְהַעֲנִיק
dedicare (~ un libro)	lehakdiʃ	לְהַקְדִּישׁ

denunciare (vt)	lehalʃim	לְהַלְשִׁין
desiderare (vt)	lirtsot	לִרְצוֹת
difendere (~ un paese)	lehagen	לְהָגֵן
difendersi (vr)	lehitgonen	לְהִתְגּוֹנֵן

dimenticare (vt)	liʃkoax	לִשְׁכּוֹחַ
dipendere da ...	lihyot talui be...	לִהְיוֹת תָּלוּי בְּ...
dire (~ la verità)	lomar	לוֹמַר
dirigere (~ un'azienda)	lenahel	לְנַהֵל

discutere (vt)	ladun	לָדוּן
disprezzare (vt)	lezalzel be...	לְזַלְזֵל בְּ...
distribuire (~ volantini, ecc.)	lehafits	לְהָפִיץ
distribuire (vt)	lexalek	לְחַלֵּק

distruggere (~ documenti)	lexasel	לְחַסֵּל
disturbare (vt)	lehatrid	לְהַטְרִיד
diventare pensieroso	liʃko'a bemaxʃavot	לִשְׁקוֹעַ בְּמַחְשָׁבוֹת
diventare, divenire	lahafox le...	לַהֲפוֹךְ לְ...
divertire (vt)	levader	לְבַדֵּר

divertirsi (vr)	lehanot	לֵיהָנוֹת
dividere (vt)	lexalek	לְחַלֵּק
dovere (v aus)	lihyot xayav	לִהְיוֹת חַייָב
dubitare (vi)	lefakpek	לְפַקְפֵּק
eliminare (un ostacolo)	lehasir	לְהָסִיר

emanare (~ odori)	lehafits	לְהָפִיץ
emanare odore	leha'riax	לְהָרִיחַ
emergere (sommergibile)	latsuf	לָצוּף
entrare (vi)	lehikanes	לְהִיכָּנֵס

equipaggiare (vt)	letsayed	לְצַייֵד
ereditare (vt)	la'reʃet	לָרֶשֶׁת
esaminare (~ una proposta)	livxon	לִבְחוֹן
escludere (vt)	lesalek	לְסַלֵּק
esigere (vt)	lidroʃ	לִדְרוֹשׁ

esistere (vi)	lehitkayem	לְהִתְקַייֵם
esprimere (vt)	levate	לְבַטֵּא
essere (vi)	lihyot	לִהְיוֹת
essere arrabbiato con ...	lehitragez	לְהִתְרַגֵּז
essere causa di ...	ligrom le...	לִגְרוֹם לְ...

essere conservato	lehiʃtamer	לְהִשְׁתַּמֵּר
essere d'accordo	lehaskim	לְהַסְכִּים
essere diverso da ...	lehibadel	לְהִיבָּדֵל
essere in guerra	lehilaxem	לְהִילָחֵם
essere necessario	lehidareʃ	לְהִידָרֵשׁ
essere perplesso	lit'moha	לִתְמוֹהַ
essere preoccupato	lid'og	לִדְאוֹג
essere sdraiato	liʃkav	לִשְׁכַּב
estinguere (~ un incendio)	lexabot	לְכַבּוֹת
evitare (vt)	lehimana	לְהִימָּנַע
far arrabbiare	lehargiz	לְהַרְגִּיז
far conoscere	lehatsig	לְהַצִּיג
far fare il bagno	lirxots	לִרְחוֹץ
fare (vt)	la'asot	לַעֲשׂוֹת
fare colazione	le'exol aruxat 'boker	לֶאֱכוֹל אֲרוּחַת בּוֹקֶר
fare copie	leʃaxpel	לְשַׁכְפֵּל
fare foto	letsalem	לְצַלֵּם
fare il bagno	lehitraxets	לְהִתְרַחֵץ
fare il bucato	lexabes	לְכַבֵּס
fare la conoscenza di ...	lehakir	לְהַכִּיר
fare le pulizie	lesader	לְסַדֵּר
fare un bagno	lehitraxets	לְהִתְרַחֵץ
fare un rapporto	leda'veax	לְדַוּוֹחַ
fare un tentativo	lenasot	לְנַסּוֹת
fare, preparare	levaʃel	לְבַשֵּׁל
fermarsi (vr)	la'atsor	לַעֲצוֹר
fidarsi (vt)	liv'toax	לִבְטוֹחַ
finire, terminare (vt)	lesayem	לְסַיֵּם
firmare (~ un documento)	laxtom	לַחְתּוֹם
formare (vt)	le'atsev	לְעַצֵּב
garantire (vt)	lehav'tiax	לְהַבְטִיחַ
gettare (~ il sasso, ecc.)	lizrok	לִזְרוֹק
giocare (vi)	lesaxek	לְשַׂחֵק
girare (~ a destra)	lifnot	לִפְנוֹת
girare lo sguardo	lehafnot 'oref le...	לְהַפְנוֹת עוֹרֶף לְ...
gradire (vt)	le'ehov	לֶאֱהוֹב
graffiare (vt)	lisrot	לִשְׂרוֹט
gridare (vi)	lits'ok	לִצְעוֹק
guardare (~ fisso, ecc.)	lehistakel	לְהִסְתַּכֵּל
guarire (vi)	lehaxlim	לְהַחְלִים
guidare (~ un veicolo)	linhog	לִנְהוֹג

254. Verbi I-O

illuminare (vt)	leha'ir	לְהָאִיר
imballare (vt)	le'eroz	לֶאֱרוֹז

imitare (vt)	leχakot	לְחַקּוֹת
immaginare (vt)	ledamyen	לְדַמְיֵן
importare (vt)	leyabe	לְיַבֵּא
incantare (vt)	lehaksim	לְהַקְסִים
indicare (~ la strada)	lenatev	לְנַתֵּב
indignarsi (vr)	lehitra'em	לְהִתְרַעֵם
indirizzare (vt)	leχaven	לְכַוֵּון
indovinare (vt)	lenaχeʃ	לְנַחֵשׁ
influire (vt)	lehaʃpi'a	לְהַשְׁפִּיעַ
informare (vt)	leho'dia	לְהוֹדִיעַ
informare di ...	leya'de'a	לְיַדֵּעַ
ingannare (vt)	leramot	לְרַמּוֹת
innaffiare (vt)	lehaʃkot	לְהַשְׁקוֹת
innamorarsi di ...	lehit'ahev	לְהִתְאַהֵב
insegnare (qn)	lelamed	לְלַמֵּד
inserire (vt)	lehaχnis	לְהַכְנִיס
insistere (vi)	lehit'akeʃ	לְהִתְעַקֵּשׁ
insultare (vt)	leha'aliv	לְהַעֲלִיב
interessare (vt)	le'anyen	לְעַנְיֵן
interessarsi di ...	lehit'anyen	לְהִתְעַנְיֵין
intervenire (vi)	lehit'arev	לְהִתְעָרֵב
intraprendere (vt)	linkot	לִנְקֹט
intravedere (vt)	lir'ot	לִרְאוֹת
inventare (vt)	lehamtsi	לְהַמְצִיא
inviare (~ una lettera)	liʃloaχ	לִשְׁלוֹחַ
invidiare (vt)	lekane	לְקַנֵּא
invitare (vt)	lehazmin	לְהַזְמִין
irritare (vt)	le'atsben	לְעַצְבֵּן
irritarsi (vr)	lehitragez	לְהִתְרַגֵּז
iscrivere (su una lista)	lehosif	לְהוֹסִיף
isolare (vt)	levoded	לְבוֹדֵד
ispirare (vt)	lehalhiv	לְהַלְהִיב
lamentarsi (vr)	lehitlonen	לְהִתְלוֹנֵן
lasciar cadere	lehapil	לְהַפִּיל
lasciare (abbandonare)	la'azov	לַעֲזֹב
lasciare (ombrello, ecc.)	lehaʃir	לְהַשְׁאִיר
lavare (vt)	liʃtof	לִשְׁטוֹף
lavorare (vi)	la'avod	לַעֲבֹד
legare (~ qn a un albero)	likʃor	לִקְשׁוֹר
legare (~ un prigioniero)	likʃor	לִקְשׁוֹר
leggere (vi, vt)	likro	לִקְרֹא
liberare (vt)	leʃaχrer	לְשַׁחְרֵר
liberarsi (~ di qn, qc)	lehipater mi...	לְהִיפָּטֵר מ...
limitare (vt)	lehagbil	לְהַגְבִּיל
lottare (sport)	lehe'avek	לְהֵיאָבֵק
mancare le lezioni	lehaχsir	לְהַחְסִיר

235

mangiare (vi, vt)	le'eχol	לֶאֱכֹל
memorizzare (vt)	lizkor	לִזְכֹּר
mentire (vi)	leʃaker	לְשַׁקֵּר

menzionare (vt)	lehazkir	לְהַזְכִּיר
meritare (vt)	lihyot ra'ui	לִהְיוֹת רָאוּי
mescolare (vt)	le'arbev	לְעַרְבֵּב
mettere fretta a ...	lezarez	לְזָרֵז
mettere in ordine	lesader	לְסַדֵּר

mettere via	lefanot	לְפַנּוֹת
mettere, collocare	lasim	לָשִׂים
minacciare (vt)	le'ayem	לְאַיֵּם
mirare, puntare su ...	leχaven	לְכַוֵּון
moltiplicare (vt)	lehaχpil	לְהַכְפִּיל

mostrare (vt)	lehar'ot	לְהַרְאוֹת
nascondere (vt)	lehastir	לְהַסְתִּיר
negare (vt)	liʃlol	לִשְׁלֹול
negoziare (vi)	laset velatet	לָשֵׂאת וְלָתֵת

noleggiare (~ una barca)	liskor	לִשְׂכֹּר
nominare (incaricare)	lemanot	לְמַנּוֹת
nuotare (vi)	lisχot	לִשְׂחוֹת
obbedire (vi)	letsayet	לְצַיֵּת

obiettare (vt)	lehitnaged	לְהִתְנַגֵּד
occorrere (vi)	lehidareʃ	לְהִידָרֵשׁ
odorare (sentire odore)	leha'riaχ	לְהָרִיחַ
offendere (qn)	lifgo'a	לִפְגוֹעַ

omettere (vt)	lehaʃmit	לְהַשְׁמִיט
ordinare (~ il pranzo)	lehazmin	לְהַזְמִין
ordinare (mil.)	lifkod	לִפְקֹוד
organizzare (vt)	le'argen	לְאַרְגֵּן

origliare (vi)	leha'azin be'seter	לְהַאֲזִין בְּסֵתֶר
ormeggiarsi (vr)	la'agon	לַעֲגּוֹן
osare (vt)	leha'ez	לְהָעֵז
osservare (vt)	litspot, lehaʃkif	לִצְפּוֹת, לְהַשְׁקִיף

255. Verbi P-R

pagare (vi, vt)	leʃalem	לְשַׁלֵּם
parlare con ...	ledaber	לְדַבֵּר
partecipare (vi)	lehiʃtatef	לְהִשְׁתַּתֵּף
partire (vi)	la'azov	לַעֲזוֹב

peccare (vi)	laχato	לַחֲטוֹא
penetrare (vi)	laχdor	לַחְדֹּור
pensare (credere)	lisbor	לִסְבֹּור
pensare (vi, vt)	laχʃov	לַחְשֹׁוב
perdere (ombrello, ecc.)	le'abed	לְאַבֵּד
perdonare (vt)	lis'loaχ	לִסְלֹוחַ

permettere (vt)	leharʃot	לְהַרְשׁוֹת
pesare (~ molto)	liʃkol	לִשְׁקוֹל
pescare (vi)	ladug	לָדוּג
pettinarsi (vr)	lehistarek	לְהִסְתָּרֵק
piacere (vi)	limtso χen be'ei'nayim	לִמְצוֹא חֵן בְּעֵינַיִם
piangere (vi)	livkot	לִבְכּוֹת
pianificare (~ di fare qc)	letaχnen	לְתַכְנֵן
picchiare (vt)	lehakot	לְהַכּוֹת
picchiarsi (vr)	lehitkotet	לְהִתְקוֹטֵט
portare (qc a qn)	lehavi	לְהָבִיא
portare via	lehotsi	לְהוֹצִיא
possedere (vt)	lihyot 'ba'al ʃel	לִהְיוֹת בַּעַל שֶׁל
potere (vi)	yaχol	יָכוֹל
pranzare (vi)	le'eχol aruχat tsaha'rayim	לֶאֱכוֹל אֲרוּחַת צָהֳרַיִם
preferire (vt)	leha'adif	לְהַעֲדִיף
pregare (vi, vt)	lehitpalel	לְהִתְפַּלֵּל
prendere (vt)	la'kaχat	לָקַחַת
prendere in prestito	lilvot	לִלְווֹת
prendere nota	lesamen	לְסַמֵּן
prenotare (~ un tavolo)	leʃaryen	לְשַׁרְיֵן
preoccupare (vt)	lehad'ig	לְהַדְאִיג
preoccuparsi (vr)	lid'og	לְדְאוֹג
preparare (~ un piano)	lehaχin	לְהָכִין
presentare (~ qn)	lehatsig	לְהַצִּיג
preservare (~ la pace)	leʃamer	לְשַׁמֵּר
prevalere (vi)	ligbor	לִגְבּוֹר
prevedere (vt)	laχazot	לַחֲזוֹת
privare (vt)	liʃlol	לִשְׁלוֹל
progettare (edificio, ecc.)	letaχnen	לְתַכְנֵן
promettere (vt)	lehav'tiaχ	לְהַבְטִיחַ
pronunciare (vt)	levate	לְבַטֵּא
proporre (vt)	leha'tsi'a	לְהַצִּיעַ
proteggere (vt)	liʃmor	לִשְׁמוֹר
protestare (vi)	limχot	לִמְחוֹת
provare (vt)	leho'χiaχ	לְהוֹכִיחַ
provocare (vt)	lehitgarot	לְהִתְגָּרוֹת
pubblicizzare (vt)	lefarsem	לְפַרְסֵם
pulire (vt)	lenakot	לְנַקּוֹת
pulirsi (vr)	lenakot	לְנַקּוֹת
punire (vt)	leha'aniʃ	לְהַעֲנִישׁ
raccomandare (vt)	lehamlits	לְהַמְלִיץ
raccontare (~ una storia)	lesaper	לְסַפֵּר
raddoppiare (vt)	lehaχpil	לְהַכְפִּיל
rafforzare (vt)	leχazek	לְחַזֵּק
raggiungere (arrivare a)	lehasig	לְהַשִּׂיג

raggiungere (obiettivo)	lehasig	לְהַשִּׂיג
rammaricarsi (vr)	lehitsta'er	לְהִצְטַעֵר
rasarsi (vr)	lehitga'leaχ	לְהִתְגַּלֵּחַ
realizzare (vt)	lehagʃim	לְהַגְשִׁים
recitare (~ un ruolo)	lesaχek	לְשַׂחֵק
regolare (~ un conflitto)	lesader	לְסַדֵּר
respirare (vi)	linʃom	לִנְשֹׁם
riconoscere (~ qn)	lezahot	לְזַהוֹת
ricordare (a qn di fare qc)	lehazkir	לְהַזְכִּיר
ricordare (vt)	lizkor	לִזְכּוֹר
ricordarsi di (~ qn)	lehizaχer	לְהִיזָּכֵר
ridere (vi)	litsχok	לִצְחוֹק
ridurre (vt)	lehaktin	לְהַקְטִין
riempire (vt)	lemale	לְמַלֵּא
rifare (vt)	la'asot meχadaʃ	לַעֲשׂוֹת מֵחָדָשׁ
rifiutare (vt)	lesarev	לְסָרֵב
rimandare (vt)	liʃ'loaχ baχazara	לִשְׁלוֹם בַּחֲזָרָה
rimproverare (vt)	linzof	לִנְזוֹף
rimuovere (~ una macchia)	lehasir	לְהָסִיר
ringraziare (vt)	lehodot	לְהוֹדוֹת
riparare (vt)	letaken	לְתַקֵּן
ripetere (ridire)	laχazor al	לַחֲזוֹר עַל
riposarsi (vr)	la'nuaχ	לָנוּחַ
risalire a (data, periodo)	leta'areχ	לְתָאֲרֵךְ
rischiare (vi, vt)	la'kaχat sikun	לָקַחַת סִיכּוּן
risolvere (~ un problema)	liftor	לִפְתּוֹר
rispondere (vi, vt)	la'anot	לַעֲנוֹת
ritornare (vi)	laʃuv	לָשׁוּב
rivolgersi a …	lifnot el	לִפְנוֹת אֶל
rompere (~ un oggetto)	liʃbor	לִשְׁבּוֹר
rovesciare (~ il vino, ecc.)	liʃpoχ	לִשְׁפּוֹךְ
rubare (~ qc)	lignov	לִגְנֹב

256. Verbi S-V

salpare (vi)	lehaflig	לְהַפְלִיג
salutare (vt)	lomar ʃalom	לוֹמַר שָׁלוֹם
salvare (~ la vita a qn)	lehatsil	לְהַצִּיל
sapere (qc)	la'da'at	לָדַעַת
sbagliare (vi)	lit'ot	לִטְעוֹת
scaldare (vt)	leχamem	לְחַמֵּם
scambiare (vt)	lehaχlif	לְהַחְלִיף
scambiarsi (vr)	lehitχalef	לְהִתְחַלֵּף
scavare (~ un tunnel)	laχpor	לַחְפּוֹר
scegliere (vt)	livχor	לִבְחוֹר

| scendere (~ per le scale) | la'redet | לָרֶדֶת |
| scherzare (vi) | lehitba'deax | לְהִתְבַּדֵּחַ |

schiacciare (~ un insetto)	lirmos	לִרְמֹס
scoppiare (vi)	lehikara	לְהִיקָּרַע
scoprire (vt)	levarer	לְבָרֵר
scoprire (vt)	legalot	לְגַלּוֹת

screpolarsi (vr)	lehisadek	לְהִיסָּדֵק
scrivere (vi, vt)	lixtov	לִכְתֹּב
scusare (vt)	lis'loax	לִסְלֹחַ
scusarsi (vr)	lehitnatsel	לְהִתְנַצֵּל
sedere (vi)	la'fevet	לָשֶׁבֶת

sedersi (vr)	lehityafev	לְהִתְיַישֵּׁב
segnare (~ con una croce)	lesamen	לְסַמֵּן
seguire (vt)	la'akov axarei	לַעֲקוֹב אַחֲרֵי
selezionare (vt)	livxor	לִבְחוֹר
seminare (vt)	liz'ro'a	לִזְרֹעַ

semplificare (vt)	lefafet	לְפַשֵּׁט
sentire (percepire)	laxuf	לָחוּשׁ
servire (~ al tavolo)	lefaret	לְשָׁרֵת
sgridare (vt)	linzof	לִנְזֹף

significare (vt)	lomar	לוֹמַר
slegare (vt)	lehatir 'kefer	לְהַתִּיר קֶשֶׁר
smettere di parlare	lehiftatek	לְהִשְׁתַּתֵּק
soddisfare (vt)	lesapek	לְסַפֵּק

soffiare (vento, ecc.)	linfov	לִנְשֹׁב
soffrire (provare dolore)	lisbol	לִסְבֹּל
sognare (fantasticare)	laxalom	לַחֲלוֹם
sognare (fare sogni)	laxalom	לַחֲלוֹם

sopportare (~ il freddo)	lisbol	לִסְבֹּל
sopravvalutare (vt)	leha'arix 'yeter al hamida	לְהַעֲרִיךְ יָתֵר עַל הַמִּידָה
sorpassare (vt)	la'avor	לַעֲבוֹר
sorprendere (stupire)	lehaf'ti'a	לְהַפְתִּיעַ
sorridere (vi)	lexayex	לְחַיֵּיךְ

sospettare (vt)	laxfod	לַחְשֹׁד
sospirare (vi)	lehe'anax	לְהֵיאָנַח
sostenere (~ una causa)	litmox be...	לִתְמֹךְ בְּ...
sottolineare (vt)	lehadgif	לְהַדְגִּישׁ

sottovalutare (vt)	leham'it be"erex	לְהַמְעִיט בְּעֵרֶךְ
sovrastare (vi)	lehitromem	לְהִתְרוֹמֵם
sparare (vi)	lirot	לִירוֹת
spargersi (zucchero, ecc.)	lehifapex	לְהִישָׁפֵךְ

sparire (vi)	lehe'alem	לְהֵיעָלֵם
spegnere (~ la luce)	lexabot	לְכַבּוֹת
sperare (vi, vt)	lekavot	לְקַוּוֹת
spiare (vt)	lehatsits	לְהָצִיץ
spiegare (vt)	lehasbir	לְהַסְבִּיר

spingere (~ la porta)	lidχof	לִדְחוֹף
splendere (vi)	lizhor	לִזְהוֹר
sporcarsi (vr)	lehitlaχleχ	לְהִתְלַכְלֵךְ
sposarsi (vr)	lehitχaten	לְהִתְחַתֵּן
spostare (~ i mobili)	lehaziz	לְהָזִיז
sputare (vi)	lirok	לִירוֹק
staccare (vt)	liχrot	לִכְרוֹת
stancare (vt)	le'ayef	לְעַיֵּף
stancarsi (vr)	lehit'ayef	לְהִתְעַיֵּף
stare (sul tavolo)	lihyot munaχ	לִהְיוֹת מוּנָח
stare bene (vestito)	lehat'im	לְהַתְאִים
stirare (con ferro da stiro)	legahets	לְגַהֵץ
strappare (vt)	litloʃ	לִתְלוֹשׁ
studiare (vt)	lilmod	לִלְמוֹד
stupirsi (vr)	lehitpale	לְהִתְפַּלֵּא
supplicare (vt)	lehitχanen	לְהִתְחַנֵּן
supporre (vt)	leʃa'er	לְשַׁעֵר
sussultare (vi)	lir'od	לִרְעוֹד
svegliare (vt)	leha'ir	לְהָעִיר
tacere (vi)	liʃtok	לִשְׁתּוֹק
tagliare (vt)	laχtoχ	לַחְתּוֹךְ
tenere (conservare)	liʃmor	לִשְׁמוֹר
tentare (vt)	lenasot	לְנַסּוֹת
tirare (~ la corda)	limʃoχ	לִמְשׁוֹךְ
toccare (~ il braccio)	lin'go'a	לִנְגּוֹעַ
togliere (rimuovere)	lehorid	לְהוֹרִיד
tradurre (vt)	letargem	לְתַרְגֵּם
trarre una conclusione	lehasik	לְהַסִּיק
trasformare (vt)	leʃanot tsura	לְשַׁנּוֹת צוּרָה
trattenere (vt)	lerasen	לְרַסֵּן
tremare (~ dal freddo)	lir'od	לִרְעוֹד
trovare (vt)	limtso	לִמְצוֹא
tuffarsi (vr)	litslol	לִצְלוֹל
uccidere (vt)	laharog	לַהֲרוֹג
udire (percepire suoni)	liʃmo'a	לִשְׁמוֹעַ
unire (vt)	le'aχed	לְאַחֵד
usare (vt)	lehiʃtameʃ be…	לְהִשְׁתַּמֵּשׁ בְּ…
uscire (andare fuori)	latset	לָצֵאת
uscire (libro)	latset le'or	לָצֵאת לְאוֹר
utilizzare (vt)	lehiʃtameʃ be…	לְהִשְׁתַּמֵּשׁ בְּ…
vaccinare (vt)	leχasen	לְחַסֵּן
vantarsi (vr)	lehitravrev	לְהִתְרַבְרֵב
vendere (vt)	limkor	לִמְכּוֹר
vendicare (vt)	linkom	לִנְקוֹם
versare (~ l'acqua, ecc.)	limzog	לִמְזוֹג

vietare (vt)	le'esor	לֶאֱסֹר
vivere (vi)	lixyot	לִחְיוֹת
volare (vi)	la'uf	לָעוּף
voler dire (significare)	lomar	לוֹמַר
volere (desiderare)	lirtsot	לִרְצוֹת
votare (vi)	lehats'bi'a	לְהַצְבִּיעַ